12神煞

災煞, 天煞, 地煞
재살 　　천살 　　지살

- 영혼에서 탄생까지

머리말

사주명리를 학습하고 연구하는 과정에 느꼈던 점은 三合운동은 물론이고 12神煞을 가치 없는 이론으로 치부하거나 그 가치를 모른다는 것이었습니다.

사주명리의 척추가 무엇이냐고 묻는다면 주저 없이 天干 合과 地支 三合이라고 할 것입니다. 시공간 순환원리를 표현하는 방식은 오로지 天干 合과 地支 三合뿐이기 때문입니다. 시간 순환 방식을 다섯 종류의 天干 合으로 표현하고 공간 순환방식을 네 종류의 三合운동으로 표현한 고인들의 혜안에 놀라움을 금치 못합니다.

사주명리를 가장 빠르고 효과적으로 학습하려면 天干 合과 地支 三合의 순환원리를 파고들어야 합니다. 여기에 그치지 않고 三合운동을 더욱 깊이 파고들면 바로 이 책에서 다루고자하는 12신살을 만납니다.

- 이사 가려는데 어느 방향으로 가는 것이 좋을까요?
- 아이가 공부에 집중하지 못하는데 어떻게 해야 할까요?
- 제사를 지내려고 하는데 어느 방향이 좋을까요?
- 카페를 개업하려는데 가게 정문은 어느 방향이 좋을까요?
- 왜 육해방위에 술을 따라야 좋은가요?
- 꿈자리가 사나운데 어떻게 해야 할까요?
- 산소를 다녀와 몸이 이상한데 어떻게 해야 할까요?
- 올해 투자를 하려는데 가능할까요?
- 災煞, 天煞 방향에 뻥 뚫린 공터가 있는데 좋은 것인가요?
- 將星 방향에 높은 산이 있는데 어떤가요?

- 박사논문을 써야하는데 어떻게 해야 집중력이 높아질까요?
- 새로 들어온 직원이 재살 띠인데 중책을 맡겨도 될까요?
- 머리를 어느 방향으로 두고 자야 좋을까요?

이외에도 매일 직면하는 다양한 일, 문제, 사건, 인간관계, 방위에 대한 고민들을 해결하는데 12신살 만큼 유용한 명리이론은 없다고 확신합니다.

왜 그럴까요? 十二支는 우리가 살아가는 지극히 현실적인 공간을 표현한 것으로 이에 상응하는 환경, 물질, 육체, 심지어 내면의 심리까지도 분석해낼 수 있는 다양한 정보를 제공하기 때문입니다. 사주통변의 꽃이 十神이라는 주장이 있지만 天干에 국한한 이론이기에 공간, 환경, 물질, 육체, 내면의 심리를 표현해내지 못합니다.

또 위에서 살펴본 다양한 의문점들에 대해 十神으로는 답을 구할 방법이 없습니다. 刑沖破害도 공간, 환경, 물질, 육체, 인연, 심리를 분석하는데 활용하는 이론이 아님이 분명합니다. 결국 일상생활 과정에 필요한 다양한 의문점들에 대해서 답을 구하려면 12신살을 적절하게 활용해야 함에도 그렇지 못하는 이유는 무엇일까요?

첫째, 三合운동과 12신살을 합리적이고 구체적으로 설명할 수 있는 이론체계를 정립하지 못했기 때문입니다. 三合운동은 더욱 심각한데 申子辰 三合은 水局이라는 정도의 머물러 있습니다. 대부분의 사주명리 서적에 三合운동을 설명하는 분량은 많아야 서너 장 정도입니다.

둘째, 12신살의 근본원리를 제공하지 못하기에 古書나 개인의 의견을 취합한 정보를 믿거나 말거나 수준에 머물면서 미신처럼 치부되고 말았습니다. 합리적인 논리 근거가 없으니 당연한 결과입니다.

"귀신이 어디 있어?" 혹은 "장성방위가 뻥 뚫려있으면 어때?" 하면서 미신이라고 넘겨버리지만 장성방위가 뚫린 집에서 살다가 엄청난 재산손실이 발생했고 건강이 나빠졌다는 다양한 사례들이 있습니다. 또 귀신이 보여서 육해방위에 영혼을 위로하는 행위를 해주자 조용히 사라졌다는 사례도 많습니다.

이런 저런 이유로 三合운동과 12신살의 근본원리에 대한 이론정립의 필요성을 절감하였고 수년에 걸쳐 三合운동관련 몇 권의 책들을 출판하였습니다. 60干支 상권과 하권, 三合과 刑沖破害, 三合과 墓庫론 등이 있으니 참조하시기 바랍니다.

12신살에 대해서는 차일피일 미루다가 이제야 첫 권을 출판하게 되었습니다. 12신살의 근본원리를 궁구하고 그 가치를 명확하게 밝혀서 미신처럼 느껴지는 모호함을 제거하면 일상의 다양한 고민거리들을 합리적으로 해결할 수 있을 것이라는 믿음을 버리지 않았기에 가능한 일이었습니다.

다만, 12신살은 사주통변이나 일상생활에 유용하게 활용하는 이론임은 분명하지만 사주원국 구조에서 자유로울 수는 없습니다. 따라서 12신살은 독립적 가치를 가졌으며 모든 명리이론보다 우위에 있다는 생각을 경계해야 합니다. 모든 사주명리 이론은 사주원국에 결정된 숙명을 읽기위해 필요하기에 아무리 뛰어난 이론도 사주원국에서 자유로울 수는 없습니다.

마지막으로, 책을 써내려가는 과정에 가장 고민했던 부분은 12신살의 출발점은 과연 무엇일까에 대한 것이었습니다. 시공간은 끊임없이 움직이고 순환하기에 生死의 경계는 분명하지 않습니다. 寅午戌 三合은 申子辰 三合의 도움으로 생겨나고 申子辰 三合은 寅午戌 三合이 있기에 윤회합니다. 따라서 지살에서의 탄생은 하늘에서 뚝 떨어져 이루어진 것이 아니기에 더욱 근원적인 출발점이 필요했습니다.

바로 災煞로 영혼의 탄생이자 영혼의 부활이 이루어지는 공간입니다. 天煞에서 부모가 제공하는 육체와 결합하고 地煞에서 탄생을 통하여 色界를 출발합니다.

세권으로 이루어진 12신살의 개괄적인 내용은 아래와 같습니다.

1권 - 재살, 천살, 지살 : 영혼에서 탄생까지
2권 - 년살, 월살, 망신, 장성, 반안 : 삶의 여정에서
3권 - 역마, 육해, 화개, 겁살 : 씨종자를 품고 윤회과정으로

이 책은 1권 영혼에서 탄생까지의 과정을 살펴보는 책이며 나머지 2권도 올해가 가기 전에 출판할 예정입니다.

2025년 7월 19일
紫雲

- 목차 -

제 1부 - 12神煞 기초 다지기

들어가기   11

제 1장 - 12神煞 개념정립
 1. 시공간과 열   14
 2. 天干 - 時間, 에너지, 합과 沖으로 순환   14
 3. 時間과 空間의 만남 - 十干, 十二支와 地藏干   15
 4. 十二支, 地藏干과 三合운동   15
 5. 三合운동 - 물질의 생장쇠멸 과정   16
 6. 12神煞 - 三合운동의 세분화   18
    寅午戌 - 지살地煞, 장성將星, 화개華蓋 / 확장과 분산
    巳酉丑 - 망신亡身, 육해六害, 천살天煞 / 권력과 이권 활용
    申子辰 - 역마驛馬, 재살災煞, 월살月煞 / 후대에 씨종자 전송
    亥卯未 - 겁살劫煞, 년살年煞, 반안攀鞍 / 성장, 미완성, 불안정
 7. 건설과정으로 살펴보는 12神煞 변화과정   21

제 2장. 8寶圖로 살펴보는 12神煞 원리
 1. 자연순환도 - 대칭으로 이루어진 12神煞   23
    지살 寅木 - 역마 申金   23
    년살 卯木 - 육해 酉金   24
    월살 辰土 - 화개 戌土   24
    망신 巳火 - 겁살 亥水   25
    장성 午火 - 재살 子水   26
    반안 未土 - 천살 丑土   27
 2. 十宮圖 2 - 육체, 물질의 生과 死   27
 3. 12神煞을 판단하는 기준   29
 4. 12神煞의 시간흐름   30

1) 지살, 년살, 월살　　30
　　2) 망신, 장성, 반안　　32
　　3) 역마, 육해, 화개　　32
　　4) 겁살, 재살, 천살　　33
　5. 12神煞의 전환점　　33
　6. 12神煞 인연　　35

제 3장 三合과 12神煞의 의미 확장　　37
　1. 申子辰 三合운동의 키워드　　38
　2. 亥卯未 三合운동의 키워드　　43
　3. 寅午戌 三合운동의 키워드　　44
　4. 巳酉丑 三合운동의 키워드　　46
　5. 12神煞과 건설과정　　49
　6. 12神煞과 육체　　52
　7. 12神煞과 天干 合　　54
　8. 60干支와 神煞　　56
　9. 12神煞과 재물　　59
　10. 三合의 재물특징
　　申子辰 - 역마, 재살, 월살　　60
　　亥卯未 - 겁살, 년살, 반안　　64
　　寅午戌 - 지살, 장성, 화개　　67
　　巳酉丑 - 망신, 육해, 천살　　70
　11. 시간흐름에 따른 재물특징
　　1. 災煞재살　　73
　　2. 天煞천살　　74
　　3. 地煞지살　　74
　　4. 年煞년살　　75
　　5. 月煞월살　　75
　　6. 亡身망신　　76
　　7. 將星장성　　77

8. 攀鞍반안   78
   9. 驛馬역마   79
   10. 六害육해   79
   11. 華蓋화개   80
   12. 劫煞겁살   81
   삼재 - 역마, 육해, 화개에서 힘든 이유

제 2부 災煞 - 영혼의 탄생

제 1장 - 8보도와 災煞   85
 1. 十宮圖 2와 災煞 - 영혼의 탄생   86
 2. 자연순환도 災煞 - 탄생을 기다리다.   93
 3. 우주본성 丁壬癸 - 사랑을 퍼트리다.   97
 4. 四季圖의 災煞 - 새싹의 성장을 촉진하다.   98
 5. 時空圖의 災煞 - 생기를 지키고 보호한다.   98
 6. 十宮圖 1의 災煞 - 생명체에 영혼을 공급한다.   99
 7. 三合의 순환과정과 재살 癸水   100
 8. 지장간과 災煞 - 겨울에서 봄을 향하는 움직임   101
 9. 命統圖 - 8보도 종합본   101

제 2장 - 十宮圖 2와 災煞
 1. 災煞에서 발전의 기회가 생기는 이유   104
 2. 災殺 - 영혼의 진화   107
 3. 驛馬, 災煞, 月煞의 태도   122
     역마의 공격적 태도   122
     역마의 수동적 태도   122
     재살의 공격적 태도   123
     재살의 수동적 태도   124
     월살의 공격적 태도   126

월살의 수동적 태도　　126
　4. 災煞 - 저승사자　　128
　5. 災煞의 애정관　　129
　6. 六害의 애정관　　134
　7. 지키려는 자(將星)와 빼앗으려는 자(災煞)　　139
　8. 災煞의 강탈행위　　146
　9. 災煞의 돈벼락　　150
　10. 將星, 災煞에서 물의 흐름　　157
　11. 미래 암시 - 劫煞, 災煞, 天煞　　158
　12. 災煞干支　　159
　13. 災煞 - 총명함을 상징하는 방위　　161
　14. 災煞 - 야당성향　　162
　15. 災煞 - 미끼를 던진다.　　163
　16. 災煞의 직업　　169
　17. 災煞을 범죄로 활용　　183
　18. 災煞을 연쇄살인으로 활용한 사례　　206

제 3부 天煞 - 영혼과 육체의 결합

제 1장　天煞의 근본원리　　211
　1. 自然循環圖와 天煞　　212
　2. 十宮圖2와 天煞　　214
　3. 劫煞, 災煞, 天煞에 육체와 물질이 없습니다.　　215
　4. 天煞의 地藏干은 六害와 災煞입니다.　　218
　5. 天煞의 도둑심보　　221
　6. 天煞이 음란한 이유　　226
　7. 天煞 - 고독　　231
　8. 天煞의 刑冲破害가 심각한 이유　　237

9. 天煞은 하늘의 경고　　255
10. 天煞의 질병　　260
11. 天煞의 공간상황　　273
12. 天煞방위 -미래 결정 공간 /조상 묘　　279
13. 가정의 天煞 방위　　280
14. 天煞 - 공부하는 방위　　281
15. 天煞 궁위　　283
　　월지 천살　　284
　　일지 천살　　286
　　시지 천살　　287
16. 辰戌丑未가 月支 天煞일 때　　287
17. 天煞干支 - 乙丑, 辛未, 甲戌, 庚辰　　288

제 4부 地煞 - 色界로의 첫걸음

제 1장 地煞 - 탄생　　292

1. 六害와 地煞의 관계　　295
2. 將星과 六害의 관계　　328
3. 天煞과 地煞의 관계　　331
4. 華蓋와 地煞의 관계　　332
5. 三合과 12神煞을 조합하는 방법　　334
6. 地煞과 驛馬의 차이　　338
7. 將星과 驛馬의 관계　　343
8. 地煞의 다양한 의미들　　343
9. 地煞과 해외인연　　349
10. 地煞간지 - 丙寅, 己巳, 壬申, 戊寅, 丁巳, 癸亥　　362

제 1부 -
12神煞 기초다지기

들어가기

고대에서 현대까지 인간은 움직이고 변화하는 만물의 이치를 끊임없이 탐구하여 왔습니다. 세균학은 세균들이 어떤 방식으로 움직이고 변하는지를 관찰하고, 심리학은 인간의 심리가 어떤 방식으로 움직이고 변하는지를 관찰합니다. 경제학은 돈의 흐름을 연구하고, 주식예측은 주식이 어떤 방향으로 움직일지를 연구합니다. 사주팔자도 움직임과 변화를 예측하여 일정시점에 발생할 수 있는 상황, 물상을 추론하여 길흉을 예단합니다. 우리는 왜 움직임과 변화를 관찰하는 행위를 멈추지 않을까요? 우주와 지구자연의 본성이 움직임과 변화이기 때문입니다. 지구자연은 丁火 중력에너지와 癸水 척력에너지가 충돌하는 방식으로 끊임없이 움직이고 변화합니다. 충돌해서 멀어지는 것이 아니라 밀고 당기면서 긴장감을 유지하는 이유는 충돌과정에 壬水가 중간에서 축을 이루고 양쪽을 조절하고 균형을 맞추기 때문입니다. 이런 신비로운 움직임 때문에 癸水의 발산에너지로 우주가 팽창하면서도 丁火의 수렴에너지로 생명체와 물질을 창조하는 이율배반적인 행동을 해냅니다.

최근에 발전을 거듭하는 양자물리학에서는 극도로 작은 시공간에서 상상할 수 없는 속도로 움직임과 변화가 이루어지기에 과거, 현재, 미래가 공존한다고 믿습니다만 우리의 일상은 양자와 비교할 수 없을 정도로 크고 느리기에 현재를 관찰하고 미래를 예측하는 것이 쉬워 보이지만 결코 그렇지 않습니다. 고대에서 현대까지 과학계는 움직임과 변화를 이끄는 원동력이 무엇인지를 찾아내려는 노력을 멈추지 않았습니다. 최근에는 <u>時空間과 열</u>이 움직임과 변화를 이끄는 원동력이라는 주장이 공감을 얻고 있습니다. 사주명리도 움직임과 변화를 관찰하고 운명을 읽는 노력을 경주하는 과정에 적중률을 높이고자 다양한 기법들이 생겨났고 세대를 이어가며 발전하였지만 아직까지 과학계에서 활용하는 시공간과 열을 적절하게 활용하지 못하고 있습니다. 이 책에서는 12神煞(신살)에 시공간과 열을 활용하여 살펴보고자 합니다. 반드시 그렇게 해야 하는 이유는 탄생을 상징하는 地煞에서 출발하여 윤회의 마지막 단계 天煞까지의 근본원리를 살피지 못하면 이유도 모른 채 무조건 외워야하기 때문입니다. 시공간을 활용하지 못하기에 지살과 역마를 동일하거나 유사한 개념으로 인식하지만 하늘과 땅 만큼 다릅니다. 寅午戌 三合을 기준으로, 寅木이 地煞지살이고 申金이 驛馬역마입니다. 寅의 地藏干 丙火가 출발하기에 地煞이라 부르지만 申金 역마에 이르면 地藏干 壬水가 생겨나기에 지살과 역마는 沖하는 상대임을 쉽게 이해합니다. 寅木 地煞은 三合운동의 출발점이기에 정반대편 공간이라는 개념이 없지만 申金 驛馬는 그때까지 진행했던 三合에서 벗어나 정반대편 시공간으로 이동하려는 움직임입니다. 그럼에도 지살, 역마를 모두 해외를 돌아다니는 특징이라고 인식하는 오류를 범해왔습니다. 먼저 12신살의 근본원리를 살펴보겠습니다.

◆注 : 12신살은 十二支를 활용하는 이론이지만 사주통변에 활용할 때에는 地支는 물론이고 天干도 동일하게 간주합니다. 그 이유는 천간과 동일한 地藏干을 품었을 뿐만 아니라 天干과 地支는 항상 기운을 소통하기 때문입니다.

乾命				陰平 1931년 12월 1일							
時	日	月	年	81	71	61	51	41	31	21	11	1
모름	戊辰	辛丑	辛未	壬辰	癸巳	甲午	乙未	丙申	丁亥	戊戌	己亥	庚子

未年을 기준으로 亥卯未 三合운동을 하기에 亥子丑寅卯辰巳午未 9개월은 三合운동 범위에 있지만 申酉戌은 밖에 있으며 그에 해당하는 신살은 申金 겁살, 酉金 재살, 戌土 천살입니다. 만약 天干에도 있으면 동일하다고 간주하는데 그 방법은 아래와 같습니다.

寅-甲, 卯-乙, 巳-丙, 午-丁, 申-庚, 酉-辛, 亥-壬, 子-癸

즉, 甲寅, 乙卯, 丙巳, 丁午, 庚申, 辛酉, 壬亥, 癸子는 地支에 천간과 동일한 地藏干을 품었습니다. 예로, 亥水는 地藏干 壬水, 巳火는 地藏干 丙火를 품었습니다. 다만, 辰戌丑未는 사주구조에 정해진 神煞의 명칭을 따르지만 천간 戊土와 己土에 대해서는 사주사례를 분석하는 과정에 살펴보도록 하겠습니다. 이 사례는 地支에 酉金 災煞이 없지만 천간에 두 개의 辛金이 있기에 災煞의 작용으로 간주합니다.

제 1장 - 12神煞 개념정립

1. 시공간과 열

우주 빅뱅 후 약 100억년 즈음에 지나자 지구가 생겨났다고 합니다. 지구는 끊임없이 회전하면서 우주에서 쏟아져 들어오는 에너지들에 반응하여 物形변화를 일으킵니다. 丁火 중력에너지와 癸水 척력에너지의 충돌과정에 壬水를 축으로 조정하고 타협하면서 움직임과 변화를 이끌어냅니다. 따라서 丁壬癸 三字가 어떤 방식으로 지구자연을 다스리고 만물에 어떤 영향을 미치는지를 관찰해야 자연본성을 깨우칠 수 있습니다. 결국 사주명리의 핵심은 자연에서 발생하는 움직임과 변화를 관찰하는 것입니다. 生氣를 유지하며 살아가는 생명체들이 계속 物形을 바꿔야만 하는 이유를 궁구하고 오늘은 이런 생각, 저런 행동을 하다가 내일에는 갑자기 상이한 생각과 행동을 하는 이유를 탐구해보면 결국 시공간과 열의 움직임 때문이라는 것을 깨우칩니다. 고대에서 현대에 이르기까지 정체를 밝히려고 노력했지만 여전히 오리무중인 존재가 바로 時間입니다. 최근에는 時間의 실체를 熱의 변화로 인식하는 주장들이 늘고 있습니다. 즉, <u>움직임의 주체는 시간이지만 변화의 주체는 열</u>입니다. 시공간과 熱이 만물을 어떤 방식으로 움직이고 변화하게 만드는지 살펴보겠습니다.

2. 天干 - 時間, 에너지, 合과 沖으로 순환

지구가 회전하기에 時間이 흐른다고 인식합니다. 지구에서의 時間은 十干의 특징을 따라 순환하는데 그 방식은 合과 沖으로 이루어집니다. 甲에서 乙丙丁戊를 지나 己土에 이르면 甲己 合하면 다음 단계인 庚金이 甲木을 沖하는 방식으로 반대편 시공간으로 순환시킵니다. 정리하면 아래와 같습니다.

天干 - 甲乙丙丁戊己庚辛壬癸甲으로 순환합니다.

合沖 - 甲己 合하면 庚으로 沖, 乙庚 合하면 辛으로 沖, 丙辛 合하고 壬으로 沖, 丁壬 合하면 癸로 沖, 戊癸 合하면 甲으로 剋, 己甲 合하면 乙로 剋, 庚乙 合하면 丙으로 剋, 辛丙 合하면 丁으로 剋, 壬丁 合하면 戊로 剋, 癸戊 合하면 己로 剋합니다. 따라서 표면적으로는 동일하지만 甲己 合이 여름에 이루어지면 甲木이 시들어 하강하지만 겨울에 이루어지면 甲木이 己土를 기반으로 상승합니다. 결국 天干 合과 沖이 양쪽방향으로 진행되기에 四季를 순환할 수 있습니다.

3. 時間과 空間의 만남 - 十干, 十二支와 地藏干

十干이 十二支와 접촉하고 반응하는 것을 時間과 空間의 조우라고 부릅니다. 우리는 空間(十二支)에서 발현하는 物形변화를 관찰하여 時間(十干)의 존재를 확인합니다. 火星이나 金星에는 생명체의 움직임이 없기에 관찰행위가 무의미합니다. 十干을 정의하면, 지구에서 발생하는 움직임과 변화를 관찰하고 그 특징을 세분한 결과물입니다. 四季를 봄, 여름, 가을, 겨울로 나누고 각 계절에 3개월을 배정하였는데 卯辰巳(봄, 발산에서 분산으로), 午未申(여름, 분산에서 수렴으로), 酉戌亥(가을, 수렴에서 응축으로), 子丑寅(겨울, 응축에서 발산으로)으로 十二支가 됩니다. 天干이 地支 물형을 어떤 방식으로 변화시키는지 설명할 수 있는 명리 이론은 무엇일까요? 지구 공간의 순환과정을 명확하게 설명할 수 있는 이론은 동서양을 막론하고 地藏干뿐입니다.

4. 十二支, 地藏干과 三合운동

지구가 회전하는 과정에 天干은 合과 沖으로 순환하고 地支는 물질과 육체의 생장쇠멸 과정으로 순환합니다. 탄생하고 자라서 쇠하고 사라졌다가 다시 탄생하기를 반복합니다. 각 달에 발현되는 물형의 특징에 동물을 배속하고 각 地藏干에는 物形을 결정하는 天干(시간, 에너지)을 표기하였습니다. 예로 辰月을 용에 비유하였고 辰月의 공간특징과 物形을 결정하는 에너지는 바로 地藏干 乙癸戊입니다. 戊土 위에서 癸水의 도움을 받은 乙木이 좌우확산 운동하면서 성장하는 겁니다. 봄에 산과 들에 새싹이 성장하는 과정을 상상하면 이해가 쉽습니다. 매년의 순환과정이 유사하기에 우리는 순환원리를 찾아내고 地藏干으로 그 이치를 완벽하게 표현해냈습니다. 寅午戌 三合의 경우, 寅의 地藏干 丙火, 午의 地藏干 丙丁, 戌의 地藏干 丁火를 표기하여 火氣가 순환하는 과정을 표현하였습니다. 天干은 時間이기에 영원을 상징하는 원의 형태로 순환하고 地支는 물질, 육체, 공간, 환경으로 물형변화와 생장쇠멸과정이 삼각형 형태로 이루어지기에 三合운동이라 부르고 지구가 1년을 순환하는 과정에 4개의 三合운동이 목마처럼 회전합니다. 열두 달로 세분하면 12神煞이라 부르기에 三合운동과 12神煞은 지구자연의 공간, 환경, 물질, 육체, 방위, 심리의 움직임과 변화를 관찰하는 이론입니다.

5.三合운동 – 물질의 생장쇠멸 과정

사계의 순환과정은 亥卯未, 寅午戌, 巳酉丑, 申子辰 三合운동으로 이루어지는데 그 의미를 간략하게 정리한 표가 바로 아래의 三合순환도입니다. 4종류의 三合 운동은 별개의 작용으로 이루어질 수 없으며 반드시 물고 물리면서 서로에게 영향력을 행사하면서 회전하기에 三合운동을 별개로 분류하려는 시도는 무의미하며 4개의 三合운동으로 꼬여진 날실과 씨실의 시공간타래를 함께 살펴야 합니다.

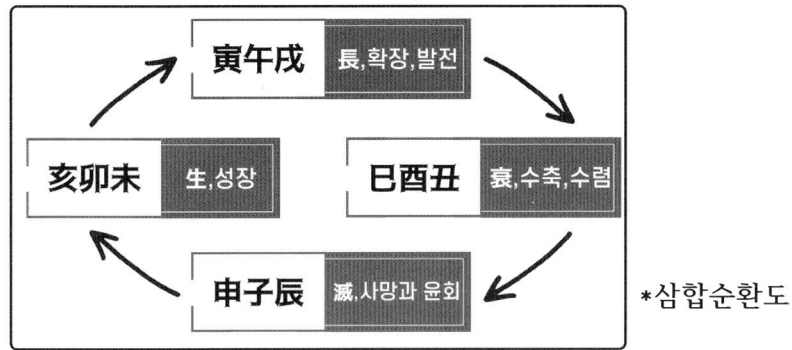

*삼합순환도

亥卯未 - 生, 生氣의 탄생과 성장
生氣를 확장하는 모든 행위에 해당합니다. 亥卯未의 독특한 특징은 끊임없이 성장하면서 외형이 바뀌기에 고정된 틀이 없으며 변화가 심하고 불안정하지만 성장발전을 거듭합니다. 이에 상응하는 물상은 교육, 공직, 기술연마, 스포츠 등입니다.

寅午戌 - 長, 生氣의 확장과 번영
亥卯未로 성장한 이유는 寅午戌 三合의 화려한 물질계로 나아가려는 것입니다. 사회에서 다양한 활동으로 발전하는 과정과 같습니다. 4종류의 三合운동 중에서 물질, 육체적으로 가장 화려하기에 공직, 교육, 문화, 예술에 적합합니다.

巳酉丑 - 衰, 生氣의 쇠퇴
寅午戌에서 화려한 色界를 경험한 이유는 씨종자를 완성하고 후대에 남기려는 것이기에 生氣의 쇠퇴가 이루어집니다. 亥卯未에서 탄생하고 성장했던 이유는 결국 巳酉丑에서 씨종자를 얻기 위한 것이었습니다. 巳酉丑의 특징은 조직을 형성하여 권력과 이권을 추구하는 것으로 상응하는 물상은 금융, 검경, 정치, 법조, 의료등입니다. 巳酉丑의 단점은 권력과 이권을 남용하다 丑

土에 이르러 도둑. 강도, 도박, 마약, 한탕. 투기의 문제를 일으킬 정도로 부패하고 타락합니다. 모든 악의 원천은 씨종자(물질, 재물)를 다루는 巳酉丑에서 비롯됩니다.

申子辰 - 滅, 生氣의 소멸과 윤회
生氣가 소멸하는 과정입니다. 巳酉丑 三合으로 씨종자를 얻었지만 그 대가로 生氣가 소멸되고 결국 사망에 이릅니다. 亥卯未 성장운동을 포기해야 씨종자를 얻기에 만물의 사망과 소멸은 숙명입니다. 申子辰을 활용해서 다시 生氣를 얻는 과정을 거치고 亥卯未 三合운동으로 재출발합니다. 결국 寅午戌과 申子辰의 순환과정으로 이승과 저승이 연결됩니다. 申子辰과 亥卯未는 윤회과정과 성장과정이기에 개인적이며, 寅午戌과 巳酉丑은 단체, 조직을 형성하며 公的이면서도 타락의 원천이 됩니다.

6. 12神煞 - 三合운동의 세분화
三合운동을 세분하면 12신살이기에 三合과 신살을 동일한 것으로 인식해야 합니다. 月煞의 원리, 六害의 원리가 무엇인지 어려워하는 이유는 三合운동과 12신살을 종합적으로 살피지 못하기 때문입니다.

寅午戌(長)
지장화 - 色界, 公的

亥卯未(生)   巳酉丑(衰)
겁년반 - 인간본위, 성장   망육천 - 물질, 권력

申子辰(滅)
역재월 - 전송 영혼, 윤회. 私的

寅午戌 - 지살地煞, 장성將星, 화개華蓋 / 확장과 분산

우리는 삼각형 물질계를 살아가기에 모든 命理이론은 寅午戌 三合을 기준으로 하며 12神煞로 地煞, 將星, 華蓋(지장화)라 부릅니다. 인간은 寅木에서 탄생하여 色界의 문을 열고 午火에 이르러 가장 화려한 육체와 물질을 소유하고 戌土에 다다르면 色界의 모든 경험을 기록한 씨종자 辛金을 저장하고 사망한 후 亥子丑 윤회과정을 지납니다. 따라서 지살, 장성, 화개는 물질계를 출발하고, 완성하여 지키고, 저장하는 일련의 과정을 표현한 것으로 나라를 통치하듯 公的 행위를 지칭하기에 이권, 권력, 을 직접 취하기 어렵습니다. 대통령이 막강한 권력을 이용하여 이권까지 개입하면 권력남용이기 때문입니다. 이런 이유로 寅午戌 곁에는 巳酉丑 망신, 육해, 천살이 대통령의 권력을 이용해서 이권에 개입하여 부를 축적하고자 불나방처럼 달려들며 부패의 원천이 됩니다. 지살, 장성, 화개의 장점이자 단점은, 국가를 통치하기에 권력을 남용하거나 이권에 개입하여 私的으로 재물을 탐할 수 없으며 청렴, 결백함을 요구합니다.

公的이기에 문화, 문명을 발전시키고 교육, 정치를 활용하여 백성들을 지도하는 사명을 가졌습니다. 地煞에서는 탄생과 존재를 알리는 행위를 하는데 신생아로 태어나면 이름을 짓고, 상점을 개업하고자 간판을 달고, 인터넷에 홈페이지를 만드는 행위 등입니다. 三合의 중심 將星은 나라를 다스리는 왕의 역할로 물질과 육체가 극대화된 공간을 적절하게 관리하고 적으로부터 보호하여 풍요로운 상황을 유지하도록 힘써야 합니다. 華蓋는 지살에서 화개까지 모든 과정을 저장한 후 후대에 전달함으로써 종묘사직의 영화로움을 이어가도록 해야 합니다.

巳酉丑 - 망신亡身, 육해六害, 천살天煞 / 권력과 이권 활용
寅午戌 地煞, 將星, 華蓋를 활용하여 얻은 이권과 물질이 바로 亡身, 六害, 天煞입니다. 대통령 곁에서 권력과 이권을 활용하여 은밀하게 부를 축적하는 이기적 조직입니다. 특정인이 소유한 권력으로 혜택을 누리면서 亥卯未 시민들을 지배합니다. 망신, 육해, 천살에 적절한 용어는 이권개입, 뇌물, 청탁, 부패, 불법, 비리입니다. 특정 세력들이 권력과 부를 취하려고 탐욕을 부리기에 은밀히 운영되며 조직의 친밀도가 높습니다. 또, 권력, 이권을 비밀리에 활용하기에 한탕을 노리는 투기세력들과 결탁하면서 더욱 큰 문제가 발생합니다. 亥卯未 성장하는 生氣들을 제거하는 방식으로 취하는 권력, 이권, 물질이기에 殺氣가 강하고 丑土 도둑심보가 지나치면 뇌물, 청탁, 공금횡령과 같은 범죄자로 전락하고 교도소에 수감되거나 마약중독에 빠져 인사불성이 됩니다. 아이러니하게도 권력, 이권을 활용하여 문제를 해결해야 하는 상황이 발생하면 망신, 육해, 천살 띠를 찾아야하지만 지나치면 범죄자로 전락하기에 주의해야 합니다.

申子辰 - 역마驛馬, 재살災煞, 월살月煞 / 후대에 씨종자 전송
寅午戌이 만들어낸 巳酉丑 씨종자를 申子辰을 활용해서 영혼의 세계를 통하여 후대로 전송합니다. 申子辰을 역마, 재살, 월살이라 부르는 이유는 물처럼 흘러서 과거, 현재를 미래를 이어주기 때문입니다. 다만, 흑색으로 보이지 않는 영혼의 세계와 같아서 그 존재를 확인할 수 없지만 생명수와 같은 작용으로 生氣를 부여합니다. 水星을 전송신이라 부르는 이유도 과거, 현재의 정보를 미래로 전송하기 때문입니다. 色界와 空界를 이어주기에 驛馬, 災煞, 月煞이 활용하는 시공간은 매우 넓습니다. 씨종자 辛金을 후대에 전달하는 방식은 申中 壬水가 辛金을 품을 순비하고 子中 壬癸가 교차하면서 씨종자를 부드럽게 풀어내 새 영혼

으로 전환하고 辰중 癸水에 이르면 巳酉丑 三合의 첫 걸음 巳火에게 전생에서 이어진 업보를 넘겨서 새로운 色界를 출발하도록 돕습니다. 역마, 재살, 월살에서 씨종자의 전송이 이루어지는 이유는 면면히 生氣를 이어가려는 神의 의지 때문입니다. 申子辰 三合의 특징을 품은 역마, 재살, 월살은 전송, 윤회. 어둠, 조폭, 도둑, 방황, 추락, 조폭 등의 물상으로 발현됩니다. 식당, 술집과 같은 장사, 사업을 선호하고 종교, 명리, 철학, 교육으로 영혼을 달래는 행위도 가능합니다.

亥卯未 - 겁살劫煞, 년살年煞, 반안攀鞍 /성장, 미완성, 불안정
申子辰이 넘겨준 전생을 이어 받아서 성장한 후 寅午戌 지살, 장성, 화개를 돕는 과정이 亥卯未 겁살, 년살, 반안 입니다. 성장과정에 물형이 계속 변하기에 불안정하고 변화무쌍 합니다. 겁살은 色界에서 空界로 이동하고 년살은 내부에서 외부로 튀어나가고 반안은 화려한 물질계를 지나왔기에 역마를 타고 어두운 공간으로 떠나야 합니다. 亥卯未와 겁살, 년살, 반안의 특징은 인본주의, 성장위주, 물형변화, 불안정, 교정, 수정, 좌충우돌, 하자, 미완성 등으로 그에 상응하는 직업을 갖습니다.

7. 건설과정으로 살펴보는 12神煞 변화과정.
지살 - 寅木 : 건물을 기획하고 설계하고 공지한다.
년살 - 卯木 : 텅 빈 땅에 뼈대를 세우기 시작한다.
월살 - 辰土 : 건물 내부와 외부의 경계가 정해진다.
망신 - 巳火 : 화려한 외관이 드러난다.
장성 - 午火 : 건물이 완성되고 웅장함을 드러낸다.
반안 - 未土 : 하자가 발생하기 시작한다.
역마 - 申金 : 활용이 어려워지자 이동을 시도한다.
육해 - 酉金 : 건물이 낡고 허물어지기 시작한다.

화개 - 戌土 : 화려했던 건물이 무너지고 터만 남았다.
겁살 - 亥水 : 황량한 늪지처럼 변하였다.
재살 - 子水 : 미래에 건설할 건물을 계획한다.
천살 - 丑土 : 폐허를 평평하게 다지는 과정이다.

제 2장. 8寶圖로 살펴보는 12神煞 원리

1. 자연순환도 – 대칭으로 이루어진 12神煞

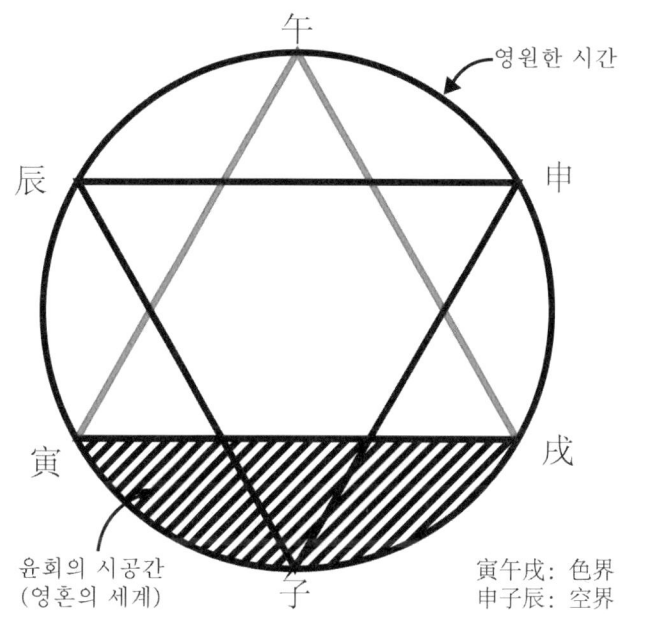

色界는 삼각형으로 이루어졌기에 기본적으로 불평등, 불공평합니다. 4개의 삼각형이 순환하는 과정에 寅午戌 色界와 申子辰 空界의 대칭구조가 沖을 활용해서 亥卯未와 巳酉丑 三合운동을 촉발하고 마감하기를 반복합니다. 丁壬癸의 대칭처럼 12神煞도 對沖관계가 있는데 그 이치를 활용하면 12신살을 비교적 쉽게 이해합니다.

지살 寅木 – 역마 申金 沖
지살은 탄생을 상징하며 色界의 출발점이기에 갈 길이 구만리입니다. 막 태어난 아이와 같으니 무기력하고 생각과 행동이 미숙합니다. 대칭관계에 있는 역마는 반안을 지났기에 육체와 물질이 충만하지만 가장 높은 장성에 이르러 하강했기에 더 이상의 발전은 기대하기 어렵기에 새로운 길을 모색합니다. 申子辰년에 태어나면 2022년 壬寅년은 역마로 그때까지 진행했던 일이나 관계, 상황이 어려워지자 새로운 길을 모색하는 시기였습니다. 지살은 탄생이 목적이고 역마는 육체와 물질을 후대에 전달하는 것이 목적입니다. 역마 방위에 학교가 있는 이유도 씨종자를 후대에 전달하려는 의지 때문입니다. 결국 탄생의 이유이자 목적은 지살에서 반안의 과정을 역마를 활용하여 후대에 전달하여 세대를 이어가려는 神의 의지 때문입니다. 자식 중에서 역마 띠가 있으면 내 존재가치를 후대에 전달합니다.

년살 卯木 - 육해 酉金

卯木은 年煞로 육체를 적극적으로 활용하는 것이 그 특징입니다. 도화, 목욕이라 부르는 이유도 성장과정에 육체를 적극적으로 활용하기 때문이지만 그 핵심은 내부에서 외부를 향하여 튀어나가기에 기존의 틀을 버리는 움직임입니다. 미래지향적이고 도전적이지만 세상 물정을 모르기에 좌충우돌 기복이 심합니다. 대칭점 六害는 사망을 상징하기에 외부에서 내부를 향하여 사라집니다. 보수적이며 대중과의 인연을 멀리하고 특정 소수들과 관계를 유지합니다. 육해는 辛金(酉金)으로 씨종자와 같아서 친인척, 조상, 피붙이와 긴밀한 관계를 상징합니다.

월살 辰土 - 화개 戌土

月煞은 철저히 전생에서 벗어나 현생(色界)으로 넘어오고 화개는 사망하여 영혼의 세계로 떠납니다. 이처럼 월살과 화개는 시공간을 넓게 활용하지만 화개가 더욱 넓은 이유는 영혼의 세계로 뛰어넘기 때문입니다. 저승에서 이승으로, 이승에서 저승으로 넘어가는 과정은 삶과 죽음의 경계이기에 고통이 따릅니다. 월살은 辰巳 지망, 화개는 戌亥 천문으로 천지개벽과 같은 시공간을 넘나듭니다. 번데기에서 나비로 변하는 과정이 월살, 나비의 삶을 마감하고 묘지에 들어가는 과정이 화개입니다. 윤회과정으로 살피면, 화개의 업보가 월살에서 풀어지고, 월살의 업보가 화개를 통해서 후대로 전달됩니다.

망신 巳火 - 겁살 亥水

망신은 물질과 육체가 화려한 공간입니다. 망신에서 큰돈을 취하는 이유는 辰土 월살에서 巳火 망신으로 넘어오는 과정에 영혼과 같은 癸水를 내려주기 때문입니다. 대칭관계에 있는 겁살에도 돈벼락이 있는데 戌土 화개에서 亥水 劫煞로 넘어오는 과정에 戌土의 地藏干 丁火와 씨종자 辛金을 강탈하기 때문입니다. 망신과 겁살은 이승과 저승을 넘나드는 경계점으로 巳火에서는 저승(癸水)의 도움을 받고 亥水에서 이승(丁火)의 도움을 받는 과정에 큰 재물을 취할 기회가 생깁니다. 사회활동 측면에서, 망신은 화려한 존재감을 드러내지만 겁살은 갑자기 사라지거나 해외와 같은 엉뚱한 시공간으로 이동합니다. 현재의 공간에서 두각을 나타낼 수 없기에 블랙홀로 빨려 들어가 타향, 해외로 이동하는 겁니다. 月煞에서는 드러내지 못했던 존재감이 亡身에서 드러나고, 화개에서 墓地에 들어가고 겁살에서 갑자기 사라지거나 존재가치를 상실합니다. 망신을 수술이라고 하는 이유도 드러나지 않아야할 내부가 외부에 노출되었기 때문입니다. 겁살은 저승사자처럼 물질, 육체를 빼앗기에 수술, 육체손상, 사망할 수도 있습니다. 망신은 물질이 목적이고, 겁살은 生死가 목적입니다. 巳火 亡身은 寅午戌 三合 중심에서 將星을 보호하기에 권력과 이권을 유지하려는 기득권이고 亥水 劫煞은 寅午

戌 三合을 벗어난 첫 단계이기에 기존과 다른 세상을 꿈꾸는 노조, 혁명, 국가를 전복시키려는 무장 세력에 비유합니다.

장성 午火 - 재살 子水

장성은 三合의 중심이기에 삼각형 꼭짓점에 오른 대통령과 같은 존재요. 멀리서 대통령을 축출하려고 모사를 꾸미는 것이 재살입니다. 寅午戌 三合을 기준으로 子水는 三合을 벗어났기에 존재감을 드러낼 수 없지만 申子辰 三合을 기준으로 하면 子水가 장성이고 午火가 재살이 됩니다. 午火의 관점에서 子水는 왕권을 무너뜨리는 존재이고 子水입장에서 午火도 왕권을 공격하는 존재이기에 쌍방은 타협이 불가합니다. 장성과 재살의 차이점은, 장성은 물질과 육체를 지키는데 목적을 두고 재살은 영혼의 세계와 같아서 두뇌를 활용하여 장성이 소유한 물질과 육체를 공격하는데 목적을 둡니다. 지극히 현실적인 장성은 물질, 육체를 지켜야 하므로 보수적이지만 잃을 것이 없는 재살은 장성을 공격하여 체계를 무너뜨려야 기회가 주어진다는 것을 잘 알기에 혁신적입니다. 장성의 물질과 육체를 부러워하고 시기, 질투하는 재살은 수단과 방법을 가리지 않고 빼앗으려고 달려듭니다.

수옥(囚獄)이라고 부르는 이유도 장성의 물질, 육체를 강탈하기 때문입니다. 三合의 중심 將星은 公的이고 災煞은 私的입니다. 장성은 대통령과 권력기관이라면 재살은 체계를 부정하기에 불평등이 지나치면 피해망상에 시달리고 장성을 공격합니다. 장성은 국가, 사회를 지키는데 목적을 두지만 재살은 국가 체계를 전복하는데 목적을 둡니다. 다만, 글자가 동일해도 자신의 띠에 따라서 신살의 의미가 달라집니다. 예로, 午火가 장성이면 보수석이지만 午火가 재살이면 도발적입니다. 또 동일한 장성도 불질크기가 달라지는데 子水 장성은 영혼의 세계, 卯木 장성은 성장과정이기에 물질이 크지 않지만 午火와 酉金 장성은 가장 물질적인 공간입니다.

반안 未土 – 천살 丑土
반안에서 물질이 풍부한 이유는 지살에서 장성까지의 결과물을 담았기 때문입니다. 천살은 겁살, 재살, 천살 윤회과정의 끝자락이기에 물질, 육체가 없습니다. 午火 장성을 기준으로 좌우에 있는 巳火 망신과 未土 반안은 크게 다릅니다. 巳火 망신은 巳酉丑 三合의 첫 단계로 권력, 이권을 활용하여 물질을 추구하지만 아직 대통령에 오르기 전이기에 비교적 순수하며 三合의 중심에서 公的으로 행동합니다. 반안은 將星 바로 옆에 있지만 亥卯未 三合의 마지막 단계로 겁살, 년살, 반안의 틀을 부수는 사고방식, 행동방식으로 私的이고 반발심이 강합니다. 망신은 존재를 부각시켜 장성으로 올라서서 권력을 취하는 것이 목적이지만 반안은 존재를 드러내지 않고 물질을 취하려는 목적입니다. 비밀리에 대통령을 경호하는 수행원처럼 존재를 드러내지 않으면서 장성을 안정적으로 지키려고 합니다. 천살은 물질과 육체가 없기에 두뇌를 활용하여 타인의 권력, 이권, 물질을 활용하지만 지나치면 타인을 기만할 수 있기에 지극히 이중적이며 심하면 범죄자가 될 수 있습니다.

2. 十宮圖 2 – 육체, 물질의 生과 死

亥- 劫煞	申-驛馬	辰 -月煞 戌 -華蓋	巳 - 亡身	寅 - 地煞
子- 災煞	酉-六害	未 -攀鞍 丑 -天煞	午 - 將星	卯 - 年煞

사주명리는 寅午戌 三合을 기준으로 이론을 정립하며 물질계의 생장쇠멸 과정은 삼각형 형태로 이루어집니다. 밑바닥에서 출발

하여 가장 높은 곳에 다다르면 하향하기 시작하여 밑바닥에 이르고 눈으로 확인할 수 없는 영혼의 세계로 들어갔다가 새 출발합니다. 十宮圖2는 12신살을 가장 합리적으로 이해하는 방법을 제시합니다. 寅午戌 色界를 기준으로 十干과 十二支, 三合, 神煞, 十神, 12운성은 공통적으로 甲寅에서 탄생하고 丁午에서 육체가 강건해졌다가 辛酉에서 生氣를 잃고 사망하면 亥子에서 영혼의 세계를 거쳐 丑에서 육체를 얻고 寅에서 재탄생합니다. 12신살 중에서 가장 중요한 의미를 품은 공간들은 酉金 육해, 亥水 겁살, 子水 재살, 丑土 천살로 정리하면 아래와 같습니다.

寅 - 지살. 육체를 얻고 탄생하여 色界를 출발합니다.
卯 - 년살. 육체를 적극적으로 활용하여 성장합니다.
辰 - 월살. 화려한 色界로 나가고자 준비합니다.
巳 - 망신. 가족에서 벗어나 세상에 존재를 드러냅니다.
午 - 장성. 육체와 물질이 가장 풍요로운 상태입니다.
未 - 반안. 사회활동 과정에 습득한 물질과 경험을 축적합니다.
申 - 역마. 반안에서 수확한 것들을 후대에 전달하고자 출발합니다. 지살에서 반안까지 경험을 축적하고 역마에서 결과물(씨종자)을 후대에 전송하기 시작합니다. 결국 탄생은 윤회를 위한 것이며 그 방식은 씨종자를 후대에 넘기는 것입니다.
酉 - 육해. 씨종자를 완성하고 죽음에 이릅니다. 업보를 상징하며 조상이자 전생의 나를 상징합니다.
戌 - 화개. 寅午戌 三合을 마감한 후 씨종자를 저장합니다.
亥 - 겁살. 丁火 장성과 辛金 육해를 블랙홀로 빨아들입니다.
子 - 재살. 전생의 업보를 심판받고 새 영혼을 제공 받습니다.
丑 - 천살. 癸水 영혼과 辛金 업보가 결합하여 새로운 생명체 甲寅을 잉태하였습니다.
寅 - 지살. 재탄생하여 또 다른 인생을 출발합니다.

사주명리는 자연의 순환과정에 발생하는 움직임과 변화를 문자로 표현한 것이며 十干과 十二支를 조합한 60干支를 활용합니다. 신살 외에도 움직임과 변화를 관찰하는 방식은 다양한데 庚金을 예로 살펴보겠습니다.

庚金 에너지 특징 - 巳火에서 최대로 펼쳐저 부드럽던 물형이 내부에 열을 축적하고 水氣를 제거하는 방식으로 점점 딱딱해져 가는 과정을 표현한 글자입니다.

庚金과 巳酉丑 三合운동 - 꽃 피고 열매 맺고 완성되면 수확해서 씨종자를 보관하는 과정입니다. 신살로 망신, 육해, 천살이라 부릅니다.

庚金은 神煞로 역마 - 三合운동을 세분하면 庚金은 역마에 해당합니다. 甲乙丙丁戊己까지는 성장과정이지만 庚金부터 수확을 준비하기 때문입니다. 生氣의 탄생은 甲木이지만 冲으로 제거하여 반대편 공간으로 이동하는 출발점을 역마라 부릅니다.

庚金의 十神 偏官 - 十神으로 偏官이라 부르는 이유는 甲木 比肩의 존재를 冲으로 부정하기 때문입니다. 상응하는 물상은 관재구설, 스트레스, 직업변동, 육체손상, 외도들통 등입니다.

庚金의 12운성 絶地 - 甲木은 亥水에서 출발하여 亥卯未 三合운동을 하는데 申金에 이르면 더 이상 성장운동을 할 수 없기에 絶地라 표현합니다.

3. 12神煞을 판단하는 기준
12신살을 판단하는 기준을 명확하게 설정해야 합니다. 보통은

年支와 日支를 기준으로 살피는데 日干을 기준으로 분석할 수도 있습니다. 그 차이를 보겠습니다.

●年支는 뿌리根에 해당하므로 나의 존재를 규정합니다. 특히 조상, 업보, 전생, 윤회를 상징하기에 어떤 업보를 이어가는지를 판단하는 근거입니다.

●日支를 기준으로 분석하는 이유는 조상과 부모에 해당하는 년과 월에서 벗어나 일간이 원하는 세상을 만들어가는 과정이기 때문입니다. 년과 월의 宮位로 조상, 부모, 국가, 사회, 형제를 살피고 일과 시의 宮位로 부인, 남편, 자식, 부하, 개인취미 등을 살필 수 있습니다. 예로 日支가 寅木이면 寅午戌 三合을 기준으로 申金은 역마에 해당합니다. 문제는 판단기준이 많으면 혼란이 가중되기에 년지를 기준으로 하는 것이 바람직합니다.

●일간을 기준으로 살필 수도 있는데 신살을 가미하여 독특한 干支 의미를 추론할 수 있습니다. 예로, 乙亥, 辛巳, 甲申, 庚寅은 地支가 모두 劫煞입니다. 乙木은 寅午戌 三合을 벗어난 亥水를 만났기에 겁살, 辛金은 申子辰 三合을 벗어난 巳火를 만났기에 겁살로 天干과 地支가 추구하는 방향이 상이해서 나와 배우자는 사고방식, 행동방식이 너무 달라 조화를 이루기 어렵다고 느낍니다.

4. 12神煞의 시간흐름
1)지살, 년살, 월살.
탄생해서 성장하는 과정으로 활용하는 시공간이 좁고 부모, 형제, 친척들과 지내면서 육체, 정신적으로 성장해서 넓은 시공간으로 나가려고 준비합니다. 지살은 매우 수동적이지만 년살은 자신의 존재를 알리고자 밖으로 튀어나가서 좌충우돌 과정을 거칩니다. 예로 착했던 아들이 갑자기 가출하는 일탈행위가 바로 년살과 유사합니다.

```
亥卯未 三合 : 亥水 지살은 응축, 子水 년살은 발산.
寅午戌 三合 : 寅木 지살은 내부, 卯木 년살은 외부.
巳酉丑 三合 : 巳火 지살은 분산, 午火 년살은 수렴.
申子辰 三合 : 申金 지살은 외부  酉金 년살은 내부.
```

이처럼 지살과 년살은 바로 옆에 붙어있지만 그 움직임이 상반되기에 정반대라 해도 과언이 아닙니다. 월살에 이르면 가족과의 성장과정을 끝내고 亡身에서 사회에 진출하고자 준비하는데 三合의 종류에 따라 상이합니다.

●寅午戌 三合은 辰土 월살 地藏干 癸水를 준비해서 巳火로 나갑니다. 水氣(癸)가 火氣(巳)의 시공간으로 넘어갑니다.
●申子辰 三合은 戌土 월살 地藏干 丁火를 준비해서 亥水로 나갑니다. 火氣(丁)가 水氣(亥)의 세상으로 넘어갑니다.
●巳酉丑 三合은 未土 월살 地藏干 乙木을 준비해서 申金으로 나갑니다. 木氣(乙)가 金氣(申)의 세상으로 넘어갑니다.
●亥卯未 三合은 丑土 월살 地藏干 辛金을 준비해서 寅木으로 나갑니다. 金氣(辛)가 木氣(寅)의 세상으로 넘어갑니다.

이처럼 월살에서 망신으로 넘어가는 과정은 마치 적진으로 뛰어들거나 불구덩이에 몸을 던지는 것처럼 위험하기에 辰巳를 地網지망, 戌亥를 天羅천라로 표현했습니다. 丑寅과 未申도 저승과 이승처럼 상이한 시공간이기에 크게 다를 바 없습니다. 자연은 왜 이런 행위를 해야만 할까요? 균형을 유지하면서 면면히 순환하기 위해서입니다. 火의 세상에 水氣를 보충하고, 水의 세상에 火氣를 보충하고 木의 세상에 金氣를 보충하고, 金의 세상에 木氣를 보충해서 균형을 유지하려는 겁니다.

2)망신, 장성, 반안.
물질, 육체적으로 가장 화려한 공간이며 公的이고 권력 지향적입니다. 亡身에 이르면 존재를 환하게 드러냅니다. 망신을 전쟁터에 비유하는 이유는 가족을 벗어나 지극히 현실적인 사회에 진출해서 물질을 얻고자 전투를 벌이기 때문입니다. 망신, 장성, 반안에서 승리하고자 월살에서 辰土의 地藏干 癸水를 활용하여 교육 받는데 그 이유는 모친의 사랑을 품어야 망신에 나가서도 지치지 않고 활동하여 將星 왕좌에 올라 가장 가치 있는 물질과 육체를 얻은 후 반안에서 공적인 활동을 포기하고 왕좌에서 물러납니다.

3)역마, 육해, 화개.
三合운동이 장성에서 절정에 이른 후 시들어가는 과정입니다. 젊고 건강하던 시기가 지나 40대에 이르면 육체와 물질이 쪼그라들기에 三災라 부릅니다. 역마, 육해에서 무리하게 사업을 확장하면 갑자기 망할 수 있기에 주의해야 합니다. 역마의 역할은 씨종자를 후대에 전송하는 것입니다. 사주팔자 宮位는 時干으로 자식이며 나의 존재를 후대로 넘겨주는 역할입니다. 부모와 붕어빵이라는 표현도 역마를 표현한 것입니다. 따라서 時干에 역마가 있다면 홍보, 전송능력이 뛰어납니다. 역마와 時干에 드러난 글자는 인생을 살아가는 과정에 강력한 욕망을 표현한 것입니다. 역마행위를 원하면 반드시 현재의 시공간에서 벗어나 타향, 해외로 이동해야 합니다. 육해는 씨종자와 같아서 조상, 육친, 가족과 같으며 내부를 향해 들어가야 합니다. 亡身처럼 존재감을 드러내는 것이 아니라 존재가 사라지는 공간입니다. 육해를 만나면 물질이 줄고 움직임이 답답해집니다. 지살에서 육해까지의 모든 과정을 좁은 시공간에 저장한 것이 화개이고 겁살, 재살, 천살을 지나 지살에서 다시 꺼내서 제 2의 인생을 출발해야 합니다.

4)겁살, 재살, 천살.
겁살, 재살, 천살은 영혼의 세계와 같습니다. 윤회과정의 첫걸음이 겁살로 三合을 벗어나 적응이 어렵고 불편합니다. 임시방편으로 살아가며 물질과 육체가 없기에 도둑, 강도, 횡령, 절도, 폭력, 인질, 납치와 같은 행위를 할 수 있습니다. 겁살에서 전생을 정리하고 재살에서 새 영혼을 얻습니다. 이 순서를 이해하는 것이 중요한데 지살에서 三合운동을 시작하려면 반드시 먼저 영혼을 얻어야 합니다. 재살의 가장 중요한 작용으로 우주어미가 배정하는 영혼을 얻고 천살에 이르면 부모가 제공하는 육체와 영혼이 결합합니다. 따라서 천살은 色界로 탄생하기 직전이지만 육체가 완성되지 않았기에 재살과 천살은 주위를 활용하거나 부려먹기를 좋아합니다. 천살은 유통, 무역, 중개처럼 두뇌를 활용하여 쌍방을 연결하는 직업이 바람직합니다. 日支에 천살이 있으면 배우자를 부려먹거나 배우자가 나를 부려먹습니다. 글자속성으로 살피면 亥子丑이 겁살, 재살, 천살로 겨울이고 흑색이며 육체활동이 매우 소극적이기에 매우 불편한 공간입니다.

5. 12神煞의 전환점
地藏干 순환과정의 주요작용을 분석하면 아래와 같습니다.

辰巳 월살, 망신 : 꼭짓점 장성을 향하여 갑니다.
未申 반안, 역마 : 장성에서 하강하여 멀리 떠납니다.

戌亥 화개, 겁살 : 영혼의 세계에서 윤회를 시작합니다.
丑寅 천살, 지살 : 저승에서 이승으로 건너옵니다.

寅午戌 三合의 결과물이 戌土에 담긴 후 亥水로 이어지고 윤회를 시작합니다. 따라서 辰戌丑未와 寅巳申亥 사이에는 강력한 고리가 있습니다. 물질과 육체의 정점 장성을 화개에 담으면 겁살이 윤회를 시작합니다.

寅午戌亥 : 丁壬 合으로 亥水 겁살이 戌中 丁火를 탐한다. 죽음
巳酉丑寅 : 丙辛 合으로 寅木 겁살이 丑中 辛金을 탐한다. 탄생
申子辰巳 : 戊癸 合으로 巳火 겁살이 辰中 癸水를 탐한다. 색계
亥卯未申 : 乙庚 合으로 申金 겁살이 未中 乙木을 탐한다. 물질

戌土 화개에서 출발하여 亥水 겁살, 子水 재살, 丑土 천살에 이르는 과정을 세부적으로 살피면 아래와 같습니다.

寅午戌 -亥 : 겁살 亥水가 戌土의 地藏干 丁辛을 암합하여 亥水로 빨아들이는 이유는 씨종자를 풀어내야 지살에서 탄생하기 때문입니다.

寅午戌 -子 : 재살 子水가 午火 장성을 공격해서 三合운동을 방해합니다. 午火는 수렴하는데 子水가 발산으로 전환해야 하기에 午火를 망가뜨려야 합니다. 바로 윤회하는 방식으로 寅午戌의 결과물인 申酉열매와 씨종자를 子水 재살이 부드럽게 풀어내 甲寅으로 물형을 바꾸고 탄생합니다. 따라서 재살은 무에서 유를 창조하는 첫걸음이기에 총명하여 아이디어, 기획능력이 뛰어납니다.

寅午戌 - 丑 : 천살 丑土는 재살 子水 영혼과 결합하여 지살에서 色界로 나오지만 아직은 육체, 물질을 직접 활용할 수 없는 공간입니다. 천살에서 종교, 명리, 철학, 교육과 같은 직업이 많이 나오는 이유이기도 합니다. 천살 丑土는 반드시 화개 戌土를 刑해서 씨종자 辛金의 물형에 변화를 줍니다. 만약 戌土에 있는 辛金 육해를 刑하지 않으면 딱딱한 상태로 있기에 丑寅으로 재탄생 할 수 없습니다. 丁火도 丑土의 地藏干 癸水를 활용하여 부드럽게 만들어야 지살이 탄생합니다. 이처럼 천살은 반드시 씨종자를 탐하기에 도둑, 강도처럼 타인의 소유물을 탐합니다. 만약 년지에 화개가 있고 월일시에 천살이 있다면 조상의 유업을 刑으로 망가뜨리기 쉽습니다. 하지만 刑작용이 있어야 새로운 三合운동을 출발하기에 발전을 위한 필수불가결한 과정입니다.

6. 12神煞 인연

상대방 띠를 활용해서 나와의 인연을 살필 수 있습니다. 예로, 辰年에 태어났는데 未年 인연을 만나면 천살이기에 모셔야 할 스승과 같습니다. 반대로 未土가 辰土 반안을 스승으로 모시면 낮은 단계라는 느낌을 받습니다. 이런 이유로 巳酉丑년에 태어나면 辰土 천살 띠를 스승으로 모셔야 배울 점이 많고 오래도록 관계를 유지합니다. 겁살, 재살, 천살을 제자로 받아들이기 어려운 이유는 언제라도 스승을 배신하기 때문입니다. 물론 신살 만을 활용한 단편적인 판단에 불과하며 사주구조를 종합적으로 분석해야 합니다. 또, 辰年을 기준으로 寅年은 역마이기에 나의 존재와 가치를 널리 알려주는 인연입니다. 정리하면 아래와 같습니다.

●지살, 장성, 화개 - 물질과 육체를 지키는 보수적 성향을 가

진 인연들로 추구방향이 동일하여 소통하기 좋습니다. 4살 차이는 궁합을 살피지도 않고 결혼한다는 인연들입니다.

●망신, 육해, 천살 – 권력과 이권을 행사하는 인연들이기에 어려운 일이 발생할 때 활용할 수 있습니다.

●역마, 재살, 월살 – 씨종자를 후대에 전송하기에 나의 존재와 가치, 혹은 제품을 홍보할 때 활용하는 인연입니다.

●겁살, 년살, 반안 – 정해진 틀을 깨는 인연들이기에 주의해야 합니다. 다만 돌파구가 필요할 때 필요합니다. 예로, 회사에서 새로운 제품을 출시하는 과정에 필요합니다.

아랫사람이 망신, 육해, 천살이면 부리기 어렵습니다. 특히 천살은 상전 모시듯 하지만 전생의 인연처럼 깊은 관계를 유지합니다. 육해도 전생의 인연처럼 한눈에 반해 사랑에 빠집니다. 물질로 발전하려면 지살, 장성, 화개 인연을 골라야 목표와 방향이 일치합니다. 역마, 재살, 월살은 활동을 도와주는 인연들로 홍보효과가 뛰어납니다. 겁살, 년살, 반안은 사고방식, 행동방식이 상이하지만 어려운 문제를 해결하는 선발대와 같습니다.

제 3장 三合과 12神煞 의미 확장

天干은 시간, 에너지, 地支는 공간, 물질, 육체, 환경 등 눈으로 확인 가능한 만물을 표현하고 地藏干은 地支에 존재하는 時間을 상징합니다. 선인들은 十干을 창조하였는데 甲乙丙丁戊己庚辛壬癸로 지구에 쏟아지는 에너지 종류가 10개라고 믿었으며 공간을 지배하는 주인입니다. 地支는 十干의 영향을 받아서 물형변화를 일으키는데 그 이치를 파악하기 어려운 이유는 三合운동을 이해하지 못하기 때문이며 申子辰은 水局이라 부르면서 五行의 강약으로만 접근합니다. 申子辰 세 글자가 조합하면 없던 물도 펑펑 나올 것이라는 편견을 가졌으며 물질의 생장쇠멸 과정을 분석하려는 노력을 하지 않습니다. 지구에서 이루어지는 생장쇠멸 과정을 명확하게 설명할 수 있는 이론은 三合운동뿐이며 그 이유를 이해하려면 地藏干을 활용해야 합니다.

寅午戌 三合은 寅中 丙火가 中氣에, 午中 丙丁이 餘氣와 正氣에, 戌中 丁火가 中氣에 있습니다. 丙火 陽으로 출발해서 午月에 陽에서 陰으로 바뀌고 戌月에 陰으로 저장되면 三合운동이 완성됩니다. 陽에서 출발하여 陰으로 전환된 후 陰으로 완성되었다가 亥子丑을 지나 寅中 丙火가 동하여 三合운동을 출발합니다. 동일한 三合운동이 계속 반복되는 이유는 지구가 회전하기 때문입니다. 丁壬癸 三字가 회오리치면서 회전운동을 활용하여 9개월 동안 生長衰 과정을 진행하고 3개월은 滅의 시간을 맞아 휴지기에 들어갑니다. 이처럼 삼각형은 만물의 순환과정을 입체적으로 관찰할 수 있는 기틀을 제공합니다.

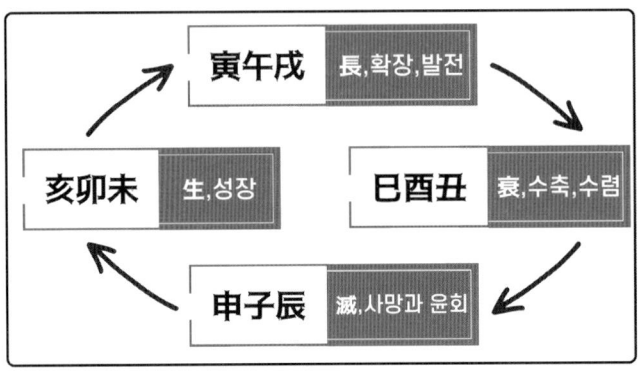

三合운동은 네 종류로 亥卯未, 寅午戌, 申子辰, 巳酉丑이 꼬리를 물고 이어지면 영원을 상징하는 원형으로 바뀌지만 시간을 천천히 돌리면 삼각형 4개가 회전하는 모습을 자세히 관찰할 수 있습니다. 水氣는 가장 아래에 申子辰으로 자리 잡고 가장 가벼운 火氣 寅午戌은 가장 위에 자리 잡고 亥卯未가 왼쪽, 巳酉丑이 오른쪽에서 회전하기 시작합니다.

1. 申子辰 三合운동의 키워드

申子辰 三合의 특징을 쉽게 이해하고 기억하려면 반드시 <u>핵심 키워드</u>를 찾아야 합니다. 물처럼 과거, 현재, 미래를 흐르면서 이쪽에서 저쪽으로, 저쪽에서 이쪽으로 만물과 접촉하는 과정에 정보를 전달합니다. 정보의 정체는 寅午戌 色界에서 만들어진 모든 결과물로 후대에 전달해야 순환이 가능합니다. 水星 머큐리를 전송 神이라 부르는 이유로 고대에 수성이 그런 역할임을 알아낸 선조들의 안목이 놀랍습니다. 申子辰 전송의미를 干支로 살펴보겠습니다. 丙火가 申子辰과 丙申, 丙子, 丙辰으로 干支를 이루면 丙火 빛을 申子辰에 실어서 이동하기에 정보, 통신 물상인데 전송하는 대상은 바로 丙火입니다. 色界에서 이루어지는 움직임의 본질은 丙火가 乙木을 庚金으로 바꾸고 辛金 씨종자

를 완성한 후 申子辰 水氣에 실어서 후대에 전송하는 겁니다. 壬水가 寅午戌과 壬寅, 壬午, 壬戌로 조합하면 寅午戌 火氣로 壬水를 분산시켜서 癸水로 바꾸기에 화려한 색채를 활용하여 연예, 영화배우 물상에 활용합니다. 戌土가 寅午戌과 배합해도 화려한 무대 위에서 존재를 드러내는 영화, 방송과 관련이 깊습니다.

自然循環圖(시공간 순환도)

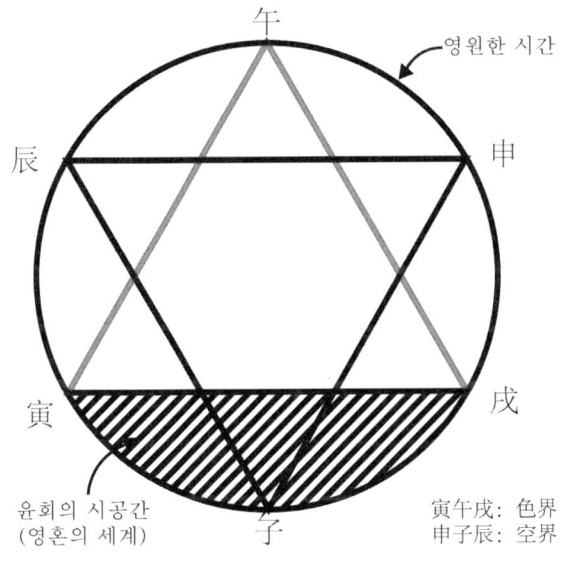

자연순환도를 활용하여 "전송"이라는 키워드를 신살에 적용하면 申金은 역마, 子水는 재살, 辰土는 월살로 현재의 정보를 미래로 전달하기에 역마, 재살, 월살에는 쌍방이 <u>주고, 받는 행위</u>가 이루어집니다. 만약 내가 젊은 사람들에게 무언가를 전달할 수 있다면 이미 권력, 이권을 활용하거나 부자입니다. 반대로 내가 무언가를 받는 입장이라면 젊고, 가난하고, 이권, 권력이 없습니다. 이처럼 역마, 재살, 월살에서는 수준차이가 큰 두 상대가 전달하고 전달받는 행위가 이루어집니다. 예로, 국가와 개인, 어른과 아이, 늙은이와 젊은이, 부자와 가난한 자가 상대합니다. 역마 세운에 젊은 사람들과 접촉이 많거나 어린이들을 상대하는 문방구와 같은 직업을 갖습니다. 申子辰 三合은 영혼의 세계와 같아서 물질추구가 어렵기에 배움과 관련이 깊습니다. 씨종자 辛金을 水氣에 풀어내기에 노련한 어른들이 학생이나 젊은이들에게 지혜를 전송하는 행위입니다. 만약 申子辰 三合과정에 물질을 탐하면 원래의 목적이나 의도를 거슬리기에 어둠 속에서 도둑, 강도, 조폭처럼 타인의 재산을 강탈할 수도 있습니다. 물질이 없는 공간에서 탐욕을 부리기에 발생하는 문제입니다. 정신을 추구하면 종교, 명리, 철학과 인연이 깊지만 물처럼 자유, 방랑, 방탕을 즐기면 그에 상응하는 직업은 운수, 운송입니다.

정리하면, 申子辰은 영혼의 세계와 같아서 물질 추구가 어려운데 억지로 추구하면 도둑, 강도와 같은 문제가 발생하지만 水氣 자체를 종교 명리 철학 교육으로 활용하면 적절합니다. 申子辰 三合을 마감하는 辰土의 특징이 모호한 이유는 물질과 정신을 동시에 활용해서 그렇습니다. 申子辰은 물처럼 흐르기에 막히는 것을 극도로 싫어하며 장사, 사업을 원하고 공직, 직장에서 구속받는 것을 달가워하지 않습니다. 대칭관계에 있는 寅午戌은 조직에 소속되는 것을 기뻐하는 이유는 딱딱한 틀을 만들어가는 과정이기에 조직 내에서 자신의 존재를 드러내는 것을 기뻐합니다. 이렇게 정해진 특징은 절대로 바뀌지 않습니다. 세부적으로 살피면, 申金 역마는 寅午戌이 생산한 씨종자를 후대로 전송하는 역할로 이 행위가 없다면 자연의 순환, 生氣의 순환은 불가능합니다. 寅卯辰, 巳午未, 申酉戌 三合의 마지막 단계 酉金에서 씨종자를 완성하기에 申金 역마부터 水氣를 활용해서 辛金

을 전송할 준비를 합니다. 寅午戌과 申子辰은 항상 순환하기에 生과 死는 다른 듯 동일하며 사람이 귀신이요, 귀신이 사람입니다. 동일한 두 존재가 시공간에 따라 달라 보일 뿐입니다. 寅午戌은 꼭짓점이 위를 향하고 申子辰은 아래를 향하기에 역마는 寅午戌 三合에서 이탈하여 어두운 시공간으로 떠나야 합니다. 낡은 세대에서 새로운 세대, 미래를 향하기에 늙은이와 젊은이가 세대를 주고받습니다. 자신이 가진 권력, 이권, 재물, 사랑을 베풀려면 역마, 재살, 월살 운에 행하는 것이 좋습니다. 직업에 활용하면 학생들을 상대하는 모든 행위로 학교에 우유, 비품을 납품하거나 문방구, 학원, 서점 등입니다.

다음 단계는 災煞이지만 역마와 재살의 시공간은 상이합니다. 申酉戌을 지나 亥子丑 겁살, 재살, 천살이 함께 하는 영혼의 세계로 넘어왔기 때문입니다. 재살은 무엇을 전송할까요? 지살에서 三合운동이 출발하도록 무언가를 전달합니다. 구체적으로는 子水의 地藏干 壬水가 癸水로 바뀌기에 발산에너지를 활용하여 寅中 丙火 분산에너지를 만들도록 유도합니다. 寅午戌 三合을 출발하려면 癸水를 폭발시켜야 寅中 丙火가 출발할 수 있습니다. 이런 이유로 재살은 우주어미의 사랑, 국가, 사회, 부모, 친인척의 사랑, 도움을 받을 기회가 생깁니다. 그 종류는 다양한데 三合운동을 출발할 기회를 제공하기에 지살에서 안정적인 출발이 가능해집니다. 하늘에서 제공하는 도움을 알아차리기 어렵지만 주의를 기울이면 발전의 기회를 잡습니다. 子水의 地藏干 壬水가 癸水로 폭발하기에 응축되었던 壬水가 一陽으로 폭발하여 봄을 향하는 첫발을 내딛습니다. 水氣가 줄어들고 온도가 오르는 이유는 모두 응축했던 壬水를 癸水 재살로 풀어내기 때문입니다. 결국 寅午戌 色界를 만들 기회를 子月 災煞이 제공하기에 "우주어미의 사랑"이라고 표현한 것입니다.

과거에는 月煞을 복지혜택, 내당 마님으로 표현했지만 그 이유를 설명하지 못했습니다. 전송이라는 키워드를 활용하면 이해가 쉽습니다. 寅午戌 三合을 기준으로 辰土에 이르면 月煞이라 부르고 망신 巳火를 향해 무언가를 전송합니다. 모든 생명체는 전생의 업보에 해당하는 씨종자 辛金을 水氣에 풀어낸 후 부모가 제공하는 육체와 결합합니다. 災煞 子水에서 영혼을 얻고 천살 丑土에서 부모가 육체를 제공하고 寅木에서 탄생합니다. 그리고 月煞 辰土에서 망신 巳火로 넘어가는 과정에 癸水를 넘겨주는데 그 과정이 매우 복잡합니다. 번데기가 나비로 변신하는 것처럼 癸水에 담긴 전생의 정보를 이어받고 새로운 세상으로 날아오릅니다. 망신은 色界로 나아가는 관문이자 새로운 업보를 만들어가는 첫 걸음입니다. 월살을 지나 亡身에 이르러서야 비로소 전생에서 자유로워지는 이유는 무엇일까요?

천살에서 지살로 넘어와 탄생하지만 저승과 이승의 기운이 철저히 단절될 수 없으며 충격완화를 위해 지살, 년살, 월살로 이어지다 月煞과 亡身에서 癸水를 넘겨주는 방식으로 전생에서 철저히 벗어나기 때문입니다. 전생의 정보를 기록한 영혼 癸水가 巳火에 녹아들어야 새로운 색계를 나아갈 수 있습니다. 정리하면, 월살과 망신에서는 癸水를 전달받아 色界로 나아가고, 화개와 겁살에서는 丁火를 전달해서 물질과 육체를 제거해야 영혼의 세계로 돌아갑니다. 月煞을 내당 마님, 복지라고 표현한 이유는 저승에서 色界로 넘어오기 직전에 전생의 업보를 넘겨주기에 그렇습니다. 결국 申子辰 역마, 재살, 월살은 후대들에게 살아갈 도구, 먹거리를 제공하기에 국가, 사회, 부모로부터 도움을 받으려면 역마, 재살, 월살 인연을 찾거나 역마, 재살, 월살 운에 하늘에서 무슨 선물을 내려주는지 자세히 살펴서 기회를 잡아야 합니다.

2. 亥卯未 三合운동의 키워드

亥卯未의 핵심 키워드는 "성장하다."입니다. 끊임없이 성장하기에 외형과 물형이 수시로 바뀌고 안정을 취하기 어렵습니다. 아이들의 성장과정처럼 매일 외형이 달라지는데 바로 亥卯未 三合의 특징입니다. 그 이유는 寅午戌 三合을 향하려면 반드시 성장해야하기 때문입니다. 일간을 기준으로 十神이 무엇이든 亥卯未 三合은 끊임없이 성장하며 물형을 바꾸기에 신살로 劫煞, 年煞, 攀鞍이라 부르며 불안정하다는 의미가 숨어 있습니다. 방위로 살피면, 계속 외형이 변하는 공간을 상징하는데 벽에 감출 수 있는 침대, 접이식 침대처럼 밤에 꺼내 활용하지만 아침에 일어나 벽에 감추면 보이지 않습니다. 지금 설명은 12신살의 근본이치를 이해하고자 三合운동의 키워드를 학습하는 과정으로 亥卯未로 갈고 닦고 성장하면 화려한 寅午戌 색계에 향합니다. 申子辰, 亥卯未, 巳酉丑이 명리이론의 기준이 될 수 없는 이유는 공통적으로 영혼의 세계 亥子丑을 품었기에 때문입니다. 유일하게 寅午戌은 亥子丑을 품지 않았기에 色界를 표현합니다. 인간은 寅木에서 탄생하고 戌土에서 사망하기에 육체, 물질을 소유한 시공간을 기준으로 하는 겁니다.

劫煞, 年煞, 攀鞍의 의미를 확장해보겠습니다. 블랙홀과 같은 劫煞은 육체와 물질을 생산하는 丁火(將星)를 겁탈하여 영혼의 세계로 넘어갑니다. 동시에 丁火가 만들어낸 결과물 辛金(六害)도 亥水에 풀어내는 방식으로 제거해버립니다. 丁火와 辛金을 강탈하지 않으면 空界로 돌아갈 방법이 없기에 劫煞의 가장 중요한 책무입니다. 年煞은 처음으로 현실세계로 튀어나가는 상황입니다. 도화라 부르면서 바람, 외도라고 이해하는데 그 본질은 지살을 기반으로 외부로 튀어나가 힘든 성장과정을 거칩니다. 劫煞에서 육체를 강탈당했고 지살에서 태어나 年煞에서 성장하고자 몸부림칩니다. 어린 나이에 가출해서 부모 도움 없이 사회에서 좌충우돌하는 과정이기에 진흙탕, 흙먼지 뒤집어쓰면서 고생하는 상황을 상상하면 됩니다. 겁살, 년살, 반안의 키워드는 물형이 불안정하게 변하는 것이기에 年煞에서 좌충우돌 고생하는 것은 필수입니다. 성장 통처럼 힘든 이유는 노련해지기 위한 것으로 전문가 반열에 오르려면 반드시 거쳐야합니다.

亥卯未 三合을 마감하는 攀鞍도 불안정하기는 마찬가지입니다. 특히 물질, 육체, 공간, 환경 등 잘못된 부분을 자꾸 고쳐야만 하는 상황이 발생합니다. 건축과정에 비유하면, 장성에서 화려한 주택을 완성하였지만 攀鞍에서 하자가 발견되어 보수하거나 다시 지어야만 하는 상황입니다. 아파트가 노후하여 재개발하는 상황이 반안의 특징입니다. 사회활동에 비유하면, 관계, 직업, 투자 문제가 발생해서 조정하고 변화를 주어야 합니다. 일생에 비유하면 將星까지는 정신, 육체적으로 건장했는데 30세가 넘어가면 점점 노화되고 병원에 갈 일이 생깁니다. 다만, 물질측면으로는 풍요로운 이유는 아래에서 따로 살피겠습니다. 배우자는 반안 인연을 고르는 것이 좋습니다. 十宮圖1에서 日支가 攀鞍으로 안정적인 터전이자 재물을 지켜주기 때문입니다.

3. 寅午戌 三合운동의 키워드

우리는 물질의 세상을 살기에 寅午戌 三合을 절대적 기준으로 정하였고 삼각형 꼭짓점들을 地煞, 將星, 華蓋(지장화)라 부릅니다. 寅에서 色界의 문을 열고 午에 이르러 화려한 물질과 육체를 완성하고 戌에서 色界의 모든 과정을 기록한 씨종자 辛金을 저장한 후 亥子丑 윤회과정을 거칩니다. 결국 지살, 장성, 화개는 육체와 물질을 열고, 지키고, 저장하는 일련의 과정을 표현한 것입니다. 사회활동도 반드시 지살, 장성, 화개를 기준으로 합니다. 지살은 자신의 존재를 외부에 알리는 것이지만 막 탄생하여 갈 길이 구만리입니다. 12운성으로는 長生이라 부르며 탄생한 아이와 같습니다. 엄마 배속에서 벗어났지만 외부에서는 그 존재를 모릅니다만 없음에서 있음으로 바뀌었기에 지살은 <u>존재를 알리는 모든 행위</u>를 지칭합니다. 예로, 신생아 이름을 짓는 행위, 사업하고자 간판을 달고, 개업식을 하고, 사업자등록증을 등록하는 행위입니다. 己亥년에서 癸卯년을 지나 丁未년으로 三合운동이 이어집니다. 己亥년에는 성장의 출발점에 섰기에 수확하거나, 화려한 행위는 어울리지 않습니다. 壬寅년, 丙午년, 庚戌년으로 흐르는 寅午戌 三合과정에서 발전하려면 반드시 己亥년부터 癸卯년까지 성장노력을 해야 합니다. 학습과정으로 살피면 己亥년은 기초반, 癸卯년은 중급반, 丁未년은 숙련반입니다. 己亥, 癸卯, 丁未년 亥卯未 三合운동을 하는 이유는 壬寅년, 丙午년, 庚戌년에 寅午戌 三合으로 화려한 꽃을 피우기위해서입니다.

<u>地煞</u>은 존재의 출현이기에 상응하는 물질, 관계, 행위, 직업이 무엇일까 고민해야 합니다. 존재가치를 증명하는 모든 행위로 건설 현장에서 공사를 언제부터 언제까지 하겠다고 공지하는 행위입니다. 장성에 이르면 결과물을 지켜야 하지만 色界의 극점에 다다랐기에 더 이상의 확장은 불가합니다. 寅午戌은 公的이기에 상응하는 직업은 교육, 공직, 문화, 예술, 법률 등으로 국가, 사회를 유지하는데 필요한 직업들입니다. 만약 권력을 사적으로 활용하면 망신, 육해, 천살처럼 이권과 권력을 남용하는 조직으로 소수의 정치인들처럼 변질됩니다. 권력에 취하면 부패의 길로 빠져들고 마약, 도박 등 자극적인 행위로 사회문제를 일으킵니다. 권력과 재물이 많아서 노력이 필요 없는 상태에 이르면 더욱 자극적인 것들만을 갈구하다 망가지는 과정이 망신,

육해, 천살입니다. 타락이 극점에 이르면 하늘에서 심판하기 시작하는데 바로 申子辰입니다. 블랙홀처럼 어둠 속으로 집어넣어서 세탁기 돌리듯 섞어버리는 방식으로 철저히 새로운 인생을 유도하고 亥卯未 三合으로 미래를 설계합니다. 성장의 노력으로 교육, 공직, 화려한 문명을 이루는 寅午戌의 나라를 건립하였다가 巳酉丑 망신, 육해, 천살 부패의 끝자락 丑土에 이릅니다. 이것이 끊임없이 반복되는 인류의 역사입니다.

將星 午火는 국민을 상대로 교육, 정치와 같은 公的행위를 하므로 私的 행위에 적절하지 않습니다. 花蓋 戌土는 장성에서 만들었던 물질, 육체를 보존하였다가 후대에 전달할 의무를 가졌습니다. 건설에 비유하면 집을 사용하다 허물어지고 집터만 남은 상태에서 재개발하고자 정리하는 과정에 거북이 등껍질로 만든 갑골 문자가 발견되자 문화재로 지정하고 가치를 밝혀내고 문화 발전의 기회로 삼습니다. 물질과 육체는 사라졌지만 정신은 결코 소멸되지 않고 이어지는 겁니다. 지금까지 이룩한 문화, 문명을 후대에 전달하고 더욱 발전시켜야 합니다. 화개는 三合운동을 마감하기에 중단처럼 보이지만 그렇지 않습니다. 운에서 화개를 만나면 과거에 끝내지 않았던 혹은 완성했다고 생각했던 일들을 재활용하거나 마무리해야 합니다. 辰戌丑未년에 태어났다면 전생에 끝내지 못했던 업보, 숙제를 끝내려고 다시 온 것입니다. 그 숙제가 무엇인지 사주팔자에서 찾아야합니다. 年柱에 전생업보가 담겼으며 30세가 넘어가면 일주와 조합하는 방식으로 새로운 업보를 만들어갑니다.

4. 巳酉丑 三合운동의 키워드
巳酉丑의 키워드는 "권력, 이권"입니다. 亥卯未는 성장과정이기에 인간본위이지만 巳酉丑은 물질과 권력을 추구하고자 조직을 결성합니다. 巳酉丑에서 마약, 도박과 같은 물상이 생겨나는 이유는 무엇일까요? 巳酉丑을 神煞로 표현하면 망신, 육해, 천살인데 三合의 끝자락 丑土에 이르면 권력과 이권에 취해서 불법, 비리, 마약, 도둑과 같은 물상을 만들어내기 때문입니다. 화려한 寅午戌 권력과 이권을 남용해서 은밀하게 조직적으로 물질을 추구합니다. 寅午戌은 화려하여 표면적으로는 물질을 탐할 수 없기에 심복을 활용해서 취하면서 범죄도 저지릅니다. 너무 가난하다 갑자기 100억이 생기면 성실했던 사람도 마약, 도박에 빠져 타락하는 이유입니다. 쉽게 돈을 벌기에 점점 자극적인 것을 추구하다 교도소에 들어갑니다. 결국 문제의 근원은 화려한 색계 寅午戌에 빠져들기 때문입니다. 물질이 충만해지자 달달한 열매를 망신, 육해, 천살로 넘겨서 연줄, 내통, 권력남용, 점조직, 끼리끼리 해먹는 겁니다. 인맥을 활용해야만 하는 상황이 발생하면 망신, 육해, 천살 띠를 찾아야 합니다. 집을 팔고 싶은데 팔리지 않으면 망신, 육해, 천살 인연 혹은 방위를 찾아야 빨리 해결됩니다. 결국 권력과 이권은 지름길을 뜻합니다. 巳酉丑 三合의 문제는 공명정대하게 활용하지 않고 세력들끼리 은밀하게 사용해서 문제입니다. 일반인들은 절대로 끼어들 수 없는 비밀조직, 특권조직, 카르텔입니다. 망신은 상대적으로 덜한데 巳火로 환하고 권력, 이권에 타락하지 않았기 때문입니다. 하지만 三合으로 연결되었기에 亡身에도 노림수가 있음을 기억해야 합니다. 예로, 巳月생은 겉으로는 공명정대를 외치지만 결국 관계를 활용해서 이득을 취하려는 속내를 감추고 있다가 酉丑 육해와 천살로 연결되면 탐욕스러워집니다.

亡身 巳火는 그 존재를 만천하에 드러냅니다. 예로, 존재감을 알리고자 노출이 심한 영화에 참가한 여배우와 유사합니다. 존재감이 없던 정치인이 위상을 드러내려면 망신스러운 행위를 해

야 합니다. 망신당하는 방식으로 존재감을 빠르게 부각시키는 겁니다. 주위에 노출을 즐기는 사람들은 망신의 가치를 적극적으로 활용하는 겁니다. 결국 巳酉丑 망신, 육해, 천살은 존재감을 활용해서 권력, 이권, 물질을 추구하려는 겁니다. 亡身은 將星의 앞 단계로 대통령으로 올라서고자 세력과 자본을 모으는 과정입니다. 망신에서 정치자금(뭉돈)이 들어오는 이유는 辰土 月煞에서 巳火 亡身으로 넘어오는 과정에 하늘에서 제공해준 癸水를 이어받기 때문입니다. 대통령에 오를 수 있도록 필요한 자금을 제공하는 겁니다. 예로, 보험료, 국가보상금 등으로 평시보다 훨씬 큰돈입니다. 대칭에 있는 겁살에서는 타인의 물질, 육체를 강탈하는 방식으로 한탕을 챙깁니다. 月煞에서 망신으로 넘어가는 과정은 밝음으로 나아가기에 공정하게 뭉 돈을 챙겨야 합니다. 다만 사주구조에 따라 육체가 상하거나 질병에 시달릴 수 있으니 주의해야 합니다. 예로, 교통사고 당했더니 보험료 1억을 보상받는 상황입니다.

六害 酉金는 寅午戌 삼합의 최종 목표에 해당하는 씨종자로 가장 가치 있는 존재입니다. 모든 생명체의 절대적 가치는 탄생하여 죽음에 이르는 과정에 씨종자를 생산하고 후대에 전달하는 방식으로 생기를 이어가는 겁니다. 씨종자라는 표현을 바꾸면 피붙이, 혈맹, 카르텔, 조상신, 전생의 나와 같아서 친근하고 끈끈한 조직, 관계를 암시합니다. 다만 사망을 상징하기에 겉으로 드러나지 않으며 숨어서 권력과 이권을 활용합니다. 육해가 흥미로운 점으로 사망을 상징하기에 힘들어지고 고독해지고 홀로 멀리 떠나거나 사망할 수 있지만 지름길을 택하여 빠르게 문제를 해결할 수 있는 이권을 활용할 수도 있습니다.

天煞 丑土는 엄마 배속에서 조용히 탄생을 기다려야 합니다. 물

질측면으로는 丑土 내부에서 癸水를 활용해서 酉子 破로 뻥튀기하기에 한탕, 마약, 사채, 도둑, 강도, 살인 물상으로 발현됩니다. 천살은 옥황상제처럼 대단히 고귀한 존재라고 오해하지 않아야 합니다. 사주구조에 따라 사망에 이르는 흉한 작용을 합니다.

5. 12神煞과 건설과정

12신살을 건설과정에 비유해보겠습니다. 이 과정을 이해하면 방위를 활용하는 방법을 학습합니다. 신살의 효용 중에서 가장 가치 높은 부분입니다. 각 방위에 상응하는 물건, 사람, 공간을 효율적으로 배치하여 가치를 높입니다. 자세한 내용은 다른 章에서 다루기로 하고 집 짓는 과정으로 방위를 활용하는 방법에 대해 살펴보겠습니다. 집을 지으려고 계획한 공터 입구에 몇 년 몇 월부터 몇 년 몇 월까지 무슨 공사를 할 예정이라고 공지하는 행위가 <u>地煞</u>입니다. 비록 땅의 모양에는 변화가 없지만 무슨 공사를 하고 무슨 가치를 지닌 땅인지는 파악할 수 있습니다.

공터라 생각했었는데 지살에서 땅과 건물의 용도를 인지하게 됩니다. 장사를 시작하고자 간판을 달거나 아이가 출생하자 출생증명서를 제출하는 행위입니다. 지살방위를 활용하는 근본개념이 함축되어 있습니다. 이처럼 지살 방위에는 땅의 정체를 알리는 무언가가 있는데 우리 집 대문에 몇 동 몇 호라고 붙어있습니다. 공간 측면에서는 물건이 없는 공터와 같아서 물건을 쌓는 것은 바람직하지 않습니다. <u>年煞</u>은 기초공사를 끝내고 뼈대가 조금씩 올라가는 상황으로 건설과정에 가장 지저분하고 언제 건물을 완성할 수 있을지 가늠하기 어렵기에 불편한 공간, 환경, 상황을 암시합니다. 년살을 도화라 부르지만 육체에 제한된 의미에 불과합니다. 기초공사를 진행하는데 언제 집을 완성할까?

혹시 문제없이 완공할까? 이렇게 짓는 것이 맞을까? 이런 저런 근심, 걱정하는 상황입니다. 년살의 가장 본질적인 의미는 지살의 안정적 터전, 환경에서 벗어나 밖으로 튀어나가 불안정해지는 상황입니다. 건물을 올리기 전에는 특별히 불안정한 상황이 없었는데 年煞에서 처음으로 원래의 모양, 속성, 관계, 조직, 틀에 변화를 주기에 불안정해지는 겁니다. 건물이 조금 더 올라가면 건물 내부와 외부에 일정한 경계가 정해집니다. 건물 밖으로 나가거나 안으로 들어오려면 문을 통과해야 하므로 자연스럽게 흐름이 느려집니다.

예로, 주차장에서 나오려면 주차비를 결제하고자 차량을 멈추는 상황입니다. 이런 움직임이 바로 月煞로 그 핵심은 흐름이 막히고 답답해지는 겁니다. 또 건물내부를 완성하지 못했기에 집의 가치도 낮습니다. 월살은 戊土, 己土와 유사한 속성으로 육체 내부와 외부를 구분하는 경계와 같아서 흐름이 매끄럽지 못합니다. 戊土가 호전적이고 이기적인 이유는 반드시 외부와 내부의 경계를 구분하기 때문인데 월살도 경계를 넘나드는 과정에 불편한 상황이 발생합니다. 두 마을 사이에 강이 흐르는데 중간에 다리가 있다면 바로 월살로 내부와 외부의 경계를 가르는 작용입니다. 집의 외벽이 경계를 결정하고 반드시 문을 열고 닫는 방식으로 출입하는 과정에 흐름이 지체됩니다. 나를 보호하면서도 흐름을 막으니 답답합니다. 년살에서는 과거에 경험한 적이 없는 길을 가느라 고생했다면 월살에서는 지체되고 막히고 돌아가야 하므로 답답하고 짜증이 납니다. 월살을 번데기, 망신을 나비에 비유하는데 그 경계를 뛰어넘는 것이 지극히 어렵습니다. 丑寅, 辰巳, 未申, 戌亥가 모두 月煞과 亡身으로 특히 辰巳와 戌亥는 지망과 천문으로 저승에서 이승으로, 이승에서 저승으로 극복하기 어려운 장애물과 같습니다. 丑寅은 탄생이기에

無에서 有를 창조하고 未申은 生氣에서 殺氣로 전환하기에 고통이 따릅니다. 정리하면, 월살에서 힘든 이유는 장벽을 뛰어넘는 과정에 지체되고 막히고 꼬여서 답답하기 때문입니다. 亡身에 이르면 화려하게 드러난 외관을 확인할 수 있습니다. 지살에서 이런 저런 집을 지을 것이라고 알렸지만 실체가 보이지 않았는데 드디어 망신에서 화려한 외관이 드러났습니다. 이처럼 亡身은 숨겨왔던 존재, 실체가 명확하게 드러나는 공간을 상징합니다.

將星에 이르면 외장은 물론이고 인테리어 공사까지도 끝나서 입주한 상황입니다. 매우 좋은 환경이며 외형도 아름답습니다. 攀鞍에 이르면 외관과 인테리어에 하자가 발생하기 시작합니다. 어떻게 처리할지 고민하다 驛馬에서 결정을 내려야 합니다. 집을 허물고 새로 지을지 다른 집으로 이사 갈지 선택해야 합니다. 이처럼 지살과 역마는 시공간 환경이 상이합니다. 반안을 거친 역마는 물질적으로 풍부하지만 지살은 無에서 출발하기에 아무것도 없습니다. 역마는 46세 이후로 노련하지만 지살은 탄생에서 7세까지로 경험도 없습니다. 다만 역마는 더 이상의 발전이 어렵다고 판단하고 다른 공간으로 이동을 고민합니다. 六害에 이르면 사람들이 떠나고 텅 빈 집이 허물어지면서 기능이 상실됩니다. 年煞에서 건설을 시작하였지만 대칭 공간 육해에서 건물이 허물어지는데 그 출발은 반안에서 시작되었습니다. 華蓋에 이르면 뼈대도 사라지고 왕릉, 병마용, 토기와 같은 문화유적으로 바뀝니다. 화려한 도시였는데 모두 떠나고 살기 힘든 환경으로 바뀌었지만 화려한 과거의 흔적은 남아있습니다. 경주에 신라의 문화유적이 있습니다. 일생에 비유하면, 이생에서 살던 모든 기록이 저장된 공간으로 지살에서 다시 꺼내서 활용하기에 화개와 지살은 과거에서 미래로 이어집니다. 劫煞에 이르면 지저분하고 풀들이 무성해져 주택의 가치를 상실했고 황량합니다. 만약 겁살에서 해외로 떠나면 오히려 화려한 주택일 수도 있습니다. 모든 것이 양면적이지만 겁살은 특히 심합니다. 화개에서 겁살에 이르는 과정에 폐허처럼 변했지만 해외로 이동했다면 오히려 화려할 수 있다는 겁니다. 1960년대 가난한 시절에 미국에 입양되어 화려한 환경에서 살아가는 상황입니다. <u>災煞</u>에 이르면 재건해야 하나? 다시 지어볼까? 고민하고 <u>天煞</u>에서 늦지나 폐허의 땅을 평지로 다듬기 시작합니다. 새로운 건설을 위해 甲己合으로 울퉁불퉁한 땅을 평평하게 다듬는 과정입니다. <u>地煞</u>에 이르면 어떤 건물을 지을지 팻말을 세우고 <u>年煞</u>에서 다시 올리기 시작합니다.

6. 12神煞과 육체

《十宮圖2(인간의 일생)》

재탄생	윤회	시주	일주	월주	년주
甲(1)	壬(9)	庚(7)	戊(5)	丙(3)	甲(1)
	癸(10)	辛(8)	己(6)	丁(4)	乙(2)

직선의 시간흐름 ←----------------------

신살의 흐름을 인체에 비유하여 살펴보겠습니다. 十宮圖2의 첫 단계는 甲寅으로 지살입니다. 막 탄생한 상태로 1-7세 상황입니다. 乙卯는 년살로 8-15세 사이를 상징하는데 지살과 년살의 특징은 육체를 적극적으로 활용하고 반복행동을 합니다. 둘 사이의 차이점이라면 지살은 두뇌를 년살은 육체를 더욱 적극적으로 활용합니다. 지살에서 탄생하여 육체를 얻었지만 너무 어려서 두뇌를 활용하지만 乙卯는 성정과정으로 육체를 적극적으로 활용하기에 도화라 부릅니다. 주위와 무분별하게 접촉하면서 좌충우돌 다양한 일, 인연이 발생합니다. 월살 戊辰에서는 세상 밖으로 나갈 준비로 고민합니다. 나의 육체와 정신이 사회에서 활동할 수 있도록 준비하는 단계이기에 미숙합니다. 부모와 형제에서 벗어나 홀로 독립하는 상황을 丙巳 망신이라 부르고 16세에서 23세 사이이며 가장 꽃다운 나이입니다. 외부에 존재를 알리고 다양한 애정사가 발생합니다. 화려한 色界의 황홀감에 빠져드는 시기입니다.

丁午 장성은 24세에서 30세 사이로 인생을 통틀어 가장 건강하기에 육체를 활용하는 직업이나 취미활동이 많습니다. 예로 근육질 몸매를 만들고자 헬스클럽에 다니거나 스포츠, 경찰, 군인처럼 육체를 적극적으로 활용하는 직업에 적합합니다. 장성에서 육체를 활용하지 못하면 정서적으로 불안정해집니다. 여성의 경우는 건강하고 탄력적인 몸매를 상징합니다. 丁未간지에 모델이 많은 이유는 몸매가 아름답기 때문입니다. 丁未를 地支로 내리면 午未로 강력한 중력으로 만들어진 탄탄한 육체를 상징합니다. 31세에서 37세 戊土에 이르면 정신적, 육체적으로 가장 안정적인 시기를 맞이합니다. 젊어서는 육체를 활용했지만 일간의 시기에 이르면 정신과 육체가 조화를 이룹니다. 일지 己土는 반안으로 38세에서 45세 사이이며 점점 노화하기 시작하지만 장성을 지나왔기에 육체와 정신을 가장 노련하게 활용합니다. 庚申은 46세에서 53세 사이로 역마이며 갑자기 수술할 일이 생기고 질병이나 사고로 상하기 시작합니다. 46세 이후에는 씨종자를 후대에 전송하므로 젊은 사람들과 상대할 기회들이 많아집니다. 辛酉 육해는 54세에서 60세 사이로 육체의 움직임이 급격히 느려지고 노화하기에 사망이라고 부릅니다. 戌土를 화개라 부르고 墓地에 들어가는 상황입니다. 壬亥 겁살 영혼의 세계에

서 윤회를 시작하고 재살 癸子에서 새 영혼을 얻고 甲寅에서 재탄생합니다. 모든 과정에서 재살 癸水가 중요한 이유는 우주 어미가 새 영혼을 제공하기 때문입니다.

7. 12神煞과 天干 合

《十宮圖2(인간의 일생)》

재탄생	윤회	시주	일주	월주	년주
甲(1)	壬(9)	庚(7)	戊(5)	丙(3)	甲(1)
	癸(10)	辛(8)	己(6)	丁(4)	乙(2)

직선의 시간흐름 ←------------------------

神煞과 天干 合의 관계를 살펴보겠습니다. 十宮圖 2의 출발점은 甲木으로 지살이고 己土 반안은 38세에서 45세 사이입니다. 甲木과 沖하는 庚金 역마는 자식 宮位로 46-53세 사이입니다. 甲木이 탄생해서 己土에 이르면 甲己 合으로 甲木을 끌어내린 후 庚金으로 沖해서 지살의 출발을 막고 역마의 속성대로 정반대 시공간으로 이동합니다. 이런 움직임을 十神으로 偏官, 神煞로는 驛馬라 부릅니다. 偏官 물상은 관재, 스트레스, 직업변동, 육체손상, 외도 들통 등으로 生剋 작용으로 관찰한 것이지만 신살로는 역마로 후대에 씨종자를 전송하는 작용입니다. 동일한 宮位, 동일한 庚金이지만 무엇을 기준으로 관찰하느냐에 따라 의미와 물상이 상이합니다. 글자의미로 살피면 庚金은 丙丁의 빛과 열기를 내부에 축적하여 딱딱해지는 과정을 표현하였습니다. 응용하면, 庚子干支는 庚金이 子水의 地藏干 壬水와 癸水에 의해 점점 부드러워집니다. 동일한 글자를 다양한 각도에서 살피면 다양한 통변이 가능해집니다. 五行과 十神 生剋에서 벗어나 글자의미, 神煞, 三合, 에너지파동, 시간흐름을 종합적으로 살펴야 합니다. 寅午戌 三合을 기준으로 天干 合을 활용하여 신살 의미를 살펴보겠습니다. 戌亥가 天門이라 부르는 이유는 물질과 육체를 생산하는 丁火를 亥水의 地藏干 壬水 겁살이 合으로 제거하여 영혼의 세계로 돌아가고자 육체와 혼을 분리시키기 때문입니다. 따라서 壬亥 劫煞은 육체와 재물을 강탈하기에 殺氣가 강하고 사주구조가 흉하면 <u>연쇄살인마가 될 정도로 심각합니다.</u> 어둠속에서 육체와 물질을 강탈하기에 불법을 저지르고 교도소에 수감되거나 사고로 단명할 수도 있습니다. 이런 이유로 겁살, 재살, 천살은 종교, 명리, 철학, 교육과 인연하는 것이 좋은데 특히 겁살은 강탈 속성이 강해서 법조, 경찰, 스포츠, 의사, 검사, 의료 등 생사를 결정하는 직업에 활용할 수 있습니다. 또 돈을 뺏고 빼앗는 도박, 투기, 펀드매니저 직업에도 활용합니다.

乾命				陰/平 1968년 7월 11일 12:00								
時	日	月	年	81	71	61	51	41	31	21	11	1
甲午	丙午	己未	戊申	戊辰	丁卯	丙寅	乙丑	甲子	癸亥	壬戌	辛酉	庚申

직업이 없고 웃음 속에 칼을 품어 교활하며 흉악합니다. 壬戌대운 辛未년 24세에 재물을 강탈하여 3년형을 받았습니다. 年支를 기준으로 申子辰 三合을 벗어난 巳午未와 丙丁이 겁살, 재살, 천살 저승사자와 같은데 5개나 있기에 타인이 노력해서 얻은 재물, 생명을 빼앗는 것을 즐기는 저승사자에 휘둘려 범죄자가 되었습니다. 사주원국에 없는 壬水가 들어와 불편한 상황을 만들고 戌土가 월지 未土 天煞을 刑하여 흉한 운입니다. 辛未년

에 이르자 쓸모가 없던 강력한 火氣들이 죽부인과 같은 辛金을 합하려고 달려들자 문제가 발생하였습니다.

乾命				陰/平 1955년 2월 24일 20:00							
時	日	月	年	84	74	64	54	44	34	24	14	4
庚	丁	己	乙	庚	辛	壬	癸	甲	乙	丙	丁	戊
戌	丑	卯	未	午	未	申	酉	戌	亥	子	丑	寅

중국 하 중기 사례입니다. 이름만 간신히 쓸 정도이고 길거리에서 두부를 팔다 두부공장을 설립하여 발전하였고 훗날 부동산투자 등으로 엄청난 재물을 모았으며 가난하고 늙은 사람들에게 기부하였습니다. 未年을 기준으로 申酉戌, 庚辛은 저승사자에 해당하고 년과 월에 있는 수많은 새싹들을 乙庚 합으로 끌어와 빠르게 수확하기에 돈벼락을 맞았습니다. 베풀기를 좋아하는 이유는 일지 丑土 도둑, 강도와 같은 심보를 戌土가 刑으로 처리했기 때문입니다. 이처럼 저승사자를 어떻게 활용하느냐에 따라서 상이한 인생이 펼쳐집니다.

8. 60干支와 神煞

神煞을 활용해서 干支의미를 분석할 수 있습니다. 乙亥의 乙木은 좌우확산 움직임이지만 亥水는 六陰으로 빛이 전혀 없기에 적극적으로 펼치지 못하는 공간입니다. 十神으로 살피면 乙木에게 亥水는 正印이지만 乙木을 답답하게 만드는 저승사자와 같아서 배우자를 불편해합니다. 神煞로는 乙木이 寅午戌 三合운동을 하므로 亥水는 劫煞이기에 乙木과 亥水의 시공간이 조화를 이루지 못합니다. 寅에서 출발하여 午에 이르면 乙木의 좌우확산이 극에 이르고 丙火로 최대로 펼쳤다가 丁火 수렴작용으로 점점 둔화되고 戌土에 이르면 乙木은 철저히 묶이고 亥水에서 저승사자 겁살을 만납니다. 寅午戌 三合내에서는 좌우확산 움직임을 유지했지만 亥水에서는 꼼짝하지 못합니다. 乙亥, 辛巳, 甲申, 庚寅 干支는 모두 겁살이기에 天干과 地支의 움직임이 상이합니다. 결혼 전에는 상대에게 독특한 매력을 느끼고 결혼하지만 조화를 이루지 못하고 이혼하는 사례가 많습니다.

神煞을 方合으로 살필 수도 있습니다. 寅卯辰 지살, 년살, 월살은 성장과정으로 부모, 형제들과 함께 지내기에 사회에 진출하기 전에 활용하는 공간입니다. 가족위주로 물질이 풍요로운 상태도 아닙니다. 가장 풍요한 공간은 巳午未 망신, 장성, 반안으로 公的이고 권력과 이권에 깊숙이 개입합니다. 申酉戌에서 역마, 육해, 화개를 만나는데 사주원국이나 운에서 모두 모이면 활동이 답답해집니다. 三合을 벗어난 겁살, 재살, 천살은 영혼의 세계와 같아서 적응하는데 애를 먹습니다. 좋은 점은, 총명한 두뇌를 활용해서 벼락부자가 될 수도 있지만 단기적으로는 한탕을 노리기에 불법을 저지르고 교도소에 수감되기에 주의해야 합니다. 겁살, 재살, 천살이 강하면 독특하고 매력이 있지만 법이나 규범을 파괴하는 저승사자와 같아서 일반인들은 감히 저지르지 못하는 도둑, 강도, 사기, 입만 열면 거짓말, 살인을 저지르는 기이한 행보를 보입니다. 이런 이유로 겁살, 재살, 천살이 사주팔자에 많으면 저승사자라 부르는 겁니다.

乾命				陰平 1959년 7월 30일 14:00								
時	日	月	年	88	78	68	58	48	38	28	18	8
丁未	丁亥	壬申	己亥	癸亥	甲子	乙丑	丙寅	丁卯	戊辰	己巳	庚午	辛未

45세 당시의 상황으로 부유한 가정에서 태어나 8세까지 부유하게 살았습니다. 壬寅, 癸卯년에 세 번 죽다 살아났고 9세에는 소년 가장이 되었고 17세와 19세에 교통사고를 당했으며 24세에 결혼해서 3년 만에 안정을 찾았지만 32세에 또 교통사고를 당하고 자동차가 전파되어 폐차시키고 구설시비에 시달렸습니다. 이토록 힘들게 살아야했던 이유는 무엇일까요? 寅午戌 色界를 벗어난 壬水, 亥水 저승사자가 3개나 있으며 근본속성은 劫煞에 해당합니다. 亥年에 태어나 亥卯未 三合을 기준으로 亥水, 壬水는 地煞이기에 겁살의 속성은 아니지만 壬水, 亥水는 블랙홀처럼 만물을 응축하는 에너지가 분명하기에 丁火에게 매우 두려운 존재가 분명합니다. 十神으로 正官이기에 공직자라고 이해하지만 실제 상황은 전혀 다르기에 이해하기 어려워합니다. 신살로는 地煞이기에 매우 흉하다는 것을 상상도 못하지만 죽을 고비를 무수히 넘겼던 이유는 壬水와 亥水의 작용 때문이며 46세 이후 丁未로 넘어가야 안정됩니다. 깨지고 부서지는 이유는 모두 육체를 만드는 중력에너지 丁火가 壬, 亥에게 상했기 때문입니다.

劫煞의 좋은 점은 亡身과 대칭관계에 있기에 돈벼락을 맞습니다. 다만 亡身은 환하게 드러난 시공간이기에 교도소에 수감될 정도는 아니지만 블랙홀과 같은 劫煞은 암암리에 강탈행위가 이루어지기에 문제입니다. 특히 寅午戌 三合이 끝난 戌中 丁火 중력에너지와 씨종자 辛金을 강탈해서 어둠 속으로 사라집니다. 예문처럼 몸이 부서지고 관재에 시달리고 교도소에 가거나 주위 사람들이 떠나거나 사망합니다. 겁살은 증권, 펀드, 적대적 합병처럼 뺏고 빼앗는 게임을 즐기지만 기복이 심합니다. 영혼의 세계와 같아서 두뇌를 활용해야 탈이 없는데 직접 재물을 추구하면 하늘에서 벌을 받을 수 있습니다.

9. 12神煞과 재물

三合과 12神煞로 재물 상황을 분석하여 나아갈 때(투자할 때)와 물러설 때(지킬 때)를 알아야 적절한 투자행위가 가능합니다. 재물흐름을 관찰하는 방법은 다양한데 12신살을 활용할 때는 크게 두 가지로 첫째, 三合의 키워드로 재물상황을 분석하는 것이고 둘째, 순차적 시간 흐름으로 재물특징을 분석하는 것입니다. 三合운동과 12신살은 분리될 수 없기에 三合의 특징을 품었으면서도 순차적 시간흐름에 따라 재물 특징이 발현됩니다.

自然循環圖(시공간 순환도)

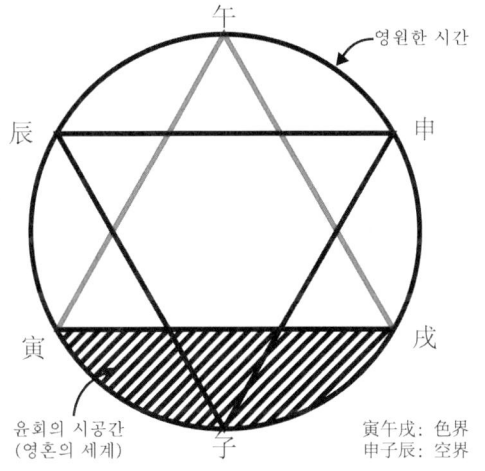

12신살로 재물을 판단하는 기준은 자연순환도로 지살에서 출발하여 삼각형 꼭짓점에 다다르면 하강하여 정반대편 바닥에 이르고 三合의 범위를 벗어난 겁살, 재살 천살을 지난 후 다시 지살에서 삼각형 꼭짓점을 향해 출발합니다. 삼합의 출발점 지살부터 년살, 월살 까지는 재물을 얻으려고 준비하는 과정이고 삼각형 꼭짓점 주위의 망신, 장성, 반안은 <u>물질적으로 가장 풍요로운 공간</u>이며 역마, 육해, 화개에서는 재물이 줄기 시작합니다.

이처럼 재물도 삼각형 모양을 유지하지만 일상에서는 그렇지 않다고 느끼거나 그 흐름을 인지하지 못하는 이유는 각 신살에 따라 재물 특징이 상이하기에 갑자기 돈벼락을 맞고 또 갑자기 전 재산을 탕진할 수 있기 때문입니다. 그 외에도 三字조합, 독특한 사주구조는 물론이고 재물의 증감에 관여하는 인자들이 많기에 12신살 만을 기준으로 판단할 수는 없지만 본질적으로 삼각형 형태로 재물의 증감이 이루어진다는 점을 기억하면서 그 특징을 살펴보겠습니다.

10. 三合의 재물특징

申子辰 - 역마, 재살, 월살

申子辰 三合의 키워드는 "전송"으로 씨종자를 후대에 전송하기에 주는 자와 받는 자로 나뉘고 주는 자는 경험이 많고 부유하며 노련하고 베풀려는 의지가 강합니다. 받는 자는 상대적으로 젊지만 경험이 부족하고 가난하며 어리숙하기에 반드시 도움이 필요한 상황입니다. 이 의미를 명확하게 이해해야 申子辰 三合과 驛馬, 災煞, 月煞의 재물특징을 이해합니다. 12신살도 지극히 양면적이기에 주는지 혹은 받는지에 따라 입장과 상황이 크게 달라지기에 반드시 이렇고 저렇다고 단정할 수 없습니다. 예로, 역마 세운을 만났는데 내가 주어야 하는 입장이라면 금전적으로 손해지만 받을 수 있다면 금전적으로 이익이기에 무조건 손해 혹은 무조건 이익이라고 단정할 수 없습니다.

후대에 씨종자를 전달한다는 의미는 심오한데 종묘사직을 유지하는 엄숙한 행위이기에 표면적으로는 사익을 추구하지만 그 본질은 국가, 사회는 물론이고 인류의 생존을 위한 행위입니다. 申子辰 三合은 亥卯未 三合의 성장으로 이어지는데 키워드는 "성장, 불안정, 변화"입니다. 신살로 겁살, 년살, 반안이며 물형과 외형이 수시로 변하기에 계획이나 의도를 수정하는 상황이 빈번하게 발생하여 일이 지연되어 답답합니다. 寅午戌 三合에 이르면 만물이 최대로 팽창하여 화려해지기에 문화, 문명의 꽃을 피웁니다. 그 키워드는 "화려한 문명, 문화를 지키다"이며 바로 재물과 건강을 지키는 것입니다. 寅午戌은 반대편에 있는 申子辰의 공격에 주의해야 하는데 문화, 문명은 물론이고 건강과 재물을 강탈하기 때문입니다. 문명, 문화, 돈과 건강을 巳酉丑으로 전달하면 씨종자를 수확하는 과정을 거치기에 핵심 키워드는 "씨종자"로 핏줄, 단체, 조직 등 일정한 경계를 구분하여 내외를 결정한 후 외부를 배척하려는 심리가 매우 강합니다. 亥卯未는 더불어 하려는 욕망이지만 巳酉丑은 특정 조직원들끼리만 단결하고 나머지는 배척합니다. 따라서 亥卯未에는 차별대우가 약하지만 巳酉丑에는 차별대우가 심하고 부패와 타락의 온상이 됩니다.

이제 申子辰 역마, 재살, 월살을 세분하여 살펴보겠습니다. 주는 자와 받는 자로 나뉘기에 내가 어떤 입장에 서는 것이 좋은지를 고민해야 합니다. 베풀고자 한다면 주는 쪽, 받아야만 하는 상황이라면 받는 쪽에 서야 역마, 재살, 월살의 가치를 적절하게 활용합니다. 국가, 사회, 가족에게 도움을 주려는 의도인지 도움을 받으려는 의도인지가 중요합니다. 문제는 도움을 주거나 투자하려는 의도라면 역마, 재살, 월살의 가치를 비효율적으로 활용하는 것입니다. 寅午戌 三合과정에 완성한 화려한 문화, 문명을 후대에 넘기려는 의도이기에 겸손한 태도로 국가, 사회, 주위의 도움을 받아야 발전하는데 그것일 무시하고 자신이 소유한 것을 넘겨주려는 태도는 재물측면에서 현명하지 않습니다. 특히 국가, 사회에서 힘든 상황에 처한 젊은 사람들에게 사회활동에 필요한 도움을 주려는 의도이기에 반드시 받는 입장에 서야 하는데 정반대로 소유한 재산을 함부로 투자하면 재산을 탕진하기 쉽습니다. 실례로, 寅午戌년에 태어났다면 2016년 丙申년에 역마를 만났기에 국가, 사회, 가족의 도움을 받아야 함에도 무리하게 투자했다면 丁酉년 육해 세운에서 매우 힘들어졌다는 겁니다. 또 申子辰년에 태어났다면 2022년 壬寅년에 역마를 만났기에 국가, 사회, 가족의 도움을 받아야 함에도 자신의 능력을 벗어나 무리한 투자를 감행했다면 癸卯년 육해 세운에 매우 힘들어졌다는 겁니다. 다른 예로, 역마 세운에 젊은 사람들을 상대하는 입장이면 내가 돈을 써야하지만 연장자들을 상대하면 그들로부터 혜택, 도움을 받기에 역마의 가치를 효율적으로 활용한 것입니다.

역마
반안에서 역마로 넘어왔기에 금전상황이 좋아서 사업이나 장사에 적극적으로 투자하여 외형을 확장하면 큰돈을 벌 것이라는 자만심이 생겨납니다. 하지만 역마에서 화개까지의 과정은 죽음을 향하기에 역마의 확장욕망을 억제하지 못하면 육해에서 사망하는 것처럼 심각한 상황에 처할 수 있습니다. 죽음을 맞이하는 상황에서는 재산은 물론이고 육체도 지킬 수 없기에 무리한 투자, 확장은 금물입니다. 역마 다음 단계인 육해에서는 활동범위가 크게 줄어들 수밖에 없기에 무리한 확장은 국가, 사회, 가족으로부터 도움받기 어려운 상황에 처합니다. 예로, 역마 세운에 은행에서 대출 받아서 사업을 확장하는 행위는 자신이 주도적으로 무리한 투자를 하였기에 육해에서 힘들어집니다.

재살
재살은 영혼의 세계와 같아서 육체와 물질을 소유하기 어렵고 생소한 시공간에서 불편한 상황에 처했기에 하늘에서 새 영혼을 선물 하는 방식으로 어려움을 극복할 손길을 내밉니다. 당장은 깨닫지 못하지만 지살에 이르면 비로소 재살의 도움이 매우 중요했음을 깨닫습니다. 재살에서 국가, 사회, 주위의 도움을 받는 것이 중요한 이유는 새로 출발하는 지살에서 역마까지의 과정에 필요한 일거리, 먹거리의 기회를 제공하기 때문입니다. 재살을 지날 당시에는 얼마나 중요하고 절실한 도움인지 모르지만 어둠 속에서 한줄기 빛을 발견하는 과정에 비유할 수 있습니다. 따라서 자신이 직접 투자하는 행위보다는 주위에서 도움을 받을 수 있도록 겸손한 태도를 유지해야 합니다. 이것이 재살의 핵심입니다. 먼저 행동하지 말고 겸손한 태도로 주위의 도움을 기다려 미래를 준비해야 합니다. 재살에서 주도적으로 투자하면 기복이 심할 수밖에 없는 이유는 영혼의 세계와 같아서 재물을 축적하기 어려운 환경이기 때문입니다. 물론 뛰어난 두뇌를 활용하여 기술 사업에 도전하는 경우에는 하늘에서 돈벼락을 내리기도 하지만 평범한 사람들에게는 투자해서 좋을 것이 없는 시기임이 분명합니다.

월살
色界로 나가는 과정은 녹록하지 않습니다. 寅午戌 三合을 기준으로 辰巳를 지망이라 부르는 이유는 辰土 月煞을 뛰어넘어 巳火 망신에 이르는 과정이 험난하기 때문입니다. 다행한 점은 국가, 사회, 가족이 적극적으로 도움의 손길을 내밀어 힘든 과정을 극복하도록 돕습니다. 갚을 필요가 없는 국가에서 제공하는 복지혜택, 장학금과 같은 속성의 돈입니다. 월살의 역경을 이겨내야 망신으로 넘어가 망신, 장성, 반안의 화려한 금전상황을 즐길 수 있습니다. 월살에서 가장 주의할 점은 조급함을 버리는 것입니다. 寅卯辰을 지나는 과정에 성장노력을 하지만 여전히 번데기 상태인데 조급하게 나비처럼 날아오르려고 서두르면 상황이 꼬이고, 틀어지고, 지연되고, 막히기에 지겹고 힘들어집니다. 절대로 서둘지 말고 인내심을 가지고 부족함을 학습하면서 느긋하게 기다려야 망신에서 화려하게 날아오릅니다. 辰巳과정은 겉으로는 전혀 심각해 보이지 않지만 生死의 갈림길과 다를 바 없습니다. 번데기에서 나비로 환골탈태의 시간을 지나야하기 때문입니다. 辰辰과 辰巳가 있으면 갑자기 사망하는 사례가 많은 이유도 마지막 단계를 견디지 못했기 때문입니다. 답답함에서 벗어나고자 급하게 변화를 시도하거나 투자해버리면 더욱 꼬이고 힘들어집니다. 다행한 점은 월살의 답답한 상황을 극복하도록 국가, 사회, 주위에서 적극적으로 도움을 제공합니다. 현금과 같은 직접적인 지원은 아니고 학습의 기회를 제공하는 방식입니다. 예로, 국가에서 기술자격증을 취득하는데 필요한 비용을 제공하고 망신에서 직업으로 활용하도록 유도합니다. 역마, 재살, 월살의 의미는 다르지만 핵심 키워드 "전송" 특히 "<u>전송받는 것</u>"임을 기억해야 지혜로운 선택을 할 수 있습니다. 월살에서 자기계발에 적극적인 자에게만 망신에서 발전의 기회를 제공합니다. 16세에 학교를 그만두고 가출해서 사회에 나가면 발전하기 어려운 이유입니다.

亥卯未 - 겁살, 년살, 반안
申子辰 역마, 재살, 월살이 亥卯未 겁살, 년살, 반안으로 이어지고 핵심 키 워드는 성장노력, 불안정, 변화, 좌충우돌입니다. 하지만 이 과정을 거부하지 않아야 성장하고 발전할 수 있습니다. 성장노력을 하지 않거나 변화를 두려워하거나 불안정한 상황을 회피하면 발전하기 어렵습니다.

겁살
화개에서 겁살로 넘어가는 과정은 生死의 갈림길과 같습니다.

寅午戌 色界에서 화려한 세상을 살았는데 갑자기 亥水 겁살의 황당한 시공간에 떨어졌습니다. 어린 나이에 연고도 없는 해외에 입양된 상황과 같습니다. 다만, 寅午戌과정에 얻은 丁火와 辛金을 亥水 겁살이 강탈하기에 로또처럼 갑작스런 재물이 들어오거나 오히려 내 재산을 강탈당하기도 합니다. 겁살 운을 만나면 한탕 욕망이 강해지고 무리하게 투자하다 낭패 보는 사례도 많지만 좌충우돌 과정에 생각하지도 못했던 횡재, 로또가 생기므로 무조건 나쁘거나 좋은 것도 아닙니다. 亥卯未 三合의 키워드인 좌충우돌, 불안정, 성장노력을 고려하면 과감하게 투자하여 불안정한 과정을 극복해야 정신적으로 성숙해지고 발전의 기회를 잡습니다. 주의할 점은, 무리한 탐욕으로 불법, 범죄를 저지르면 반드시 법적 문제가 발생합니다. 겁살의 공간특징은 여기가 어디야? 정도로 황당한 환경이기에 사주원국에 겁살이 많거나 겁살 세운을 만나면 좌충우돌, 불안정함을 두려워하지 않아야 전쟁터에서 승리하고 전리품을 획득하듯 횡재, 로또의 행운을 차지합니다.

년살
년살은 끊임없이 성장하려고 노력합니다. 걷기 위해서 넘어지고 쓰러지기를 반복하기에 매우 힘든 과정입니다. 년살은 어린아이의 성장과정과 같아서 당장 결과를 얻기도 어려워 정신, 육체적으로 힘든 과정입니다. 지살에서는 세상물정을 모르는 상태로 지나지만 년살의 성장과정은 매우 힘이 듭니다. 또 년살은 흙을 뚫고 땅위로 올라온 새싹처럼 지저분합니다. 겁살, 년살, 반안은 성장하는 과정에 힘들지만 특히 년살이 가장 힘이 듭니다. 겁살에서는 갑작스런 재물유입이 생기고 반안에서는 권력과 이권을 활용해서 비자금이라도 챙기지만 중간에 끼어있는 년살은 성장과정이기에 결과를 기대하기 어렵습니다. 내 띠를 기준으로 년살 인연을 만나면 나에게 귀찮은 일을 시키고 힘들게 하는 이유는 나에게 정신, 육체적으로 고통을 주면서 성장하게 만들려는 것입니다. "고생은 사서도 한다."는 표현에 어울리는 것이 년살이지만 망신에 이르면 년살에서 겪었던 고생, 경험을 유용하게 활용할 수 있습니다. 나비로 날아오를 수 있는 이유는 년살과 월살의 힘든 과정이 있었기 때문입니다. 이처럼 년살의 재물특징은 고생하면서 경험을 축적하기에 실익은 없지만 반드시 실천해야하는 이유는 망신, 장성, 반안에서 활용하기 위해서입니다. 따라서 년살의 적절한 투자행위는 적당히 손해 보는 정도를 투자하여 경험의 기회로 삼는 것입니다.

반안
겁살, 년살, 반안은 미완성을 상징하지만 반안의 특징은 많이 다릅니다. 겁살은 영혼의 세계, 년살은 성장하느라 힘든 과정이지만 반안은 장성 옆에 있기에 물질적으로 풍요롭습니다. 권력과 이권을 활용할 수 있는 환경이기에 재물도 넉넉합니다. 반안에서 아파트 분양권을 받을 기회가 생기고 금전적으로 발전합니다. 다만 반안은 미완성이기에 문제를 해결하는데 시간이 필요합니다. 이를 무시하고 역마에서 무리하게 투자하면 육해에서 추락하고 힘들어집니다. 반안과 역마에서 재물이 넉넉할 때 주의해야 하는 이유는 반드시 유혹의 손길이 다가오고 더욱 큰돈을 벌 것이라는 자만심이 생기면서 무리하게 투자하기에 육해에서 쫄딱 망하는 것입니다. 지금까지 살펴본 역마, 재살, 월살은 하늘에서 내리는 귀인과 같은 작용이지만 겁살, 년살, 반안은 기본적으로 황당한 상황에서 좌충우돌 고생을 암시합니다. 특히 년살은 반드시 겪고 지나가야만 하는 성장통과 같아서 어느 누구도 대신해주지 못하기에 회피하지 말아야 합니다.

寅午戌 - 지살, 장성, 화개

寅午戌 三合은 지살, 장성, 화개로 公的이고 조직적이며 풍요로운 물질계의 문화, 문명을 이루어가는 과정입니다. 다양한 의미 중에서 재물에 집중하여 지살, 장성, 화개를 살피면 그 키워드는 바로 "<u>지키다</u>"입니다.

지살

지살은 씨종자 辛金을 지켜야 합니다. 지살은 탄생하는 과정에 내부에서 외부를 향하기에 반드시 과거에 저장해두었던 辛金 씨종자를 이어받아야 출발할 수 있습니다. 寅午戌 三合을 기준으로 육해 酉金, 화개 戌土, 천살 丑土에는 공통적으로 地藏干 辛金이 들어있습니다. 사망을 상징하는 육해 酉金에서 지살 寅木으로 나올 수 있는 이유도 육해, 화개, 천살로 이어지는 씨종자 辛金 때문이었습니다. 申子辰 三合으로 살피면, 卯木 辰土 未土에 地藏干 乙木 육해가 있기에 申金 지살에서 탄생이 가능합니다. 결국 지살은 육해, 화개, 천살의 씨종자를 활용하는 방식으로 탄생하였기에 씨종자는 결코 소멸되는 것이 아닙니다.

만약 지살에서 씨종자를 미리 사용해버리면 발전의 기회가 사라집니다. 보리 고개를 지날 때 너무 배고파서 파종할 씨앗까지 먹어버리는 상황입니다. 지살은 막 탄생하여 사리분별이 명확하지 않은데 섣불리 저지르면 손실이 발생합니다. 예로, 실력이 부족한데 상담소를 차렸지만 손님이 오지 않아서 손해보고 문을 닫는 상황과 같습니다. 이처럼 지살은 성숙하지 않은 상태에서 경거망동하기에 문제입니다. 지살에서 취할 행동은 씨종자를 지키면서 천천히 성장해야 하므로 서두르면 낭패를 보고 년살에서 더욱 힘든 시간을 보내야 합니다. 육해, 화개, 천살에서 감추어 두었던 비자금(씨종자)을 지살에서 꺼내 활용하기에 조상, 부모,

의 비자금까지도 날려버릴 수 있으니 주의해야 합니다. 결국 지살에서 취할 태도는 서둘지 말고 씨종자를 완전하게 보관하고 있다가 년살에서 적당히 투자하여 성장 통을 거치고 망신에서 적극적으로 활용해야 합니다.

장성

寅午戌 三合의 중심 午火 장성에 이르면 물질은 풍요로워지고 육체는 강건해졌기에 반드시 지켜내야 합니다. 그 이유는 장성을 공격해서 빼앗으려는 강력한 적들이 반드시 드러나는데 바로 재살(수옥)입니다. 寅午戌 三合의 재살은 申子辰 三合의 장성 子水로 午火를 沖하는 방식으로 망가뜨립니다. 지살, 년살, 월살, 망신 장성에 이르는 과정에 얻은 물질과 육체를 겁살과 재살은 어떤 방식으로 빼앗을까요? 午火 장성의 地藏干 丙火가 丁火로 전환합니다. 망신 巳火의 화려함이 午火 장성을 거쳐 未土 반안으로 가는 과정에 丙火 빛이 丁火 열로 바뀌면서 시공간이 좁아지기에 반드시 위험, 문제, 사건이 시작됩니다. 따라서 丙火의 밝음과 丁火의 어둠이 교차하는 과정에 아군이 적군으로 돌변해서 나를 공격할 수 있음을 잊지 않아야 합니다. 巳火에서 午火까지는 함께 협력하여 왕국을 건립하였는데 午火에서 공로를 나누는 과정에 불만을 품고 상대를 음해하려는 세력들이 생겨납니다. 망신과 장성에서는 동일한 생각으로 꿈을 이루어가는 것으로 보이지만 丙火에서 丁火로 넘어가는 순간 권력과 이권에 대한 욕망이 강해지기 시작하고 전리품을 배분하는 과정에 불만이 생기고 배신과 음해로 조직에 균열이 생기기 시작합니다.

이처럼 <u>장성에는 보이지 않는 배신자, 적군이 숨어있음</u>을 잊지 말아야 합니다. 장성이 가진 권력, 이권을 활용해서 돈을 챙기려는 자들이 꼬이고 공동체를 유지하기 어려운 상황이 발생합니다. 공적으로 사용되어야할 將星이 부패하고 타락하는 원인입니다. 망신부터 함께 협력했던 자들 중에 반드시 배신자가 나올 수밖에 없습니다. 이 문제를 소홀히 하면 반안과 역마에서 배반, 음해, 뒤통수로 몰락합니다. 특히 오래도록 믿었던 사람에게 배신당하면 상황이 심각합니다. 역마. 재살, 월살은 지살, 장성, 화개를 강탈하려는 의지가 강함을 잊지 말아야 합니다. 장성을 무너뜨려야 씨종자를 후대에 전달하여 세대를 이어갈 수 있기에 역마, 재살, 월살에게는 지극히 자연스러운 행동이지만 장성에게는 고통이 따릅니다. 그렇다면 장성에서 적절하게 취할 행동은 무엇일까요? 전쟁에서 승리하여 얻은 전리품을 공평하게 나눠야 하지만 현실적으로 불가능한 이유는 사리사욕을 취하거나 편애하기 때문에 문제가 발생합니다. 장성에서 반안으로 이어지는 과정에 丁火의 어둠이 깔리고 사리사욕으로 신뢰가 깨지면서 배신자들이 생겨납니다. 충신이라 믿었던 부하가 반안과 역마에서 배신하고 장성을 강탈하려고 시도합니다. 결국 장성은 국가를 유지하려는 자들과 전복시키려는 자들이 갈라지는 경계입니다. 장성에서 사적인 욕망을 선택하면 결국 조직은 와해됩니다. 반드시 대중, 대세를 따라야 하며 탐욕을 부리지 않아야 어둠 속으로 추락하지 않습니다. 장성에서 취해야할 태도는 굳건하게 현재 상태를 유지하며 사리사욕으로 혹은 주의의 조언으로 잘못된 투자를 하지 않아야 귀중한 재산을 지켜냅니다.

화개

화개는 寅午戌 三合과정을 모두 저장했기에 장기간에 걸쳐 완성한 것이지만 한순간 탕진해버릴 수도 있고 더욱 축적할 수도 있습니다. 문제가 발생하는 경우는 대부분 육해에서 갑자기 어려워지자 화개에서 견디지 못하고 씨종자를 홀라당 까먹는 것입니다. 그 원인의 출발점은 역마로 무리한 투자 때문에 육해와 화개에서 오래도록 부어온 저금, 적금, 보험을 해지하고 빚을 갚는데 써버립니다. 화개에서는 절대로 돼지저금통을 털지 않아야 합니다. 20년 보험을 부어서 만기에 6천 만 원을 받을 수 있었는데 몇 개월 앞두고 차압당한 안타까운 상황이 발생하였습니다. 역마부터 잘못되자 육해, 화개에서 오래된 보험, 통장을 깨는 상황이 발생하는 겁니다. 겁살로 넘어가면 경험하지 못했던 황당한 환경에 처하고 재살까지 힘들게 살아갑니다. 이런 악순환을 극복하려면 역마에서 무리한 투자를 하지 않아야 화개에서 적금, 보험을 지켜내고 겁살, 재살의 과정을 무난하게 지납니다.

巳酉丑 - 망신, 육해, 천살

巳酉丑 망신, 육해 천살은 이권, 권력을 활용하여 지름길을 택하지만 부작용은 불법, 비리, 부패, 탐욕, 마약과 같은 타락한 씨종자로 변질되는 겁니다. 권력과 이권을 절대로 나누려하지 않고 내부자들끼리 취하므로 카르텔에 형성되고 끼리끼리 해먹는 과정에 뒷돈, 뇌물, 암투, 줄 세우기 같은 문제로 부패의 온상이 됩니다. 정상적인 길을 회피하고 편하고 빠른 지름길을 택하는 과정에 반드시 위법, 불법을 저지를 수밖에 없습니다. 재물입장에서 살피면 조직을 형성하여 권력, 이권을 활용하려는 성향이 강하기에 개인적인 투자는 바람직하지 않고 조직에 들어가서 함께 투자하는 것이 좋습니다.

망신

寅午戌 지살, 장성, 화개에서는 지키려는 욕망이 강하여 부패의 개념은 없었는데 망신, 육해, 천살에서는 이권, 권력을 남용하는 과정에 자신의 돈은 쓰지 않으면서 회사, 조직의 돈을 남용하려는 욕망이 강해집니다. 장성 좌우에 망신과 반안이 있지만 그 작용은 상이합니다. 寅卯辰巳까지는 내부에서 밝음을 향하기에

순수하고 정당하지만 장성에서 丙火가 丁火로 바뀌면 수렴작용 때문에 탐욕이 강해지고 권력을 이용해서 이권을 챙기기 시작합니다. 물질이 풍요로운 환경에서는 배신자가 생겨나기에 소중한 재산을 강탈당하지 않으려면 망신부터 반안 과정에 주위를 자세히 관찰해야 합니다. 특히 반안은 겁살, 년살, 반안으로 이어지기에 강탈욕망의 결과물과 같습니다. 조용히 왕을 지키는 보디가드 역할을 하면서도 사리, 사욕을 채우는 어두운 속성도 강합니다. 망신에서의 금융상황은 장성에 이르고자 조직과 자금을 갖춰야 하므로 굵직한 자본이 생기지만 사적으로 유용하는 돈이 아니고 조직적으로 활용해야 합니다. 정리하면, 망신에서는 조직의 틀을 갖추는데 자금을 투자해야 합니다.

육해

망신, 육해, 천살은 꽃피고 열매 맺은 후 씨종자를 완성하기에 망신에서 화려하게 존재감을 노출시켜야 짝을 이루고 午火 장성에서 열매 맺고 사회적, 경제적으로 다양한 사람들과 교류합니다. 망신은 카르텔을 형성하는 첫 단계로 뜻이 맞는 자들끼리 조직을 형성하여 "지름길"을 활용하기 시작합니다. 함께 권력, 이권을 활용하여 빠르게 발전하거나 문제를 해결합니다. 끼리끼리 해먹기에 혜택을 받으려는 자들이 조직에 들어가고자 뇌물, 청탁과 같은 문제를 일으키다가 교도소에 수감되기도 합니다. 망신에서 육해에 이르면 원하는 씨종자를 완성했지만 규모가 최대로 쪼그라들면서 경제적으로 불편한 상황에 처합니다. 이때 취할 태도는 반드시 조직의 도움을 받아서 문제를 해결해야 하며 개인적으로 돈을 투자하면 매우 힘든 상황에 처합니다. 망신, 육해, 천살은 개인 돈이 아니라 단체, 조직의 이권과 권력을 활용해야 효과적이라는 것을 잊지 말아야 합니다.

천살

천살이 크게 다른 점은 三合의 범위에서 벗어나 영혼의 세계이기에 물질, 육체가 없지만 망신, 육해, 천살 삼합으로 연결되기에 권력, 이권을 활용할 수 있습니다. 자신의 돈을 쓰지 않고 회사 카드, 법인 카드, 공직자 카드를 활용합니다. 실례로 월지 천살의 시기를 지날 때 함께 근무하던 직원들의 카드를 빌려서 대출금을 상환하는데 활용했습니다. 또 자신의 카드를 사용할 수 없을 때 천살 인연이 카드를 사용하도록 도움을 주기도 합니다. 하지만 천살에서 공짜, 허세를 좋아하면 문제입니다. 직장에서 상사에게 아부하면서 그 지위를 활용하여 허세 부리는 자들에 비유할 수 있습니다. 日支 배우자 宮位에 천살, 육해가 있으면 배우자가 공짜를 좋아하고 허세를 부리는 경우가 많습니다. 만약 내 사주팔자 日支에 육해나 천살이 있으면 오래도록 관찰한 후 신중하게 배우자를 선택해야 합니다. 물론 순수한 학문으로 천살을 활용하는 사례도 많습니다. 공짜를 싫어하고 이권, 권력도 거부하면서 종교, 명리, 철학에 심취합니다. 천살에서 취할 태도는 직접 투자는 가능한 하지 않는 것이 좋습니다. 예로, 월지에 천살이 있으면 자본을 직접 투자하는 사업에 적절하지 않고 전문기술이나 지식을 쌓은 후 주위에서 투자하게 만들거나 중간에서 중개자 역할이 바람직합니다. 지금까지 살핀 경제적 측면을 정리하면 아래와 같습니다.

●지살, 장성, 화개 – 경거망동 하지 말고 씨종자를 지키는 보수적인 태도를 취해야 합니다.

●망신, 육해, 천살 – 직장, 조직을 활용해야 합니다. 세력을 구축해서 함께 발전해야 하므로 개인이 투자하는 것은 적절하지 않습니다.

●역마, 재살, 월살 – 씨종자를 후대로 이어가는 과정이기에 국가, 사회로부터 도움을 받아야 합니다. 베푸는 입장에 서면 재산을 탕진할 수도 있습니다. 수동적이고 겸손한 태도를 유지하면서 주위의 도움을 받아야 하며 무리하게 투자하면 문제가 발생합니다.

●겁살, 년살, 반안 – 갑작스럽게 큰 재물이 생길 수 있지만 불법을 저지르지 않아야 합니다. 또 반드시 수고로운 과정을 직접 겪어야 합니다. 겁살, 년살, 반안은 내부에 머물면 발전하기 어렵기에 과감하게 움직이면서 손해를 두려워하지 않아야 합니다.

11. 시간흐름에 따른 재물특징
지금부터는 순차적인 시간흐름으로 12신살의 재물상황을 살펴보겠습니다.

1. 災煞재살
새 영혼을 배정받는 재살에서 취할 태도는 명확합니다. 국가, 사회로부터 도움을 받아야 하므로 겸손한 태도, 보수적인 태도를 유지해야 하며 직접 무리하게 투자하겠다고 덤비면 망하기 쉽습니다. 물질을 취하기 어려운 영혼의 세계에서 무리하게 덤비면 재산을 탕진하고 지살에서 비자금까지 털어야 하는 상황에 내몰립니다. 실례로 저축해둔 1억 원이 있음에도 재살에서 힘든 내색을 보였더니 시부모가 3천 만 원을 주었다고 합니다. 이것이 바로 재살에서 내리는 사랑입니다. 사업하겠다고 설쳤다면 1억도 탕진하고 도움도 받지 못했을 겁니다. 이처럼 재살은 공격격인 투자에 적절하지 않습니다. 또 다른 사례로는 주위에서 강의해달라는 요구를 듣고 크게 기대하지 않고 시작했는데 지살에서 화개까지 오랜 세월 직업으로 활용할 수 있었습니다. 재살에서 하늘로부터 생업의 기회를 제공받은 것입니다. 주의할 점은, 재살에서 선물, 상품권 등으로 청탁을 받으면 나중에 법적문제가 발생할 수 있으니 주의해야 합니다.

2. 天煞천살
천살도 영혼의 세계에 머물러 있기에 직접 재물을 취하려고 달려들면 낭패 보기 쉽습니다. 특히 망신, 육해, 천살로 연결되었기에 직접 돈을 투자하는 것은 바람직하지 않고 중간에서 쌍방을 도와 문제를 해결하는 직업에 적합합니다. 부동산 중개, 무역중개, 변호사, 상담사, 공무원처럼 지식이나 정보, 지혜를 활용하는 직업입니다. 천살에서 경계해야 할 태도는 거만하게 행동하는 것입니다. 경제적으로 어려우면서도 허세를 부리고 사치하는 경우가 바로 망신, 육해, 천살의 권력과 이권을 남용하려는 습성 때문입니다. 물론 겸손하고, 예의 바르고, 학식 있게 행동하면 천살의 명예, 권력, 이권을 취할 수 있습니다. 예로 대학교수, 정치인과 같은 직업입니다. 천살에서 직접투자하면 오히려 자본, 기술을 빼앗기는 경우가 많습니다. 영혼의 세계에 있는 천살은 상대의 재산, 정보를 날로 먹으려는 성향이 강하기 때문입니다.

3. 地煞지살
지살, 장성, 화개의 키워드는 지키는 것인데 특히 지살은 경험이 전혀 없는 아이처럼 미숙하기에 서둘면 망치기 쉽습니다. 좋은 점은 육해, 화개, 천살에 담겨있는 地藏干 육해를 지살에서 이어 받기에 조상, 부모로부터 유산을 받거나 재살에서 받은 도움을 계속 활용하기에 경제적으로 무난하지만 조급하게 씨종자를 투자하다 몽땅 털리면 년살부터 고생할 수 있기에 씨종자를 지키는데 힘써야 합니다. 아직은 경험이 부족하여 여러 방면에 미숙하므로 투자할 수 있는 능력을 갖출 때까지 기다리는 지혜가 필요합니다.

4. 年煞년살
겁살, 년살, 반안 三合의 키워드는 안정적인 터전에서 벗어나 고생하는 것이라고 했습니다. 도전하지 않으면 발전하기 어렵습니다. 특히 三合의 중심 年煞 卯木은 밖으로 튀어나가 성장노력을 경주해야 망신에서 존재감을 드러냅니다. 년살에서 실수가 두려워 시도하지 않으면 발전을 기대하기 어렵습니다. 좌충우돌, 불안정, 고생을 피하지 않아야 합니다. 투자에 비유하면, 자본금 전부를 투자하면 위험한 이유는 내부에서 외부를 향하는 움직임이기에 돈을 내놓으면 회수하기 어렵기 때문입니다. 적당히 손해 보는 수준에서 젊어서 고생은 사서도 한다는 생각으로 임해야 합니다.

5. 月煞월살
년살의 힘든 과정을 거쳐 月煞에 이르면 두 종류의 태도를 보입니다. 첫째, 충분하게 경험했으니 과감하게 투자하겠다고 달려듭니다. 둘째, 아직 미숙하기에 더 배우면서 기다리겠다는 것입니다. 驛馬, 災煞, 月煞의 키워드는 전송이고 국가, 사회, 가족으로부터 사랑, 도움을 받는다고 하였기에 月煞에서 서둘지 않아야 합니다. 나아갈 때와 물러설 때를 이해하지 못하면 낭패 봅니다. 월살에서 적절한 사랑을 받아야 망신으로 넘어가 발전하는데 서둘러 나가면 발전은 기대하기 어렵습니다. 고서에 월살을 담장이라고 표현한 이유는 아직 성인이 되지 않았는데 성인처럼 행동하다 낭패 본다는 의미입니다. 미숙한 청년에게 月煞의 시간은 느리고, 막히고, 풀리지 않아서 답답하기에 계획도 없이 덤벼보겠다고 뛰쳐나가면 가출 청소년처럼 고생만합니다.

災煞에서 무리하게 투자하다 재산을 탕진하는 것처럼 月煞도 동일한 상황에 처할 수 있습니다. 월살과 망신은 辰巳지망으로 빨리 나비로 변신하고자 미칠 지경인데 답답함을 이겨낼수록 아름다운 나비로 탈바꿈합니다. 반드시 먼저 국가, 사회, 가족의 도움을 받고 <u>미래에 활용할 도구를 학습해야</u> 합니다. 직접 투자하여 돈을 벌겠다고 달려들 것이 아니라 먼저 성장노력을 하라는 겁니다. 월살의 투자사례로, 주위에서 모두 自家를 소유하여 자신도 집을 소유하고자 무리하게 은행융자를 받아서 구매하자 집값이 3배나 올랐습니다. 이 또한 국가, 사회, 은행의 도움을 받은 것입니다. 문제는 시간이 흘러 화개에 이르렀을 때 지켜야 함에도 집을 담보로 무리하게 대출받고 부동산에 재투자했지만 이자를 갚는 정도로 실익이 없었으며 다주택을 소유하여 상황이 어려워지고 겁살, 재살, 천살에서 큰 손해를 보자 급매하는 상황에 몰렸습니다. 마치 지켜야할 문화재를 화개에서 팔아넘겨버린 상황과 같습니다. 이어지는 겁살, 재살, 천살 3년 동안 금전적으로 고통을 받았고 대출 이자도 올라서 급매할 수 밖에서 없는 상황에 몰렸습니다. 결국 화개에서 무리하게 투자하여 씨종자를 지키지 못한 것입니다.

6. 亡身망신

대학교를 졸업하고 사회활동을 시작하여 처음으로 수입이 발생하는 상황입니다. 月煞까지는 주위의 도움으로 성장하다 처음으로 직접 경제활동에 뛰어들어 수입이 생겼습니다. 월살과 망신을 비교하면, 驛馬, 災煞 삼합으로 이어지는 월살은 국가에서 지원하는 생활자금, 학자금, 주택구매 융자금 등으로 일상생활에 필요하고 미래를 설계하는데 활용하는 자금이지만 亡身에서는 생각하지도 못한 큰돈이 들어오기도 합니다. 질병, 교통사고로 보험을 받거나 갑자기 재산을 상속받는 상황입니다. 亡身과

劫煞에서 큰 재물유입이 생기는 이유는 辰巳 월살과 망신, 戌亥 화개와 겁살로 이어지는 과정에 하늘에서 사랑을 내리기 때문이라고 했습니다. 巳火 망신은 辰土 월살의 地藏干 癸水를 이어받아야 巳午未 뜨거운 여름을 지낼 수 있기에 한탕의 정체는 바로 癸水입니다. 亥水 겁살은 戌土 화개의 地藏干 丁火를 이어받아야 亥子丑 추운 겨울을 지낼 수 있기에 한탕의 정체는 바로 丁火입니다. 결국 망신에서 필요한 투자는 다양한 인맥들과 접촉하고 조직을 형성하는데 집중해야 합니다. 당장의 수익보다는 다양한 관계를 형성한 후 장성, 반안, 역마 과정에 수확해야 합니다. 망신에서 존재감을 드러내지 못하고 인맥형성을 게을리 하면 장성, 반안, 역마에서 재산을 축적하기 어렵습니다. 망신에서 형성된 인맥은 육해에서 선별작업을 거쳐 핵심적인 씨종자끼리 권력과 이권을 취하는 모임으로 변질됩니다. 실례로 망신에서 부유한 친구들과 만나 10억이라는 큰돈을 제공받았고 화려한 色界의 타락행위도 이루어졌습니다. 또 다른 사례로는 망신 세운에 부동산이 폭등하여 엄청난 수익을 올렸습니다.

7. 將星장성

三合운동의 최종목적은 將星에 오르기 위한 것입니다. 지살에서 탄생하여 우여곡절 끝에 장성에 이르면 육체와 물질이 풍부해진 시공간을 만납니다. 지살, 장성, 화개의 키워드는 "지키다"라고 하였으며 가장 주의할 행동은 경거망동하지 않는 것입니다. 사적 욕망이 개입되면 탐욕이 동하고 왕국이 무너져 내릴 수 있습니다. 장성은 공적활동이기에 사적으로 유용하면 문제가 발생합니다. 예로, 회사공금을 횡령하는 행위 등입니다. 장성은 巳酉丑 망신, 육해, 천살 권력과 이권을 활용하는 세력을 형성하는 첫걸음이며 부패와 타락의 출발점입니다. 정치인들이 대통령의 권력, 이권을 이용하여 탐욕을 부리면서 부패행위를 하는 것은 전

세계에 만연하는 현상인데 그 원인을 제공하는 것이 바로 將星으로 대통령 주위에서 부패가 시작됩니다. 따라서 장성에서 주의할 점은 아부, 아첨, 솔깃한 제안, 청탁, 높은 수익을 보장하는 투자 등에 넘어가지 않아야 반안과 역마에서 망하는 길로 접어들지 않습니다. 실제 사례로, 은행에서 대출을 장려하자 장성 세운에 과감하게 대출받아서 쇼핑 등으로 지출하다 역마에서 매우 힘들어졌습니다. 이처럼 장성에는 반드시 자신을 망가뜨리는 적군이 숨어있습니다. 왕에 오르면 경쟁, 시기, 질투, 사심이 들어가기에 감언이설에 휘둘리지 않아야 합니다. 왕위를 유지하려면 적군과 아군이 수시로 바뀌기에 좌우를 모두 품어야 하는 고통이 따릅니다. 이런 사례도 있습니다. 장성에서 집을 구입하고자 계약금을 걸었는데 주인이 더욱 좋은 조건으로 판매하고자 두 배의 위약금을 돌려받았습니다.

8. 攀鞍반안

장성 다음 단계가 攀鞍반안이기에 물질적으로 크게 발전할 기회입니다. 三合으로 겁살, 년살, 반안으로 이어지기에 겁살에서 얻었던 한탕을 반안에 축적할 수 있습니다. 亡身, 將星, 攀鞍은 삼각형 꼭짓점의 좌우이기에 물질적으로 가장 풍부하지만 장성은 公的이고 보수적이기에 반안의 경제상황이 훨씬 좋습니다. 다만 장성에서 배신의 그림자가 짙게 깔리기에 반안에서 주위를 믿고 투자하다 역마, 육해, 화개로 이어지는 삼재에 크게 망할 수 있습니다. 반안에서 풍요로워지자 긴장을 늦추고 무리하게 투자하다 암암리에 침투해있던 적군이 국가를 무너트리는 행위를 시작합니다. 겁살의 강탈행위가 반안까지 이어지기에 몰락의 출발점이 될 수 있습니다. 반안은 적절하게 투자하는 시기가 분명하지만 음모, 배신, 뒤통수를 조심하지 않으면 역마에서 무너지고 육해에서 매우 힘들어집니다. 실례로, 반안에서 학원을 운영하여 돈을 많이 벌었는데 역마에 이르자 동업하자는 유혹이 들어왔습니다. 영어와 수학만 다루었는데 국어까지 포함해서 크게 확장하자는 제안이었으며 조건이 좋았지만 포기했습니다. 역마에서 확장을 포기한 것은 현명한 선택이었습니다. 겉은 화려하지만 무리하게 확장하면 망하는데 욕심을 버리고 무난한 삶을 택했습니다. 매우 힘들었던 코로나 시기에도 편하게 살았던 이유는 역마의 확장 유혹을 견뎌냈기 때문입니다.

9. 驛馬역마
역마의 성패는 반안에서 어떤 선택을 하느냐에 달렸습니다. 반안에서 수입이 높아지면 역마에서 더욱 발전할 것이라는 기대로 무리하게 투자하기 쉽습니다. 주위에서 반안의 자본을 이용하려는 자들이 몰려들자 유혹을 견디지 못하고 무리한 투자를 감행합니다. 역마에서 나의 능력이나 재산을 활용하거나 빼앗으려는 자들을 경계해야 합니다. 하늘에서 내리는 도움을 받아야 탈이 없는데 반안에서 풍요로워지자 역마에서 무리하게 투자하거나 주위를 돕다가 자신이 힘들어집니다. 역마의 주의할 사항을 정리하면 첫째, 반안에서 수입이 크게 늘어도 무리한 투자를 하지 말아야 합니다. 둘째, 도움을 받아야 역마, 육해, 화개 과정을 탈 없이 지납니다. 실례로, 역마에서 IMF로 환율이 폭등하자 수출로 큰돈을 벌었지만 주식에 투자하라는 유혹에 넘어가 육해에서 모두 탕진하고 말았습니다.

10. 六害육해
六害의 본질은 三合의 마지막 단계에서 사망에 이르기에 반드시 물질, 육체를 빼앗길 수밖에 없습니다. 六害의 작용을 이해하려면 驛馬에서 갑자기 탐욕을 부리고 무리한 투자를 하도록 유도하는 神의 의지를 살펴야 합니다. 역마에서 무리한 투자가 없다면 육해에서 몰락하는 상황도 발생하지 않습니다. 육해의 본질이 사망이기에 발전에 한계가 있지만 역마에서 무리한 투자만 하지 않으면 무난하게 지나갑니다. 문제가 발생해도 망신, 육해. 천살로 인맥을 활용하면 극복할 수 있습니다. 사회발전은 어렵기에 현상유지하면서 마음의 안정을 취하고 무리하게 극복하려는 조바심을 버리고 여유롭게 기다려야 경제적, 심리적으로 탈이 나지 않습니다. 六害의 對沖 관계인 년살에서는 힘들더라도 밖으로 뛰쳐나가야 발전하지만 육해는 좁고 답답한 공간으로 들어가야 탈이 없습니다. 역마까지는 넓은 시공간을 활용했는데 육해에서 활동범위가 크게 줄어들기에 느긋하게 참고 기다려야 합니다. 년살은 밖으로 나가서 힘들고 육해는 답답해서 힘이 듭니다. 실례로 년살에서 타로상담실을 열었지만 좌충우돌 바쁘기만 하고 실익이 없어 월살에서 접었습니다. 육해 세운에 전화사주상담하면서 수입이 크게 좋아졌지만 좁은 공간에서 전화를 기다리기에 답답한 상황입니다. 이처럼 육해에서 일이 꼬이거나 막히면 망신, 육해, 천살 인연, 방위, 물상을 활용해서 풀어내야 합니다. 실제로 오래도록 팔리지 않던 주택을 육해인연과 육해방위를 활용해서 한 달 만에 두 채를 거래한 사례가 있습니다.

11. 華蓋화개

지살에서 육해에 이르는 과정에 수확한 씨종자를 저장하는 것이 화개입니다. 한문 의미대로 <u>화려하게 덮어야 하므로</u> 스스로 열거나 타인에 의해 열리면 문제가 발생합니다. 문화재를 보존해야 하는데 도굴꾼들에게 털리면 문화유산이 사라집니다. 국보를 일본에게 강탈당한 것도 화개를 지키지 못했기 때문입니다. 화개에서 투자행위는 좋은 선택이 아니라는 겁니다. 지켜야 하는데 문화재를 도굴하듯 꺼내서 투자하면 바람직하지 않습니다. 반드시 지켜서 天煞로 전달해야 지살에서 출발이 가능합니다.

년지 화개는 집안을 재건하는 숙명으로 태어났다고 주장하는 이유입니다. 화개에서 지키지 못하면 오래도록 부어왔던 저금, 적금, 보험을 깨서 빚을 청산하는 상황에 내몰립니다. 역마에서 무리하게 확장했기에 육해에서 힘들어지고 화개에서 알토란같은 씨종자를 포기해야만 합니다.

12 劫煞겁살

화개를 강탈하므로 겁살이라는 명칭을 갖게 되었지만 씨종자를 천살로 넘겨주려면 피할 수 없는 절차입니다. 영혼의 세계로 넘어가는 관문이지만 육체를 버린다고 모든 것이 정리되는 것이 아니라 씨종자를 강탈하는 방식으로 이어집니다. 일상에서는 생각하지 못했던 큰돈이 들어오는데 불법, 비리를 암시하며 화근이 생기기에 주의해야 합니다. 화개에서 겁살로 넘어가는 과정은 월살에서 망신으로 넘어가는 과정보다 훨씬 위험하기에 갑자기 큰돈이 들어오면 문제가 없는지 살펴야 합니다. 지금까지 살펴본 신살의 경제측면을 정리하면, 물질적으로 가장 풍요로운 공간은 망신, 장성, 반안, 역마이지만 겁살에서 한탕이 있고 재살에서 하늘의 도움을 받으며 월살에서 혜택을 받습니다. 또 나아가야 할 때와 물러서야 할 때가 있기에 신살의 특징을 숙지해서 적절하게 임해야 합니다.

삼재 - 역마, 육해, 화개에서 힘든 이유

역마, 육해, 화개에서 힘들어지고 육해에서 소송까지 걸린 사례가 있습니다. 삼재에서 운이 막히는 이유를 살펴보겠습니다. 시간이 빛의 속도로 움직이면 물질이 존재하지 않지만 최대로 늦추면 삼각형의 色界로 보이기 시작합니다. 자세히 살펴보니 정반대편에 또 다른 삼각형도 있습니다. 寅午戌을 지날 때는 부드럽던 물형이 딱딱해지고 申子辰에서는 딱딱한 물형이 부드러워집니다. 무엇을 부드럽게 하고 딱딱하게 할까요? 바로 씨종자입니다. 寅午戌이 딱딱하게 만드는 것도 씨종자요 申子辰이 풀어내는 것도 씨종자입니다. 생명과 존재는 씨종자에서 출발해서 씨종자로 끝나기에 씨종자를 관찰하면 나의 존재의미와 가치를 이해합니다. 寅午戌은 부드러운 새싹을 딱딱한 씨종자로 만들고 申子辰은 딱딱한 씨종자를 부드러운 새싹으로 내놓습니다. 인간의 눈으로는 寅午戌 色界만 관찰하기에 申子辰에 대해 주의를 기울이지 못하지만 영혼의 세계를 이해하려면 申子辰의 의미를 꼼꼼히 살펴야 합니다. 또 寅午戌은 巳酉丑 결실과정을 양산하고 申子辰은 亥卯未 성장과정을 유도합니다. 결국 寅午戌, 巳酉丑, 申子辰, 亥卯未가 순환하면서 딱딱함이 부드럽게, 부드러움이 딱딱하게 바뀌기를 반복합니다. 寅午戌 과정은 육체, 물질, 종묘사직을 지켜야 巳酉丑 三合으로 씨종자를 활용하는 방식으로 세대를 이어갑니다. 丑土에서 씨종자가 점점 부드러워지고 申子辰을 활용해서 후대에 전송하면 亥卯未에서 생명을 창조합니다.

그렇다면 왜 역마, 육해, 화개에서 힘들어질까요? 寅午戌 三合을 기준으로 寅卯辰에서 성장하고 巳午未에서 물질, 육체가 왕성해지고 申酉戌 역마에 이르면 쇠퇴하면서 육체와 물질을 강탈하기 시작하는데 그 방식이 바로 역마를 활용하는 겁니다. 일시적으로 크게 발전하게 만들어 무리한 투자를 유도하여 육해에서 소유한 물질과 육체를 빼앗아버리고 화개에서 묵혀두었던 재산도 강탈해버리기 때문입니다. 申金 역마와 酉金 육해 물형은 상이합니다. 庚申은 생기를 유지하지만 辛酉는 水氣를 철저히 제거하여 딱딱합니다. 庚申 역마에서 乙庚 합하는 방식으로 발전하지만 辛酉 육해에서 乙木 생기를 제거하고 戌土 墓地에 던져버립니다. 이 과정이 없으면 씨종자를 재활용할 방법이 없기에 반드시 거쳐야합니다. 물질, 육체를 포기하게 만들려는 역마의 유혹에 넘어가지 않는 지혜가 필요합니다.

제 2부 災煞 -
영혼의 탄생

제 1장 - 8寶圖와 災煞

지금까지 12신살의 기본개념을 다양한 각도에서 살펴보았고 지금부터는 세부적으로 살펴보고자 합니다. 신살의 출발점을 災煞로 정하는 과정이 쉽지 않았던 이유는 어느 각도에서 살피는 것이 가장 효율적인가를 고민했기 때문입니다. 육체를 얻어 탄생하는 공간은 지살이지만 육체의 실질적 주인은 재살(영혼)이기에 새 영혼을 얻고 천살에서 육체와 결합한 후 지살에서 탄생하는 과정을 자세히 살피는 것이 중요합니다. 재살의 핵심은 영혼을 제공하는 공간이지만 과거에는 "역모동조자"로 표현하였고 근본원리가 없었기에 외워야만 했습니다. 지금부터 분석하는 12신살의 판단기준과 원리는 시공명리에서 활용하는 8寶圖를 기준으로 합니다. 향후 3권의 책으로 살펴볼 계획인데 그 내용은 아래와 같습니다.

1권 - 재살, 천살, 지살 ; 영혼에서 탄생까지
2권 - 년살, 월살, 망신, 장성, 반안 ; 색계의 여정에서
3권 - 역마, 육해, 화개, 겁살 ; 씨종자를 품고 영혼으로

1. 十宮圖 2와 災煞 - 영혼의 탄생

《十宮圖2(인간의 일생)》

재탄생	윤회	시주	일주	월주	년주
甲(1)	壬(9)	庚(7)	戊(5)	丙(3)	甲(1)
	癸(10)	辛(8)	己(6)	丁(4)	乙(2)

직선의 시간흐름 ←------------------------

四季가 순환하듯 天干과 地支도 끊임없이 움직이고 변하기에 어디가 시작이고 끝인지 알 수 없습니다. 우리는 탄생을 상징하는 地煞에서 삶을 출발하지만 탄생은 하늘에서 갑자기 뚝 떨어진 것이 아니기에 준비과정에 해당하는 災煞을 출발점으로 살피는 것이 합리적입니다. 災煞의 가장 아름다운 덕목은 육체에 담길 영혼을 제공하는 것이기에 실질적인 육체의 주인입니다. 모든 명리이론이 그러하듯, 12신살도 판단기준이 불분명하기에 무조건 외울 수밖에 없고 맞는지 틀리는지 검증할 방법도 없어서 개인의 경험치를 귀납적으로 판단하기에 학문의 발전에 한계가 있습니다. 모든 명리이론은 근본원리, 판단기준이 없으면 확인할 방법이 없기에 반드시 근거를 제시하여 옳고 그름을 확인한 후 오류를 수정해야 합니다. 이런 문제를 오래도록 고민하다가 8寶圖를 정립하여 사주명리의 근본원리, 판단기준으로 삼았으며 十宮圖2는 탄생에서 사망까지의 과정을 표현하였습니다. 甲木에서 탄생하고 辛金에서 사망한 후 壬水에서 육체와 영혼을 제거한 후 癸水에서 업보를 이어받은 새 영혼을 제공받고 甲木에서 재탄생합니다. 따라서 十宮圖 2에서 표현하는 재살의 의미는

"영혼의 제공"이지만 色界를 향한 첫걸음으로 육체, 물질도 없기에 정체를 규정하기 어렵습니다. 이처럼 재살은 지극히 이중적인데 사주구조가 좋으면 매우 총명하고 과감하며 하늘에서 돈벼락을 맞지만 사주구조가 나쁘면 일탈을 감행하고 범죄자로 전락합니다. 우리는 色界를 살기에 신살의 기준은 寅午戌 三合이며 亥子丑은 三合에서 벗어난 공간으로 각각 겁살, 재살, 천살이라 부르며 그 작용이 결코 간단하지 않습니다. 첫 단계 亥水는 三合의 중심 將星 午火를 午亥 암합으로 강탈하기에 겁살이라 부르고 한 단계 더 나간 災煞 子水는 將星 午火를 沖하여 제거합니다. 먼저 亥水가 午火를 무기력하게 만들면 子水가 午火를 재차 沖하여 육체, 물질을 제거합니다. 色界를 화려하게 창조하는 午火를 亥子로 철저히 제거, 소멸시켜서 영혼의 세계로 돌아가려는 것입니다.

새 영혼을 얻어 탄생하려면 기존의 육체를 제거해야하기에 씨종자를 수확하여 水氣에 풀어내는 방식으로 生氣를 유지하고 발전시키려는 것이 神의 의지입니다. 災煞을 수옥囚獄이라 부르며 범죄를 저지르고 교도소에 수감되는 신살로 기억하지만 十宮圖 2에서 癸水와 子水는 새 영혼을 제공하는 우주어미, 모친과 같으며 十神으로 正印입니다. 우주어미가 없다면 영혼을 얻을 수 없고 부모가 없으면 육체를 얻을 수 없습니다. 十神으로 壬水, 亥水는 偏印, 癸水, 子水는 正印이기에 계약서, 문서로 이해하지만 水氣에는 씨종자를 풀어내는 <u>강력한 성욕</u>이 감춰져 있습니다. 子水에서 영혼을 얻어야 丑土에서 육체와 결합하여 탄생할 수 있기 때문입니다. 우주어미라 표현한 이유를 설명하면, 육해 辛酉가 겁살 壬亥에 풀어지고 재살 癸子에 이르면 씨종자를 부풀리는 방식으로 영혼을 제공하고 地煞에서 재탄생합니다. 따라서 災煞의 역할은 酉子 破로 씨종자를 풀어내고 영혼을 제공하는 것이 분명합니다. 천간에서는 辛과 癸인데 辛壬癸 三字는 윤회과정으로 종교, 명리, 철학과 인연이 깊습니다. 亥水 겁살로 육체와 물질을 빼앗아버리지만 다음 단계 災煞에서는 우주어미의 사랑을 제공하기에 수옥은 범죄자라는 공식에서 벗어나야 재살의 진면모가 보이지 시작합니다. 수옥은 재살의 흉한 작용만을 표현한 것에 불과합니다. 十神으로 壬水, 亥水는 偏印이고 癸水, 子水는 正印이라고 부르는 이유는 무엇일까요? 壬水, 亥水는 반드시 먼저 午火 將星을 암합으로 제거하기 때문이고 그래야 癸水, 子水에서 새 영혼을 부여받기 때문입니다. 저승사자가 육체를 강탈하여 전생 업보를 저울질한 후 탄생할 때 받을 새 영혼의 종류를 결정하는 과정과 다를 바 없습니다.

어떤 종류의 영혼을 얻을 것인가는 災煞을 대하는 태도와 행동에 달려있습니다. 거만하거나 함부로 행동하면 좋은 영혼을 기대할 수 없지만 공손하고 정직하면 기대이상의 영혼을 제공받습니다. 재살은 역마, 재살, 월살 三合의 중심으로 키워드는 전송이기에 조상, 국가, 사회로부터 사랑을 받지만 거만하게 행동하면 한탕을 노리고 타인의 재산과 육체를 강탈하기에 하늘의 벌을 받아야 합니다. 이것이 재살에서 길흉이 갈리는 이유입니다. 겸손하고, 검소하면 지살에서 화개까지 9년 동안 살아갈 먹거리를 제공받기에 우주어미의 사랑이라고 부르는 겁니다. 결국 劫煞, 災煞, 天煞의 길흉을 결정하는 핵심은 나의 태도와 행동에 달렸음을 기억해야 합니다. 사랑받을 때까지 공손하게 기다리느냐 수옥처럼 한탕을 노리고 타인의 재산을 탐하느냐에 따라 가치가 달라집니다. 성실하면 엄마가 젖을 주듯 사랑과 먹거리를 내리지만 교만하면 교도소에 보내버립니다.

乾命				陰/平 1991년 7월 28일								
時	日	月	年	90	80	70	60	50	40	30	20	10
모름	己卯	丙申	辛未	丁亥	戊子	己丑	庚寅	辛卯	壬辰	癸巳	甲午	乙未

권 도형은 50조 가상자산 폭락사태를 촉발하였는데 그의 태도는 거만해 보였습니다. 未年을 기준으로 辛金이 災煞이고 월지 申金은 劫煞이기에 매우 총명하여 젊은 나이에 상상도 못할 자금을 운영하다 범죄자로 전락하고 교도소에 수감되었습니다. 災煞의 총명함을 거만하게 활용하자 하늘에서 자비를 거두고 교도소로 보내버린 것입니다.

乾命				陰/윤달 1971년 5월 6일 20:40								
時	日	月	年	87	77	67	57	47	37	27	17	7
甲戌	甲申	甲午	辛亥	乙酉	丙戌	丁亥	戊子	己丑	庚寅	辛卯	壬辰	癸巳

2025년 현재 세계갑부 일론 머스크입니다. 亥年을 기준으로 三合을 벗어난 庚辛과 申酉는 겁살, 재살로 권 도형과 동일하지만 거만하지 않고 세상의 낡은 것들을 과감하게 버려버리고 새로운 발전을 이끌어냅니다. 이것이 재살을 이해하는 핵심입니다. 동일한 재살이지만 겸손하고 성실하면 사랑을 받지만 타인의 재산을 강탈하면 반드시 교도소에 수감됩니다. 모든 것이 양면적이지만 재살은 지극히 이중적입니다. 흥미로운 점은, 우주어미가 사랑을 베풀어주는 재살 세운을 지날 때는 잘 알아차리지 못하고 地煞에 이르러야 비로소 재살에서 도움을 받았음을 깨닫습니다. 저자의 경우, 2014년 甲午년 재살 세운에 생각해본 적도 없

는 사주명리 강의를 시작할 기회를 얻었습니다. 타의에 떠밀리듯 시작하였지만 2016년 地煞에서 2024년 화개 세운까지 申子辰 三合과정에 직업처럼 활용하였기에 하늘에서 제공해준 사랑이었음을 느낍니다. 재살은 영혼의 세계이기에 지혜의 활용을 더욱 기뻐합니다. 재살의 상황을 결혼에 비유해보겠습니다. 주위에서 현모양처라고 칭찬하는 여인으로부터 적극적인 구애를 받았지만 매력을 느끼지 못하고 내가 원하는 여인과 결혼했지만 내 재산을 빼돌리고 사라진 꽃뱀임이 밝혀졌습니다. 적절하지 않는 선택으로 재산을 강탈당했고 현모양처와 같은 여인과의 결혼기회도 날려버렸습니다. 왜 이런 현상이 벌어진 것일까요?

亥子丑 겁살, 재살, 천살은 영혼의 세계이기에 내가 주도적으로 행동하지 못하기에 수동적으로 순응해야 합니다. 어린 아이처럼 모친의 사랑을 기다려야 하는데 주도적으로 행동하면 사랑을 받지 못합니다. 적극적으로 의지를 드러내고 욕망을 추구하면 우주어미의 사랑을 기대할 수 없습니다. 권 도형은 부를 축적하는 과정에 거만한 태도를 보이다가 범죄자가 되었습니다. 어미의 사랑을 포기하고 꽃뱀을 쫓았던 것입니다. 이 관점은 인생을 살아가는 과정에 중요한 척도를 제공합니다. 겁살, 재살, 천살에서 반드시 겸손하게 행동할 것을 요구합니다. 무서운 저승사자를 대하듯 고개를 숙여야 수옥과 같은 문제가 발생하지 않습니다. 우주어미는 불쌍한 아이에게 젖을 더 주지만 거만하면 빼앗아버립니다. 災煞에서 제공하는 사랑은 단지 1년을 보내기 위한 것이 아니며 地煞에서 華蓋까지 9년을 살아갈 삶의 도구, 수단, 방법을 내려주기에 1년의 잘못으로 10년의 세월이 망가질 수 있음을 기억해야 합니다. 거만하게 행동하면 불편해지는 것에 그치지 않고 지살에서 상황이 꼬이고 어려워집니다. 살아오는 과정에 재살에서 지살까지의 세운을 되돌아보세요. 재살에서 어

떤 행동을 했느냐에 따라 지살의 상황이 크게 달라졌음을 확인할 수 있습니다. 재살을 도발적으로 취하면 탐욕이 강해지면서 돈과 명예를 잃습니다. 지살에 이르러 재살에서 행동했던 결과물을 활용할 수 없다면 적절하지 않은 행동을 했던 것이 분명합니다. 9년 동안의 三合운동이 끝나면 겁살의 갑작스럽고 황당한 공간에서 방황하다 재살에서 예상하지 못한 기회를 얻고 지살에서 9년을 새 출발하는 순환과정을 기억해야 합니다.

우리의 일생은 그런 순환과정을 6-7번 반복하다 사망에 이릅니다. 지나온 과거를 망각해버리기에 실수를 반복하지만 지살에서 출발하여 9년 동안 사회활동에 참여하도록 災煞에서 삶의 기회를 제공합니다. 역마, 재살, 월살 三合은 모두 유사한 의미를 품었습니다. 地藏干으로 살피면, 驛馬 申金, 災煞 子水, 月煞 辰土의 地藏干에 壬水와 癸水가 생명수를 공급하기에 "우주어미의 사랑"이라 표현하였습니다. 地藏干의 순환원리에서 제공하는 재살의 핵심의미입니다. 인연법으로 살피면 역마, 재살, 월살은 나에게 사랑을 베풀고 먹거리를 제공하는 인연들이 분명합니다. 생명수는 누구에게나 제공되는 사랑이기에 무료입니다. 모친은 자식에게 아낌없는 사랑을 베풀고 대가를 바라지 않습니다. 실례로, 壬申년생이 戊戌年 月煞 세운에 국가에서 제공하는 학비와 경비를 제공받았습니다. 혜택의 조건은 의료보험료 기준으로 8만 원 이하를 내는 가정에 한하였는데 마침 12만원을 내던 보험료가 8만원으로 낮춰진 시기에 기회를 얻고 학습한 후 나중에 직업으로 활용하였습니다. 흥미롭게도 교육기간이 끝나자 보험료가 다시 12만원으로 오르면서 국가지원을 받기 어려워졌다는 것입니다. 역마, 재살, 월살에서 국가, 사회, 부모의 사랑을 받고 사회활동에 참여할 기회가 주어지는 이치를 기억해야 합니다. 일련의 도움, 사랑, 물질은 사적인 것이 아니며 국가, 사회,

여성으로부터 받습니다. 국가, 사회, 주위에서 어려운 젊은이들을 위해서 公的으로 베풀기에 대가를 바라지 않습니다. 물론 겸손하고 성실한 태도를 조건으로 하며 거만하게 행동하면 사랑을 거두어버립니다.

乾命				陰/平 1986년 9월 20일 16:00								
時	日	月	年	85	75	65	55	45	35	25	15	5
甲申	庚子	戊戌	丙寅	丁未	丙午	乙巳	甲辰	癸卯	壬寅	辛丑	庚子	己亥

27세 당시의 상황입니다. 어릴 적 계모가 2번이나 바뀌어 한 계모는 도망가고 다른 계모는 이혼하였는데 대부분 술집여자였습니다. 부친의 여성편력이 심해 온당하지 못한 환경에서 자랐기에 열등감이 가득하며 이상행동 증세를 보이며 술을 먹으면 사람을 죽이려고 달려듭니다. 辛丑대운 庚寅년 술을 먹고 자동차 10대를 부수고 경찰관까지 폭행했지만 기억이 안 난다고 억지를 부립니다. 보기만 해도 무시무시하며 사람 눈빛이 아닙니다. 범죄를 저지를까 우려되며 거짓말이 교묘하며 반사회성 인격 장애입니다. 지는 것을 참지 못하며 타인에게 뒤진다고 생각하면 미친 듯 분노합니다. 겉으로는 의리가 있고 강해 보이지만 열등감이 가득하며 잘난 사람을 보면 괴롭히고 방해합니다. 지혜로운 척하지만 간교한 속내를 가졌습니다. 겁살, 재살의 흉한 의미들이 두드러진 사례입니다. 寅年을 기준으로 寅午戌 三合을 벗어난 일지 子水가 재살이지만 크게 흉하지는 않습니다. 문제는 대운이 계속 亥子丑 겁살, 재살, 천살로 흐르면서 월지 戌土 화로를 꺼뜨리기에 불안정합니다. 태도와 행동이 일반적이지 않은 이유는 바로 저승사자와 같은 겁살, 재살, 천살에 영향을 받았

기 때문입니다.

2. 자연순환도 災煞 - 탄생을 기다리다.

自然循環圖(시공간 순환도)

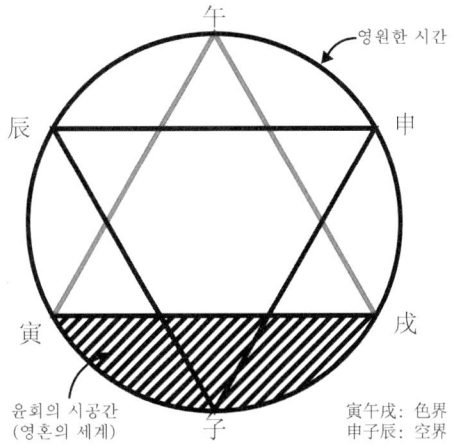

자연순환도로 災煞의 특징을 입체적으로 분석해낼 수 있습니다. 寅午戌 色界와 申子辰 空界는 대칭 구조로 色界의 중심 將星과 空界의 중심 災煞이 沖하고, 겁살과 망신, 천살과 반안도 沖하면서 회전합니다. 재살과 장성이 沖하면 물과 불이 튀는 것처럼 총명합니다. 將星에는 충만한 육체와 물질이 가득하지만 영혼의 세계 재살에는 없기에 오로지 두뇌를 활용합니다. 장성과 재살의 가장 큰 차이는 물질, 육체의 유무로 장성은 지켜야 하고 재살은 두뇌를 활용해서 빼앗아야 합니다. 이런 이유로 재살은 발명, 창조, 기획, 특허와 관련이 있으며 독특한 아이디어를 활용하여 세상에 없는 물건, 아이디어를 창조합니다. 학생이 겁살, 재살, 천살 세운을 만나면 총명해지고 성적이 폭발적으로 오르는 사례도 많기에 적극적으로 활용해야 합니다. 만약 재수하는 해가 재살 세운이라면 도전할 만합니다. 물론 사주구조에 따라서 함부로 행동하고 가출하고 범죄를 저지르면서 방탕할 수 있습니다. 흥미로운 점은, 沖으로 대칭이기에 將星과 災煞의 직업은 상반될 것이라 느끼지만 매우 유사합니다. 법조, 의료, 정치, 교육, 공직에 많은 이유는 장성은 물질과 육체를 지키고 재살은 물질, 육체가 없는 시공간에서 총명함으로 물질계를 다스리려고 하기 때문입니다. 물론 총명함만을 고려하면 재살이 장성을 압도합니다. 재살에서 문제가 발생하는 이유는 너무 영리해서 도둑, 강도, 사기, 살인을 저지르고 교도소에 수감되기에 수옥이라 부릅니다. 재살을 타인의 육체와 재산을 강탈하는 수단으로 쓰기에 문제입니다. 우주어미의 사랑으로 성실하게 살면 아무런 문제가 없는데 자신이 최고라는 교만함으로 행동하거나 잔머리를 쓰면 문제가 발생합니다. 災煞이 총명한 이유를 寅午戌 三合을 기준으로 살피면, 酉金이 육해, 子水가 재살이기에 酉子 破로 六害를 破시켜서 영혼의 발전이 가능하기 때문입니다. 사주원국에 水氣가 많은데 辛金, 酉金이 없다면 총명하지 않지만 운에서 辛酉를 보충하면 水氣에 풀어지면서 총명해지는 이유입니다. 또 子水의 地藏干 壬水가 癸水로 폭발하기에 시공간을 넓게 활용하면서 사고방식도 확장됩니다.

乾命				陰/平 1910년 3월 5일								
時	日	月	年	80	70	60	50	40	30	20	10	0
모름	己巳	戊寅	庚戌	丁亥	丙戌	乙酉	甲申	癸未	壬午	辛巳	庚辰	己卯

디스커버리호 우주 비행사가 먹었던 스페이스 라멘을 발명한 "안도"라는 일본인입니다. 1958년 8월 25일 치킨라면을 세상에 내놓았는데 세계 최초의 인스턴트 라면이었습니다. 戌年으로 寅

午戌 三合운동을 벗어난 亥子丑과 壬癸는 저승사자와 같고 특히 癸水와 子水는 재살인데 사주원국에 없습니다. 하지만 대운에서 壬午와 癸未를 만나자 48세에 세상에 없는 제품을 발명하였습니다. 강력한 화기에 꼬들꼬들 말라가던 庚戌을 壬癸에 풀어내자 갑자기 혜안을 얻은 것처럼 새로운 제품을 발명한 것입니다.

乾命				陰/윤달 1971년 5월 6일 20:40							
時	日	月	年	87	77	67	57	47	37	27	17	7
甲	甲	甲	辛	乙	丙	丁	戊	己	庚	辛	壬	癸
戌	申	午	亥	酉	戌	亥	子	丑	寅	卯	辰	巳

위에서 살폈던 일론 머스크입니다. 亥卯未 三合을 기준으로 辛金이 재살, 일지 申金은 겁살, 시지 戌土는 천살로 저승사자가 모두 있기에 평범한 인간이 아닙니다. 대운이 27세 辛卯, 37 庚寅으로 흐릅니다. 이미 십대에 소프트웨어를 개발해서 판매했다고 합니다. 辛亥, 辛卯, 辛未 干支가 년에 있으면 해외에서 살던 영혼이라고 했습니다. 辛未월이라면 부모가 해외에서 살던 영혼이라고 판단합니다. 다른 나라에서 살다 한국에 태어났기에 총명하고 특히 외국어와 인연이 많습니다. 乙巳 乙酉 乙丑, 辛亥, 辛卯, 辛未는 재살 간지들이기에 천재가 많습니다. 혈통에 활용하면, 지살, 장성, 화개와 대칭 관계에 있는 역마, 재살, 월살을 배우자로 선택하면 총명한 자식을 낳습니다. 외국인과 결혼하는 것처럼 시공간을 넓게 활용하기에 총명한 후대를 생산합니다. 의미를 확장하면, 내 사주를 기준으로 재살 운에 선택한 직원은 매우 총명해서 언제라도 회사 정보를 빼돌리고 배신할 수 있기에 조심히 관찰해야 합니다. 창의력은 뛰어나지만 갑자

기 돌변해서 배반할 수 있습니다. 재살이 이런 태도를 보이는 이유는 장성이 소유한 물질과 육체를 시기, 질투하면서 빼앗으려는 욕망이 강하기에 장기 근속하는 직원이 아닙니다. 실제로 재살 세운에 직원을 뽑았는데 사장보다 똑똑하다고 착각합니다. 이처럼 재살인연은 다루기 까다롭습니다. 능력을 인정해주면 세력을 모아서 음모를 꾸미고 사장을 몰아내려고 달려듭니다. 인정하지 않으면 불평을 드러내고 악의적으로 행동하고 배반합니다. 실례로, 보험대리점을 운영하는 사장이 있었는데 재살 띠 영업사원들이 세력을 형성해서 사장에게 반발하였다고 합니다.

재살 혼자서는 장성을 이길 수 없다는 것을 알기에 반드시 부추겨서 동조자를 모으고 쿠데타를 일으켜 장성이 소유한 재산, 기술, 사업을 빼앗으려고 공격하는 근본원인은 시기, 질투 때문입니다. 이런 이유로 재살 직원은 가능한 뽑지 않는 것이 좋습니다. 재살을 사장으로 모시면 배울 점이 많아서 도움을 받지만 직원이면 불편한 점들이 많습니다. 시기, 질투가 많고 똑똑하다고 생각하기에 회사에 협력할 직원이 아닙니다. 핵심멤버처럼 행동하면서 음모를 꾸미고 주위사람들을 세뇌시켜서 떠나게 만들기에 재살은 조직파괴자입니다. 뒤에서 은밀하게 준비하다 갑자기 뒤통수를 공격하기에 조심해야 합니다. 이런 특징을 이해했던 고서는 囚獄수옥이라 표현했습니다. 재살은 총명해서 타인의 지배를 싫어하기에 법조, 의료, 정치, 교육 등 전문직으로 자유롭게 활동하는 것이 좋습니다. 직업들의 공통점은 물질을 추구하지 않으며 대중을 상대로 지도력을 발휘합니다. 물론 정치에 활용하면 굉장히 교활할 수 있습니다. 생각이 독특해서 평가가 갈립니다. 재살은 겉과 속이 극도로 다르기에 겉으로만 판단하면 당하기 쉽습니다. 재살을 내편으로 끌어오는 것은 매우 힘들기에 거리를 두는 것이 편합니다.

3. 우주본성 丁壬癸 - 사랑을 퍼트리다.

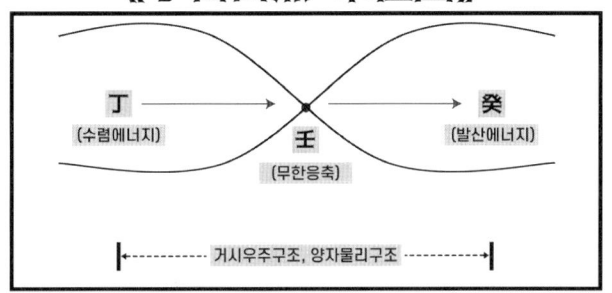

丁壬癸는 우주, 지구자연의 근본원리로 三字가 하나로 묶여서 沖하고 合하면서 움직이고 변화합니다. 丁壬癸의 흐름은 丁에서 壬을 향하면 무한대로 응축하기에 블랙홀로 소멸하고 일정 시점이 지나면 壬에서 癸로 폭발합니다. 블랙홀에서 시공간이 열리고 生氣가 동하였습니다. 강력한 불꽃은 식어가면서 우주에 물질을 창조하였습니다. 지구자연에 존재하는 생명과 물질은 癸水의 발산에너지와 丁火의 수렴에너지를 동시에 활용하여 존재와 물형을 드러냈지만 丁과 壬의 수렴, 응축운동만 반복했다면 만물과 생명체는 존재할 수 없었을 겁니다.

결국 빅뱅의 폭발은 파괴가 목적이 아니라 癸水의 본성인 生氣를 퍼트리기에 사랑을 베푸는 행위가 분명합니다. 하지만 丁壬癸가 한 쌍으로 묶여 움직이고 변하기에 내면에는 미움, 악의, 살기를 감추었을 뿐만 아니라 끊임없이 生死를 순환합니다. 이런 이치를 神煞에 대입하면 丁火(午火)는 물질, 육체가 가장 화려한 공간에 이르는 將星을 상징하며 癸水(子水)는 빅뱅과 같은 폭발력으로 시공간을 창조하고 生氣와 사랑을 퍼트리는 災煞입니다. 丁壬癸로 신살을 이해하는 핵심은 바로 양면성입니다. 만물은 밝음과 어둠이 공존함에도 재살을 수옥으로만 규정하고 흉하다는 인식을 심어줬지만 癸水는 만물에 사랑이 깃들도록 돕는 우주어미입니다.

4. 四季圖의 災煞 - 새싹의 성장을 촉진하다.

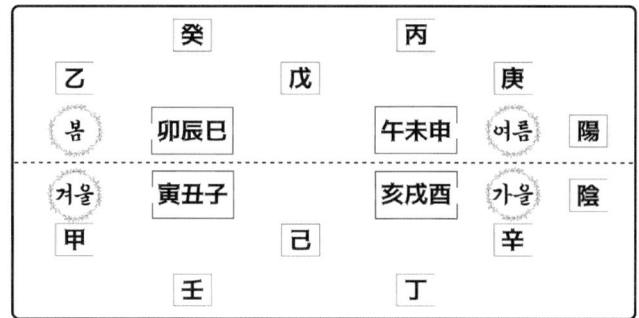

四季圖를 기준으로 재살 癸水의 의미를 살펴보겠습니다. 癸水는 봄에 배속된 발산에너지로 乙癸戊 三字로 조합하여 戊土 위에서 乙木의 성장을 촉진합니다. 재살 癸水의 의미를 추론하면 乙木 생명체의 성장을 촉진하는 비타민과 같습니다. 우주본성 丁壬癸의 癸水가 빅뱅과 같은 폭발력을 본성으로 하는 것처럼 四季圖의 癸水도 봄에 폭발적으로 乙木 生氣를 퍼트립니다.

5. 時空圖의 災煞 - 생기를 지키고 보호한다.

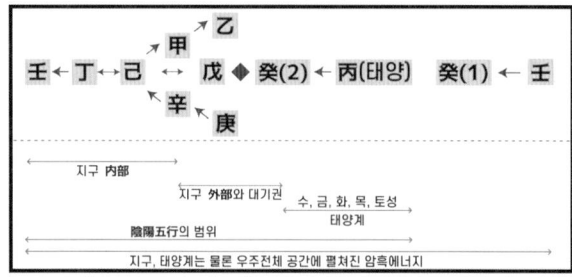

時空圖를 활용해서 癸水의 의미를 살펴보겠습니다. 癸1은 무한 응축 상태에서 빅뱅처럼 폭발하는 에너지로 창조의 본성입니다. 모든 물질계는 癸1의 本性에서 한 치도 벗어나지 않습니다. 발산움직임을 활용해서 시공간을 열고 생명체와 물질을 창조하는 신의 의지입니다. 癸1과 癸2의 본성은 상이한데 癸1은 물질이 생성되기 전의 에너지로 丁火 중력에 대한 욕망이 없지만 癸2는 지구에서 활용하는 癸1의 변형된 에너지로 대기라 부르며 생명체를 보호합니다. 하지만 丁火 중력에너지에 영향을 받아서 탁해졌기에 물질, 육체 욕망에서 자유롭지 못합니다. 이런 이유로 災煞에는 상반된 특징이 발현되는데 우주어미의 사랑과 물질을 탐하는 본성이며 어느 쪽을 택하느냐에 따라 달라집니다. 재살에서 어떤 직업을 택하는지도 매우 중요한데 의료, 법조, 교육이라면 우주어미의 사랑을 실천하지만 장사, 사업하는 과정에 총명함을 믿고 탐욕을 부리면 불법, 비리, 범죄를 저지르고 교도소에 수감됩니다.

6.十宮圖 1의 災煞 - 생명체에 영혼을 공급한다.

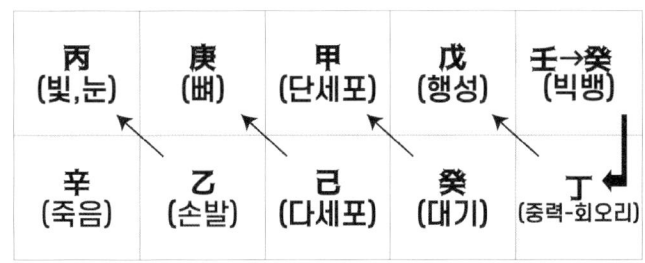

十宮圖 1로 災煞 癸水의 의미를 살피면 블랙홀과 같은 무한응축 상태에서 폭발하면 열이 식어가는 과정에 丁火의 수렴작용으

로 가스와 먼지 층이 丁壬癸로 회오리치면서 戊土 지구를 창조하고 癸水 대기와 合하여 甲木 생명체를 생산하기에 災煞은 생명을 창조하는 에너지가 분명합니다. 時空圖로 살필 때는 癸水가 甲木을 생산하는 과정이 불분명했지만 十宮圖 1로 살피면 水生木으로 탄생의 기회를 제공하며 戊癸 合을 바탕으로 公的 작용이 분명합니다. 결국 甲木생명체는 癸水 재살을 내부에 품어야 탄생이 가능합니다. 육체가 있기에 영혼이 따라오는 것이 아니라 우주어미가 영혼을 제공했기에 탄생이 가능합니다.

7. 三合의 순환과정과 재살 癸水

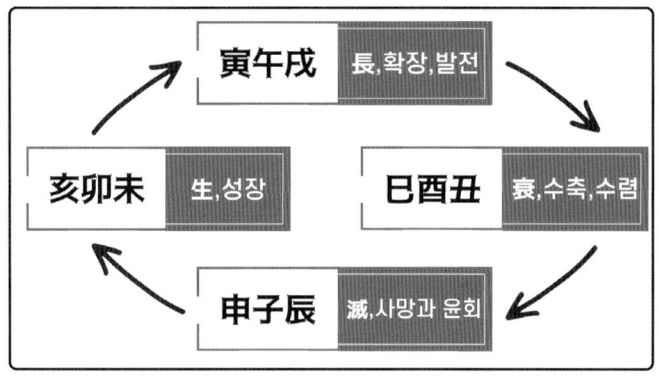

申子辰 三合의 중심 子水의 地藏干 癸水는 전송을 상징합니다. 申중 地藏干 壬水, 子중 地藏干 壬癸, 辰중 地藏干 癸水는 모두 水氣로 流動을 뜻하며 과거에 축적된 정보를 미래로 전달합니다. 이처럼 역마, 재살, 월살은 씨종자 정보를 미래로 전달하는 방식으로 세대를 이어갑니다. 주는 자와 받는 자로 나뉘면서 입장이 다르지만 기본적으로는 국가, 사회, 가족이 후대, 젊은 세대에게 대가없이 사랑을 베풀어서 씨종자 가치를 계승, 발전시키도록 하려는 의지입니다. 생명의 본질은 자기복제에 있다는 표현처럼 나의 존재를 후대로 이어가려는 욕망입니다. 따라서

주는 입장이면 후대를 위해서 자신을 희생하지만 받는 입장이면 국가, 사회, 가족으로부터 도움을 받아서 미래를 준비할 수 있는 혜택을 받습니다.

8. 地藏干과 災煞 - 겨울에서 봄을 향하는 움직임
地藏干 癸水가 있는 地支는 子丑과 辰土입니다. 子水와 丑土에서 영혼과 육체가 결합하여 寅木에서 탄생하면 辰土에서 지망이라 부르는 巳火로 연결되면서 色界를 향하는 과정에 癸水 우주 어미의 사랑, 생명수, 영혼을 전달합니다. 癸水가 전달되지 않으면 巳午未에서 살아남지 못하기 때문입니다. 이 또한 癸水가 生氣를 유지하는 필수조건이며 재살이 품은 의미입니다.

지장간 배치표

	子	丑	寅	卯	辰	巳	午	未	申	酉	戌	亥
여기	壬	癸	戊	甲	乙	戊	丙	丁	戊	庚	辛	戊
중기		辛	丙		癸	庚	己	乙	壬		丁	甲
정기	癸	己	甲	乙	戊	丙	丁	己	庚	辛	戊	壬

9. 命統圖 - 8보도 종합 본
명리이론이 아무리 복잡해도 十宮圖로 정리할 수 있습니다. 甲寅, 乙卯, 丙巳, 丁午, 戊辰, 戊戌, 己未, 己丑, 庚申, 辛酉, 壬亥, 癸子를 5개 宮位에 채웁니다.(命統圖를 참조하세요.) 十神으로 판단하고 싶다면 甲에 비견, 겁재를 붙입니다. 12운성, 12신살은 寅木에 지살과 장생을 붙입니다. 偏官을 合沖으로 판단한다면 甲己 合하고 庚金이 생겨 甲木을 沖합니다. 十宮圖로 살피면 宮位가 열 개이기에 甲乙丙丁戊己庚辛壬癸인데 地支에는

12개가 있습니다. 따라서 중앙 戊土에는 辰土와 戌土, 己土에는 未土와 丑土를 배정하기에 戊土의 용도가 두 개, 己土의 용도가 두 개입니다. 戌土가 화개인 이유는 寅午戌 三合운동의 결과물 씨종자를 담았기 때문으로 地藏干에 丁火, 辛金이 담겨 있습니다. 色界를 벗어나려면 丁火를 없애야 하기에 丁壬 合으로 강탈하고 辛金 육해, 씨종자도 함께 제거합니다. 결국 辛金은 윤회를 책임지는 인자입니다. 丑中 癸水에서 영혼과 육체가 결합하고 寅木으로 탄생하는데 바로 지살입니다. 辰土 月煞은 망신으로 이어져 세상 밖으로 나가고, 戌土 화개는 劫煞로 이어져 영혼의 세계로 돌아갑니다. 월살은 화려한 세상으로 나가고, 화개는 어둠 속으로 들어갑니다. 12宮位로 만들 수 없는 이유는 <u>12支는 十干의 부속품에 불과하기 때문</u>입니다. 우리를 지배하는 것은 十干이며 시간이 十干을 통제합니다. 시간을 압축하면 바로 우주를 창조한 神이기에 인간의 주인은 癸水입니다. 우리가 공부하는 이유도 우주에 펼쳐진 神의 의지, 癸水를 끌어오려는 노력입니다. 癸水와 내가 일치되고 판단의 실마리를 제공하는 시공간을 제거하면 평온해집니다.

壬亥 -윤회, 암흑 -申子辰 흐름 -劫煞 -편견 -絶地 -壬丁 합 -偏印	庚申 -딱딱해지다. -巳酉丑 열매 -驛馬 -물형변화 -病地 -庚乙 합 -偏官	戊辰 -양기 터전 -寅午戌 확장 -月煞 -다양한 경험 -冠帶 -戊癸 합 -偏財 ---------- 戊戌 -양기 수렴 -寅午戌 확장 -華蓋 -다양한 경험 -墓 -戊癸 합 -偏財	丙巳 -분산, 빛 -寅午戌 확장 -亡身 -세상과 조우 -建綠 -丙辛 합 -食神	甲寅 -生氣 -亥卯未 성장 -地煞 -존재가치 -長生 -甲己 합 -比肩
癸子 -빅뱅, 발산 -亥卯未 -災煞 -어머니 -胎地 -癸戊 합 -正印	辛酉 -씨종자 -申子辰 응축 -六害 -명예, 조언자 -死地 -辛丙 합 -正官	己未 -음질 터전 -巳酉丑 저장 -攀鞍 -소유물 -衰地 -己甲 합 -正財 ---------- 己丑 -음질 터전 -巳酉丑 방출 -天煞 -소유물 -養地 -己甲 합 -正財	丁午 -수렴, 열기 -巳酉丑, 수렴 -將星 -나만의 특징 -帝王 -丁壬합 -傷官	乙卯 -좌우확산 -寅午戌 확장 -年煞 -성장, 경쟁 -沐浴 -乙庚합 -劫財
윤회과정	시주-46세	일주-45세	월주-30세	년주-15세

제 2장 - 十宮圖 2와 災煞

1. 재살에서 발전의 기회가 생기는 이유

《十宮圖2(인간의 일생)》

재탄생	윤회	시주	일주	월주	년주
甲(1)	壬(9)	庚(7)	戊(5)	丙(3)	甲(1)
	癸(10)	辛(8)	己(6)	丁(4)	乙(2)

직선의 시간흐름 ◀------------------------

인간이 사망하면 壬, 亥 劫煞이 丁, 午 將星을 반드시 제거하는 이유는 육체를 버려야 새 영혼은 얻기 때문입니다. 劫煞과 災煞의 작용은 상이한데 劫煞 壬水는 將星 丁火를 제거하고 災煞 癸水는 丁火가 만들어낸 육체 戊土를 合으로 제거해야 새 영혼을 얻습니다. 마지막 天煞에서 영혼과 육체가 결합하고 地煞에서 탄생하여 일생을 살다가 사망하면 壬水 겁살이 丁火 將星을 合하는 방식으로 육체를 제거하고 癸水 재살이 새 영혼을 제공하기를 반복합니다. 결국 癸水는 육체가 생겨나기 전에 얻은 새 영혼을 상징하고 地支에서는 子水이며 아들이라 표현하고 정액에 해당하며 여성의 생리를 天癸라 부르는 이유입니다.

또 癸水는 암흑에너지로 生氣를 퍼트리는 주체이지만 모든 것이 양면적이듯, 災煞에서 生氣를 살리기도, 죽이기도 합니다. 自然循環圖에서 寅午戌 三合의 지살, 장성, 화개는 물질을 생성하고 완성한 후 지키지만 삼각형을 반대로 돌리면 申子辰 三合의 꼭지가 災煞이기에 지살과 역마(寅申 沖) 장성과 재살(午子 沖),

화개와 월살(戌辰 沖)이 대칭구조이며 沖하는 방식으로 순환합니다. 寅午戌은 色界요 申子辰은 空界로 장성 午火와 재살 子水가 충돌하지만 寅午戌 기준으로는 午火가 장성이고 申子辰 기준으로는 子水가 장성입니다. 午火는 물질, 子水는 영혼을 상징하기에 癸子 災煞은 매우 총명하지만 겁살, 재살, 천살을 저승사자로 활용하면 도둑, 강도처럼 殺氣가 강해서 범죄를 저지르기도 합니다. 어둠 속에서 물질, 육체를 강탈하거나 돈을 빌려주고 강압적으로 회수하는 사채행위 등의 물상입니다. 災煞을 총명함으로 활용하면 특출한 아이디어로 발명, 창조에 뛰어난 재능을 보입니다. 災煞은 과거를 버리고 새 영혼을 제공받기에 파격, 혁신을 주도하는데 寅午戌 과정에 완성했던 씨종자 辛酉를 子水에 풀어내는 방식으로 가치를 상승시키기 때문입니다. 따라서 파격적인 방식으로 새로운 기술을 열어가며 IT, AI와 같은 미래에 활용하는 기술 사업에 두각을 나타냅니다. 재살에서 발전의 기회가 제공되는 이유를 三合 흐름으로 살펴보겠습니다.

三合	災煞	作用 - 災煞이 將星을 沖.
申子辰	午火	災煞 午火가 將星 子水를 沖 합니다.
寅午戌	子水	災煞 子水가 將星 午火를 沖 합니다.
亥卯未	酉金	災煞 酉金이 將星 卯木을 沖 합니다.
巳酉丑	卯木	災煞 卯木이 將星 酉金을 沖 합니다.

申子辰 三合 - 午火 災煞에서 地藏干 丙火가 丁火로 전환하면 丁火의 수렴운동을 활용하여 壬水를 생산할 기회가 마련되기에 申月의 地藏干 壬水가 申子辰 三合운동을 출발합니다. 결국 午火 災煞은 표면적으로는 將星을 沖하여 三合의 근간을 흔드는 것처럼 보이지만 陽氣에서 陰氣로의 전환방식을 활용하여 새로운 三合을 창조할 계기를 마련합니다.

寅午戌 三合 - 子水 災煞에서 地藏干 壬水가 癸水로 전환하면 癸水의 발산운동을 활용하여 丙火를 생산할 기회를 제공하기에 寅月의 地藏干 丙火가 寅午戌 三合운동을 시작합니다.

巳酉丑 三合 - 卯木 災煞에서 地藏干 甲木이 乙木으로 전환하면 乙木의 좌우확산 운동을 활용하여 庚金을 생산할 기회가 제공되기에 巳月의 地藏干 庚金이 巳酉丑 三合운동을 시작합니다.

亥卯未 三合 - 酉金 災煞에서 地藏干 庚金이 辛金으로 전환하면 辛金의 응축운동을 활용하여 甲木을 생산할 기회가 제공되기에 亥月의 地藏干 甲木이 亥卯未 三合 운동을 시작합니다.

부연하면, 寅午戌 三合의 본질은 丙火의 분산운동이기에 그 움직임을 유지하는 것을 기뻐하지만 午月에 이르면 地藏干 丁火 때문에 수렴운동이 시작되고 酉月에 최대로 수축되지만 戌月부터는 수렴운동이 줄어들고 亥月에 최대로 응축했다가 子水 災煞에서 地藏干 癸水가 폭발하여 발산운동을 시작합니다. 동시에 씨종자 酉金을 폭발하는 힘으로 파시켜서 寅木을 만들어내기에 재살 子水에서 극적 전환점이 발생합니다. 바로 재살의 핵심적인 움직임으로 어려운 환경, 상황에서 생각지도 못했던 국가, 사회, 가족으로부터 도움을 받게 되고 지살에서 새로운 출발이 가능해집니다. 결국 災煞 子水는 육해 酉金 씨종자를 활용해야 윤회가 가능하기에 재살의 귀인과 다를 바 없으며 어려움을 극복하고 발전의 기회를 제공하는 인자입니다. 과거의 씨종자를 새 영혼, 발전의 기회로 전환하기에 재살에서는 반드시 공손한 태도를 보여야하며 거만하거나 주도적으로 행동하면 오히려 사랑 받을 기회조차 사라집니다. 정리하면, 재살에서 어려운 상황을 타파할 인연, 직업, 도움, 지원을 받기에 복종하는 태도를 취하라는 겁니다.

2. 災殺 - 영혼의 진화

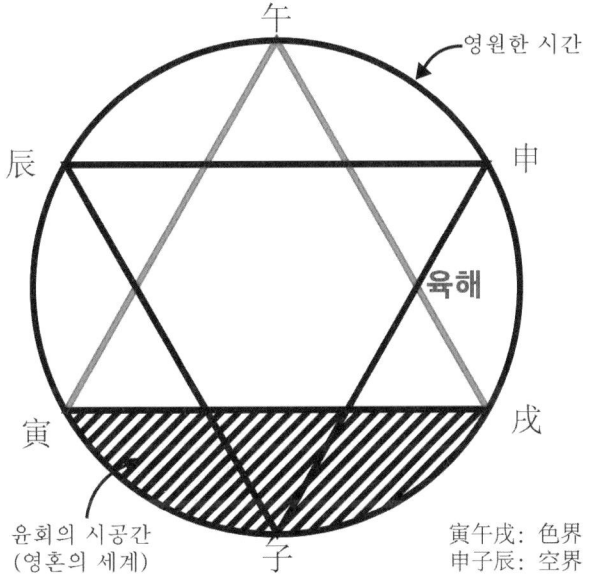

子水 災煞이 酉金 六害를 破하는 방식으로 전생에 저장했던 정보를 풀어낼수록 점점 성숙한 영혼으로 진화합니다. 겁살, 재살, 천살의 시공간은 三合운동에서 벗어났기에 일류대에 진학할 정도로 총명하며 창의력, 기획력, 집중력을 활용하여 새로운 기술을 발명하는데 활용하면 좋습니다. 역마, 재살, 월살 三合은 전생의 정보를 후대에게 전달하기에 상응하는 직업은 의사, 법률가, 정치, 검사, 경찰, 군인, 발명, 교육, 특수기술에 적합하며 사회 지도자로 활동합니다. 물론 진화한 영혼을 교활하게 활용

하면 범죄를 저지르는 사기꾼, 꽃뱀, 강도, 고의부도, 살인 등의
물상으로 발현됩니다.

乾命				陰平 1932년 5월 11일 00:00								
時	日	月	年	87	77	67	57	47	37	27	17	7
戊	丙	丙	壬	乙	甲	癸	壬	辛	庚	己	戊	丁
子	午	午	申	卯	寅	丑	子	亥	戌	酉	申	未

육군 중장이었고 부부는 해로하였습니다. 1980년 12월 12일 사
건으로 낙직하고 육군대학 군사용 교재를 집필했습니다. 막내아
들이 辛酉년에 공에 맞아서 한쪽 눈을 실명하였습니다. 申年을
기준으로 丙午는 겁살과 재살이며 午月에 필요한 壬水가 년간
에 약하게 있기에 구조가 적절하며 丙午로 강인한 육체를 활용
하기에 군대에 종사했습니다. 日時에서 子午 沖하는데 장성과
재살이므로 육체와 물질에 손상이 발생할 수밖에 없기에 자식의
육체가 상했습니다.

乾命				陰平 1932년 5월 12일 16:00								
時	日	月	年	87	77	67	57	47	37	27	17	7
戊	丁	丙	壬	乙	甲	癸	壬	辛	庚	己	戊	丁
申	未	午	申	卯	寅	丑	子	亥	戌	酉	申	未

명문대 법대를 졸업했고 申대운에 고시에 합격하여 검사로 임용
되었습니다. 戌대운 丙辰년 45세 차장검사, 辛亥대운 49세 庚申
년에 검사장이 되었습니다. 매우 총명하며 자존심이 강한 성격
에 이재도 밝습니다. 丙午월에 壬水가 무기력하기에 고위공직자
입니다 만약 壬水 正官이 무기력하지 않고 壬子처럼 강력하면

오히려 구조가 나빠집니다. 丁午未, 乙丙庚, 壬丙丁 三字로 집중력도 뛰어나면서 이재에 강한 구조가 분명합니다. 申年을 기준으로 三合을 벗어난 丙午, 丁未가 겁살, 재살, 천살로 강력한 저승사자인데 사주구조가 좋기에 범죄자를 잡아들이는 검사가 되었습니다.

乾命				陰平 1959년 3월 12일 00:00								
時	日	月	年	84	74	64	54	44	34	24	14	4
戊	辛	戊	己	己	庚	辛	壬	癸	甲	乙	丙	丁
子	未	辰	亥	未	申	酉	戌	亥	子	丑	寅	卯

辛戌로 조합하면 박사급이라고 했습니다만 戊戌이어야 학문과의 인연이 깊은데 戊辰과 戊子입니다. 辛金은 戌月을 만나야 시절을 얻지만 辰月을 만나도 부모의 음덕이 있고 교육과의 인연도 좋습니다. 辛金이 辰月을 만나거나 乙木이 戌月을 만나도 시절을 잃었다고 무조건 나쁘다고 간주할 필요는 없습니다. 辛金은 辰月이 추구하는 乙木 결과물을 얻었고 乙木은 戌月에 추구하는 辛金 결과물을 얻었기에 월지의 시기에 이르러 꿈을 이루는 것과 다를 바 없습니다. 2010년 53세 당시 유명 정치인인데 잡음이 많고 평이 갈립니다. 戊戌己로 잡스럽지만 辛戌로 정치인 3선을 하였습니다. 辛戌로 조합하면 대부분 학력이 높고 사회에서 쓰임이 좋습니다만 평이 갈리는 이유는 戊戌己로 받아들이는 통로가 산만하고 일간 辛金이 재살이기에 너무 영리해서 잔꾀를 부리면 구설시비가 발생합니다. 특히 亥未, 子未로 법과 범죄 사이에서 잡음이 발생합니다.

乾命				陰平 1950년 11월 11일 06:00								
時	日	月	年	86	76	66	56	46	36	26	16	6
乙卯	戊子	戊子	庚寅	丁酉	丙申	乙未	甲午	癸巳	壬辰	辛卯	庚寅	己丑

천간에서 乙庚 합하고 두 개의 戊土가 중간에 끼어서 자연스럽게 庚金 열매의 존재를 드러냅니다. 년과 시에서 합이 이루어지기에 시공간을 넓게 활용하고 방송, 정보통신, 금융물상에 어울립니다. 다만 地支에 巳火나 午火가 있어야 乙庚 합한 열매를 적극적으로 확장하는데 없습니다. 寅午戌 三合을 기준으로 子子가 재살이기에 매우 총명하고 창조력이 뛰어납니다. 다행히 중년에 대운이 癸巳, 甲午, 乙未로 흐르면서 乙丙庚 三字조합을 효율적으로 활용하였습니다. 61세 당시 금융계의 큰 별이었지만 운이 나빠져 명예라도 지켜야하는 신세였습니다. 비록 乙庚 합으로 물질을 확장하는 운이지만 子월에 태어나 물질추구가 어렵기에 乙庚 합 물상을 금융으로 활용하였습니다.

乾命				陰/윤달 1957년 8월 17일 22:00								
時	日	月	年	81	71	61	51	41	31	21	11	1
丁亥	乙卯	庚戌	丁酉	辛丑	壬寅	癸卯	甲辰	乙巳	丙午	丁未	戊申	己酉

사주원국에서 丁, 庚戌로 조합하였지만 乙丙庚과 乙丁庚은 쓰임이 상이합니다. 년과 월의 丁, 庚戌 조합은 주로 국방부, 검경에 적합하다고 했습니다. 이 구조는 乙庚 합, 卯戌 합하여 판사라고 합니다. 21세부터 시작하는 丁未대운에 고시에 합격하였습니다. 이 구조에서 학습할 내용은 丁火가 庚金을 대하는 것과 丙

火가 庚金을 대하는 작용이 상이하다는 점입니다. 丁火가 庚金을 만나면 수렴에너지를 활용하기에 전문적이고 딱딱한 속성이기에 판사, 경찰, 검찰, 군인과 같은 속성에 어울립니다. 丙火와 庚金으로 조합하면 분산에너지를 활용하기에 물질을 확장하는 욕망이 강하므로 사업을 추구합니다. 따라서 庚日이 丁壬 合 사이에 夾字로 끼어있으면 주로 의료, 기술, 검경과 같은 전문 직업을 선호하고 물질을 추구하는 성향은 아닙니다. 酉年을 기준으로 巳酉丑 三合을 벗어난 乙卯는 재살이기에 매우 총명하며 사주구조가 좋기에 판사입니다. 표면적으로는 장성과 재살이 대칭 구조이지만 시공간이 순환하면 장성이 재살로, 재살이 장성으로 바뀌기에 직업이 유사합니다. 대운도 戌月에 필요한 강력한 火氣를 활용하기에 발전하였습니다.

乾命				陰平 1956년 4월 18일 00:00								
時	日	月	年	83	73	63	53	43	33	23	13	3
甲	甲	癸	丙	壬	辛	庚	己	戊	丁	丙	乙	甲
子	午	巳	申	寅	丑	子	亥	戌	酉	申	未	午

巳月에 태어났기에 癸水 하나만으로 충분하지만 丙申, 巳, 甲午로 火氣에 둘러싸이고 대운이 甲午, 乙未, 丙申, 丁酉로 흐르기에 癸水가 증발할까 부담스러운데 子水가 보충해주는 맛이 있습니다. 만약 일간도 丙火였다면 癸水가 심하게 증발하면서 정신병에 걸릴 수 있습니다. 申年을 기준으로 申子辰 三合을 벗어난 丙, 巳午 겁살, 재살이 많아서 매우 총명하기에 사법, 행정 두 고시 모두 합격했습니다. 대운도 甲午, 乙未, 丙申, 丁酉로 흐르는데 丙申대운은 겁살이기에 매우 총명해지는 시기입니다. 겁살, 재살, 천살을 만나면 갑자기 총명해지는 이치를 기억해야

합니다. 저승사자와 같은 겁살, 재살이 법조계에서 두각을 나타내는 이유입니다. 창작활동, 시험 등 집중력이 필요하면 겁살, 재살 세운, 월운, 일진을 활용하는 것이 좋습니다. 일상에 신살을 적극적으로 활용하는 것이 좋습니다. 획기적인 아이디어가 필요할 때 장성인연을 찾는 것은 비효율적이고 겁살, 재살 인연을 활용해야 참신한 아이디어를 얻습니다.

하지만 장성 재물창고를 지켜야한다면 겁살, 재살 인연을 찾는 것은 비효율적이며 지극히 보수적인 장성에게 맡겨야 합니다. 인생이 대칭이듯 신살도 대칭입니다. 재살이 수옥이기에 무조건 교도소에 가는 것이 아닙니다. 사주구조에 따라 매우 좋게, 매우 흉하게 쓰이기에 사주원국 구조를 분석하는 안목을 길러야 합니다. 두 사람 중 한사람은 빼앗고, 한사람은 빼앗깁니다. 다만, 겁살과 재살은 사고방식이 굉장히 독특하고 일반인들은 할 수 없는 행동을 과감하게 실행합니다.

乾命				陰平 1936년 10월 19일 10:00							
時	日	月	年	81	71	61	51	41	31	21	11	1
丁巳	戊午	己亥	丙子	戊申	丁未	丙午	乙巳	甲辰	癸卯	壬寅	辛丑	庚子

송자 대학총장 사주입니다. 水火로 조합한 구조인데 어둠을 밝히는 빛이 戊土 위를 비춥니다. 申子辰 三合을 기준으로 巳午未가 모두 겁살, 재살, 천살이기에 매우 총명합니다. 다행히 사주원국에 金氣가 섞이지 않았고 대운도 金氣가 섞이지 않으니 물질에 집착하지 않고 학문에 전념하여 총장이 되었습니다. 겁재천은 기본적으로 총명하다고 읽어야 합니다. 과거에는 겁살,

재살을 강탈, 겁탈, 교도소에 수감되는 신살로 이해했지만 그렇지 않습니다. 겁재천은 무조건 나쁘다는 생각을 버려야 의료, 법조, 정치 등으로 백성을 다스리고 지도하는 직업에 종사하며 아이디어, 발명 등으로 수백억, 수천억 부를 축적할 수 있음을 이해합니다. 일반인들은 1억을 벌기도 힘들지만 재살을 활용하면 몇 백억, 몇 천억도 쉽게 벌어들입니다. 도저히 이해하기 어려운 에너지가 겁살, 재살에 숨어있습니다.

乾命				陰平 1941년 11월 4일 12:00								
時	日	月	年	84	74	64	54	44	34	24	14	4
戊	癸	庚	辛	辛	壬	癸	甲	乙	丙	丁	戊	己
午	卯	子	巳	卯	辰	巳	午	未	申	酉	戌	亥

子月에 필요한 巳火가 있고 乙癸戊 三字도 있으며 乙庚 合하고 巳午가 열매를 확장하지만 子月이기에 효과는 떨어집니다. 巳年을 기준으로 三合을 벗어난 卯木이 재살이고 癸卯간지는 교육, 기술, 예술 특징이 강합니다. 子月에 풀어낼 酉金 씨종자가 필요한데 庚辛이 있고 乙癸戊와 巳火 그리고 연월일시 흐름이 좋아서 일류대 대학원을 졸업하였고 부자이며 교수입니다. 년과 월 조합이 부자로 보이지 않지만 巳火, 庚金, 卯木이 乙丙庚 三字를 이루어 열매를 확장할 수 있는데 대운에서도 乙未, 甲午, 癸巳로 열매를 크게 부풀리기에 부자가 되었습니다. 부부가 모두 법관이라고 합니다. 총명한 이유는 첫째, 辛巳로 화기에 자극받은 辛金이 癸子에 풀어집니다. 둘째 巳年을 기준으로 卯木이 재살이기에 총명하여 범죄자의 죄를 판단, 결정합니다.

乾命 남편				陰平 1977년 2월 9일 06:00								
時	日	月	年	87	77	67	57	47	37	27	17	7
丁卯	甲申	癸卯	丁巳	甲午	乙未	丙申	丁酉	戊戌	己亥	庚子	辛丑	壬寅

坤命 부인				陰平 1977년 3월 21일 00:40								
時	日	月	年	89	79	69	59	49	39	29	19	9
丙子	乙丑	乙巳	丁巳	甲寅	癸丑	壬子	辛亥	庚戌	己酉	戊申	丁未	丙午

남편은 26세 壬午년에 사법고시에 합격하고 甲申년 당시에 군법무관으로 근무했습니다. 부인은 27세 癸未년에 사법고시에 합격하고 서울법대 출신입니다. 2004년 11월에 결혼했습니다. 남편과 부인은 모두 巳년을 기준으로 巳酉丑 三合을 벗어난 甲乙, 卯木 겁살과 재살이 있기에 총명합니다. 특히 남편은 卯巳申으로 乙丙庚 三字를 효율적으로 활용합니다.

부인 입장에서는 巳月의 시공을 맞춰주는 것이 일지 남편 丑中 癸水입니다. 남편 입장에서는 卯月에 일지 申金 부인이 木氣를 수확합니다. 또 丁巳와 卯申이 乙丙庚 三字 조합으로 결과를 얻습니다. 남편 입장에서 부를 축적하는 것은 부인의 도움이 분명합니다. 부인도 년과 월의 시공을 맞추는 것이 일지 남편이기에 도움을 받습니다. 신살로 살피면 巳酉丑 三合을 벗어난 寅卯와 甲乙 겁살, 재살의 특징대로 매우 총명하여 법조계에서 활동합니다. 재살은 법조, 경찰, 군인, 정치 등으로 권력을 잡을 수 있음을 기억해야 합니다.

乾命				陰平 1952년 11월 14일 12:00								
時	日	月	年	87	77	67	57	47	37	27	17	7
壬	庚	壬	壬	癸	甲	乙	丙	丁	戊	己	庚	辛
午	戌	子	辰	卯	辰	巳	午	未	申	酉	戌	亥

丙대운 59세 당시에 1,900억 부동산 거부입니다. 土대운에 계속 부동산에 투자하고 火대운에 크게 확장하였습니다. 요식업, 숙박업도 운영하였습니다. 辰年을 기준으로 時支 午火가 재살입니다. 년과 월에서는 申子辰과 강력한 水氣로 흐르는데 다행히 庚戌이 壬子에 씨종자를 공급하여 총명하고 대운도 미네랄 金氣를 보충하였습니다. 丁未, 丙午, 乙巳대운을 지날 때는 강력한 겁살, 재살, 천살을 만나 총명해지고 일지 戌土 묘지에 강력한 火氣를 담았으며 午戌로 庚金을 자극하면 壬水에 풀어지기에 투자마다 성공을 거두었습니다. 辰土 卯木, 未土가 년과 월에 있고 庚金이 日이나 時에 있으면 말년으로 갈수록 庚金이 木氣를 수확하여 부자가 됩니다. 만약 庚金은 있는데 년과 월에 卯木, 辰土, 未土가 없다면 乙庚 합하지 못하기에 결과를 얻기 어렵습니다.

이 구조는 辰土와 庚金이 乙庚 합하고 巳午未로 확장하기에 부자입니다. 물질의 풍요로움을 상징하는 전형적인 구조가 乙丙庚 三字입니다. 천간, 지지 어디에 있어도 작용이 유사합니다. 위 법관 사주처럼 巳卯申이거나 己巳일이 時干에 庚金이 있고 월지가 卯木이면 庚金과 합하고 巳火로 열매를 확장하여 갑부가 됩니다. 사주팔자에 있지만 잘 드러나지 않는 乙丙庚 三字로도 엄청난 부를 축적합니다. 사주원국과 대운에서 乙丙庚 三字 조합을 이루면 수백억, 수천억을 축적합니다. 특별해 보이지 않지만 辰土에 乙木이 있고 庚金이 있고 巳午未만 보충하면 乙丙庚 三字를 활용할 수 있습니다. 辰년을 기준으로 時支 午火가 재살이고 대운도 47, 57, 67세에 丁未, 丙午, 乙巳로 강력한 겁살, 재살을 활용해서 1900억 부를 축적했습니다. 己酉, 戊申대운에 조금씩 땅을 구입했는데 火대운에 크게 확장했다고 합니다. 丁未 丙午 乙巳 겁살, 재살, 천살을 지날 때 하늘에서 돈벼락을 맞았습니다.

乾命				陰平 1899년 5월 30일 22:00								
時	日	月	年	80	70	60	50	40	30	20	10	0
己	丙	辛	己	壬	癸	甲	乙	丙	丁	戊	己	庚
亥	子	未	亥	戌	亥	子	丑	寅	卯	辰	巳	午

辛未간지가 사주팔자 년이나 월에 있다면 총명한 사례가 많습니다. 내무부 장관을 역임하였는데 亥年을 기준으로 월간 辛金이 재살입니다. 위에서 살폈던 정치가도 재살이 있습니다. 辛金을 기준으로 天干에 水氣가 없으니 방탕하지 않고 丙火, 未土가 辛金을 통제하고 地支에서 亥子亥로 火氣에 자극받은 辛金을 조용히 풀어냅니다. 丁辛壬 三字조합을 활용하여 총명하고 하늘에서 돈벼락을 맞을 수 있으며 未月에 필요한 水氣도 넉넉하기에 공직에서 발전하였습니다. 다만, 乙丑대운에 乙辛 沖하자 구설 시비 등 문제가 발생했습니다. 내무부 장관에 오를 정도로 보이지 않지만 총명한 두뇌를 활용하는 조합이 분명합니다.

乾命				陰平 1922년 7월 11일 04:00								
時	日	月	年	82	72	62	52	42	32	22	12	2
甲寅	癸酉	戊申	壬戌	丁巳	丙辰	乙卯	甲寅	癸丑	壬子	辛亥	庚戌	己酉

육친의 덕이 없고 빈곤했지만 癸丑대운에 해외건설 사업으로 굴지의 사업체로서 자리 잡았습니다. 戌年을 기준으로 壬癸는 겁살과 재살이기에 총명하고 창의력이 뛰어나 상상도 못할 돈벼락을 맞을 수 있습니다. 年柱가 壬戌이기에 일간 癸水는 항상 경쟁에서 밀리며 초년의 대운도 水氣로 흘러 육친 덕이 없고 빈곤했지만 일주의 시기에 이르면 오히려 癸水가 壬戌을 활용하여 폭발적으로 발전합니다. 사주원국 比劫은 재물을 다루는 원인이기에 흉하지만 운이 좋을 때에는 경쟁자의 소유물을 강탈하기에 하늘에서 돈벼락 맞는 사례가 많습니다. 申월이기에 丙火를 보충해서 열매를 확장해야 함에도 없고 己酉 庚戌 辛亥 壬子대운의 과정도 순탄하지 않았습니다.

42세부터 들어오는 癸丑대운에 戊癸 合하고 癸丑간지 의미대로 해외에 나가서 건설업으로 발전하였습니다. 癸水는 재살이기에 우주어미의 사랑을 받는 운이었습니다. 월지시공으로 살피면 좋아 보이지 않지만 겁살, 재살을 해외물상으로 활용하여 발전한 것입니다. 만약 癸丑대운에 국내에서 사기, 도박으로 활용했다면 범죄자로 전락할 수 있지만 해외로 나가 환경에 변화를 주는 방식으로 발전하였습니다. 시공간에 변화를 주는 것이 얼마나 효율적인지를 알려주는 사례입니다.

乾命				陰平 1913년 8월 7일 10:00								
時	日	月	年	89	79	69	59	49	39	29	19	9
癸	辛	庚	癸	辛	壬	癸	甲	乙	丙	丁	戊	己
巳	卯	申	丑	亥	子	丑	寅	卯	辰	巳	午	未

木火대운에 크게 발전하여 대법관이 되었습니다. 丑年을 기준으로 卯木이 재살이기에 총명합니다. 庚申월에 열매가 익어가기에 강력한 火氣가 필요한데 초년부터 대운에서 보충해주자 乙丙庚 三字조합을 효율적으로 활용하여 발전했습니다. 중년에는 木氣를 공급하여 열매를 수확하였습니다. 巳酉丑 三合을 기준으로 재살은 일지 卯木뿐이며 년과 월의 癸丑과 庚申조합은 쓰임이 좋지 않습니다만 대운이 己未, 戊午, 丁巳, 丙辰, 乙卯로 흘렀고 사주원국에 巳火가 있으니 50대 乙卯대운에 乙丙庚 三字로 대법관을 역임했습니다. 다양한 사례를 통하여 재살의 특징을 살펴야 합니다. 癸丑, 庚申 년과 월의 조합은 물질을 추구하기 어렵지만 辛卯, 辛未, 辛亥간지의 총명함을 권력, 정치, 법관, 의료로 활용하고 乙丙庚 삼자로 경제적으로 부족함이 없습니다.

坤命				陰平 1952년 6월 22일 04:00								
時	日	月	年	81	71	61	51	41	31	21	11	1
戊	庚	戊	壬	己	庚	辛	壬	癸	甲	乙	丙	丁
寅	寅	申	辰	亥	子	丑	寅	卯	辰	巳	午	未

사법고시에 수석 합격하여 약관 20대에 판사가 되었습니다. 辰年을 기준으로 三合을 벗어난 巳午未는 겁살, 재살, 천살이기에 총명하지만 사주원국에 없습니다. 대운이 초년부터 丁未, 丙午, 乙巳 겁살, 재살, 천살로 흐르자 매우 총명해서 학업 성적이 뛰

어났습니다. 열매 맺는 申月에 申辰으로 乙庚 합하면 대운의 강력한 火氣로 열매를 확장하는 乙丙庚 三字조합을 효과적으로 활용하여 판사로 발전하였습니다.

乾命			陰平 1919년 9월 18일								
時	日	月	年	81	71	61	51	41	31	21	11	1
모름	丙寅	乙亥	己未	丙寅	丁卯	戊辰	己巳	庚午	辛未	壬申	癸酉	甲戌

칼라슈니코프는 2차 세계대전 당시 1941년 전차부대원으로 독일군과 맞서 싸우던 중 고장이 잦은 총의 문제를 해결하고자 개발에 착수하였고 1947년에 AK-47 소총개발에 성공했으며 뛰어난 성능을 인정받았습니다. 1949년에는 소련군의 표준 개인화기로 채택되었습니다. 후에도 AKM, AK-74, AK-74M, AK-101에서 108 시리즈 등 개량 형이 개발되었고 민간용 소총까지 나오는 등 전 세계에 가장 널리 보급된 소총이자 20세기 최대의 발명품 중 하나로 평가받습니다. 未年을 기준으로 亥卯未 三合을 벗어난 글자가 없지만 초년부터 대운이 申酉戌, 庚辛으로 겁살, 재살을 만나 뛰어난 창조능력으로 소총을 개발하였습니다. 발명, 창조 에너지는 겁살, 재살과 관련이 깊기에 운과 방위를 적절하게 활용해야 합니다.

乾命			陰平 1856년 6월 9일 00:00								
時	日	月	年	89	79	69	59	49	39	29	19	9
甲子	甲午	乙未	丙辰	甲辰	癸卯	壬寅	辛丑	庚子	己亥	戊戌	丁酉	丙申

니콜라 테슬라. 전기 발명가로 1894년 라디오를 통한 무선통신을 최초로 실현시키고 미국의 위대한 전기공학자로 존경받았습니다. 현대 전기공학을 개척했으며 수많은 발명으로 선도자 역할을 하였습니다. 1893년 이전에는 무선에너지 통신부터 전력장치도 개발했습니다. 地支에 있는 午未의 집중력이 뛰어납니다. 干支로 丁未이며 전기물상이 분명합니다. 辰年을 기준으로 申子辰 三合을 벗어난 午未와 丙火는 겁살, 재살, 천살로 창의력이 뛰어나 발명왕이 되었습니다.

乾命				陰平 1931년 12월 1일							
時	日	月	年	81	71	61	51	41	31	21	11	1
모름	戊辰	辛丑	辛未	壬辰	癸巳	甲午	乙未	丙申	丁亥	戊戌	己亥	庚子

성문영어 저자 사주팔자입니다. 1976년 성문출판사가 출범하고 성문기본영어, 핵심영어, 종합영어 등을 출판하여 1000만부 이상을 판매했습니다. 辛未간지는 해외에 살던 영혼이 한국에 태어난 것이라고 했습니다. 또 未年을 기준으로 亥卯未 三合을 벗어난 辛金은 災煞이기에 창의력이 뛰어나고 해외물상대로 영어 서적을 출판하여 하늘에서 돈벼락을 맞았습니다. 특히 월지와 일지에 있는 丑辰도 酉丑辰 三字조합으로 하늘에서 돈벼락 맞을 수 있는 에너지가 분명합니다.

乾命				陰平 1920년 4월 27일 12:00							
時	日	月	年	88	78	68	58	48	38	28	18	8
丙午	壬寅	壬午	庚申	辛卯	庚寅	己丑	戊子	丁亥	丙戌	乙酉	甲申	癸未

대상 창업주 임 대홍 사주팔자로 조미료 시장을 개척한 미원의 아버지입니다. 모험과 도전을 주저하지 않았고 경영일선에서 물러난 후에도 연구실에서 새로운 식품을 개발하던 발명가입니다. 1955년 일본 오사카로 건너가 조미료 주성분인 글루탐산 추출법을 배워 국민 조미료 미원을 선보였습니다. 년지 申金을 기준으로 申子辰 三合에서 벗어난 午火가 재살이고 丙火 겁살까지 있기에 창조, 발명의 에너지와 해외물상을 활용하고 특히 丁壬 合으로 집요하게 파고드는 전문가 기질이 강하고 강력한 火氣들이 庚申을 자극하면 壬水를 향하기에 부와 명예를 모두 취하였습니다.

乾命				陰平 1950년 6월 2일								
時	日	月	年	87	77	67	57	47	37	27	17	7
모름	壬子	癸未	庚寅	壬辰	辛卯	庚寅	己丑	戊子	丁亥	丙戌	乙酉	甲申

무용가 임 이조 사주입니다. 2007년부터 서울시 무용단장을 역임했으며 무형문화재 승무 전수조교이자 살풀이춤 이수자입니다. 한량, 각시, 주모, 스님 네 명이 등장하는 이야기 극을 1인극으로 창작했습니다. 寅年을 기준으로 寅午戌 三合을 벗어난 癸水와 壬子는 겁살, 재살이며 독특한 창의력을 상징합니다. 월주 癸未는 발바닥을 활용하여 땅을 밟고 뛰어다니는 干支로 주로 건설, 부동산 중개업 물상입니다. 김연아 사주팔자도 癸일간이 庚午년과 癸未대운으로 조합하자 발바닥을 활용하는 피겨스케이팅으로 크게 발전하였습니다.

3. 驛馬, 災煞, 月煞의 태도

申子辰 三合은 역마, 재살, 월살로 씨종자를 水氣에 풀어내 후대에 전송하는 역할이라고 하였습니다. 따라서 전송하거나 전송받아야 하는 입장이 상반됩니다. 전송하는 이유는 씨종자를 보호하고 발전시켜야 계속 生氣를 지켜내기 때문입니다. 따라서 역마, 재살, 월살을 대하는 현명한 태도는 거만하게 베풀 것이 아니라 겸손한 태도로 씨종자를 받고 발전시켜야 합니다. 역마, 재살, 월살의 공간을 만났을 때 공격적으로 활용하는 경우와 보수적으로 활용할 때의 상황을 비교해서 살펴보겠습니다.

역마의 공격적 태도

장성과 반안을 지나면 좋은 시절에서 멀어지고 있음을 느끼고 역마에서 전환을 시도합니다. 역마에서의 공격적인 태도는 은행에서 대출 받거나 주위에서 금전을 융통해서 사업에 도전하거나 사업규모를 확장하지만 무리한 투자는 결국 육해와 화개에서 힘들어지고 장기간 부어왔던 적금, 저금, 보험 등을 해지하여 부채를 해결하는 상황에 내몰립니다.

역마의 수동적 태도

역마에서 크게 발전해도 현재 상태를 유지하면서 안정적인 상태를 유지합니다. 예로, 식당을 운영했는데 역마에서 갑자기 입소문이 나서 손님들이 몰려들기 시작합니다. 이런 상황에 처하면 대부분 무리하게 은행대출 받거나 자금을 융통해서 옆의 건물을 매입하여 가게를 확장하지만 육해에서 갑자기 운이 나빠지고 힘들어집니다. 하지만 가게가 좁고 환경이 좋지 않아도 현 상태를 유지하면서 겸손하고 성실하게 양질의 서비스를 제공하고 수입을 저축하고 미래를 준비하면 육해, 화개를 지날 때에도 무난하게 발전합니다.

재살의 공격적 태도

재살의 공간 환경이 역마와 크게 다른 점은, 三合을 벗어난 영혼의 세계와 같아서 물질을 소유할 수 없기에 두뇌를 적극적으로 활용하는 것이 바람직합니다. 하지만 큰돈을 벌겠다고 공격적으로 투자하면 신기루를 쫓다 자본금도 날리고 천살, 지살, 년살까지 힘든 상황이 이어집니다. 씨종자를 받아야 하는데 소유했던 씨종자까지 날려버렸습니다. 보리 고개를 지날 때 힘들다고 봄에 파종할 씨종자까지 먹어치운 상황입니다.

乾命				陰平 1964년 2월 9일 14:00								
時	日	月	年	85	75	65	55	45	35	25	15	5
癸	庚	丁	甲	丙	乙	甲	癸	壬	辛	庚	己	戊
未	午	卯	辰	子	亥	戌	酉	申	未	午	巳	辰

고등학교를 졸업하고 영어공부에 전념하여 학원 강사로 활동하다가 학습지, 출판 사업까지 확장하여 庚午대운에 번창하였습니다. 하지만 午대운 壬申, 癸酉年에 주위의 돈을 끌어와 무리하게 확장하다 甲戌年에 부도내고 외국으로 도피하였는데 규모가 80억 원이나 되었습니다. 辰年을 기준으로 丁火와 午火는 災煞로 三合을 벗어났기에 해외에서 활동하거나 해외유학을 가거나 외국어로 활용할 수 있습니다. 겁살, 재살, 천살은 전생에 해외에서 살다가 현생에 한국에 태어난 것처럼 해외와의 인연이 강합니다. 특히 재살은 매우 총명해서 돈의 흐름을 읽는 눈이 남다르기에 하늘에서 돈벼락을 맞을 수 있습니다. 하지만 이 사례처럼 사주원국 재살과 대운의 재살을 활용하여 무리하게 사업을 확장하면 크게 망합니다. 출판업을 한 이유는 乙庚 合 물상을 활용했기 때문입니다. 庚金이 홀로 수많은 木氣들을 수확하기에

주위에서 인기가 많고 뛰어난 능력을 가졌다고 해도 거만하고 의도적으로 주위 돈을 끌어와 무리하게 행동하자 하늘에서 벌을 내렸습니다.

坤命				陰平 1955년 8월 6일 18:00							
時	日	月	年	86	76	66	56	46	36	26	16	6
乙酉	乙酉	乙酉	乙未	甲午	癸巳	壬辰	辛卯	庚寅	己丑	戊子	丁亥	丙戌

미국에 사는데 외골수요 겁쟁이로 돈 욕심은 대단하여 계주를 자주 했는데 己丑대운 己卯년 계돈을 가지고 타주로 도망갔지만 辛未월에 체포되어 수감되었습니다. 未年을 기준으로 세 개의 酉金은 재살이기에 한탕을 노리는 욕망이 강합니다. 특히 己丑 대운에 酉丑, 丑辰, 酉丑辰 三字조합으로 한탕 욕망이 더욱 강해졌습니다. 己卯년에 년지 未土의 地藏干 己土가 透干하여 근본터전의 변화를 암시하고 수많은 木氣들이 달려들어 己土를 탐하자 곗돈을 가지고 타주로 도망갔지만 재살을 활용하여 타인의 재산을 탐하였기에 교도소에 수감되고 말았습니다.

재살의 수동적 태도
재살에서 우주어미의 사랑을 취하는 태도는 어떨까요? 재살의 인연, 물질, 공간, 심리가 매우 독특하며 일반적이지 않습니다. 나에게 어울리지 않는 일, 관계, 업무, 물질이라 느끼기에 주저하고, 소심하고, 거부하고 비협조적입니다. 예로, 오래도록 무역회사를 운영하여 왔는데 재살 세운에 갑자기 주위에서 건설업을 해보라고 조언합니다. 경험이 없기에 무시했지만 계속 조언하자 마지못해 소규모 주택을 수리하는 업무를 맡아서 좌충우돌 힘들게 경험합니다. 신기한 점은, 천살을 지나는 과정에 건설업이 생소하지 않다고 느끼고 지살과 년살에서 건설업에 종사할 기회가 생기자 자연스럽게 과거에 운영했던 무역업을 타인에게 넘기고 건설업에 박차를 가합니다. 재살에서 하늘이 의도한 것은 무엇이었을까요? 업그레이드 된 영혼을 제공해서 계속 발전하기를 원했던 겁니다. 재살의 생소한 시공간에서 일, 관계 등이 적합하지 않다고 좋은 제안을 무시하거나 거부하거나 알아채지 못하면 발전의 기회마저 날려버립니다.

세월이 흘러 지살에 이르면 재살의 제안을 받아들여야 했다고 후회하는 경우가 많습니다. 무역업으로 현상유지하면서 살아갈 수 있지만 생소한 건설업에 도전하면 당장은 힘들어도 지살, 년살에서 발전하고 이에 따라 영혼도 성숙해집니다. 물론 재살이 제공하는 기회는 생소하기에 받아들이기 힘들어 거부하는 경우가 많습니다. 당장은 이익 보는 사업이나 관계가 아니라고 판단하지만 시간이 한참 지난 후에는 하늘에서 내리는 사랑이었음을 깨우칩니다. 재살에서 탐욕을 부리면 반드시 낭패 보지만 하늘의 제안을 받아들이면 새로운 길이 열린다는 것을 기억해야 합니다. 사랑에는 조건이 없기에 반드시 갚아야할 채무도 아닙니다. 배고픈 아이에게 젖을 물려주는 상황과 동일합니다. 재살의 핵심은 도움을 받을 때까지 겸손하게 기다려야 하는 것입니다. 재살에서 탐욕으로 덥석 물어버리면 꽃뱀이나 제비에게 물리고 지살에서 활용할 자본까지 탕진합니다. 실제사례로, 철도청에 다니다 데모해서 10년 후에 복직했다고 합니다. 9년 동안 아무것도 못하다 三슴의 기간인 9년이 지나자 복직해서 자리를 잡았습니다. 재살에서 적극적으로 나서자 회사도 다니지 못했고 지살에서 화개까지 9년을 허송세월했습니다. 재살에서는 내가 원하는 것을 밀어붙이면 굉장히 공격적으로 보이고 장성의 체계를 무너뜨리는 것으로 오해합니다. 재살에서 발생하는 문제의 근본원인은 너무 똑똑해서 반항적입니다. 자신이 총명하다고 오판하고 기존 체계에 대항하다가 문제가 발생합니다. 이런 문제를 해결하려면 정치, 법, 군인, 의사와 같은 직업을 갖는 것이 좋습니다. 어려운 처지에 있는 서민들을 돕는 변호사도 좋습니다. 총명한데 권한까지 주어지면 체계를 전복시키려고 달려들고 법 위에 군림하지만 교도소에 들어가기에 주의해야 합니다.

월살의 공격적 태도
마지막으로 月煞을 살펴보겠습니다. 將星에서 攀鞍을 지나 점점 어려워지는 상황에서 전환을 시도하는 투자가 驛馬였고 災煞에서는 영혼의 세계에서 이러지도 저러지도 못하는 상황에서 질러보는 투자였습니다. 地煞에서 탄생하고 年煞에서 힘든 과정을 거치고 月煞에 이르면 번데기에서 나비로 날아오를 때를 기다려야 하는데 조급하게 날아오르면 문제가 발생합니다. 경험이 부족하고 노련하지 못해서 망하기 쉽습니다. 고등학교도 마치지 않고 가출한 비행청소년과 다를 바 없습니다.

월살의 수동적 태도
국가, 사회의 대가없는 사랑과 도움을 받고 사회활동에 필요한 자격을 학습하는 과정입니다. 당장이라도 화려한 나비로 날아오르려는 욕망을 억제하고 학습에 정진해야 합니다. 미성년자와 같아서 엄마가 제공하는 음식, 도움이 필요한데 거부하고 급하게 부모 품을 떠나면 힘들어집니다. 경험하지 못한 거친 세상을 헤쳐 나가기 어렵습니다. 겸손하게 국가, 사회의 도움을 받아들여야 합니다. 성실하고 겸손하면 사랑을 베풀기에 충실하게 미래를 준비해서 망신으로 넘어가면 존재감을 드러냅니다. 예로, 국가에서 제공하는 학습강좌를 성실하게 참여했더니 亡身에서 안정된 직장과 수입을 보장받습니다. 어려운 상황에 처했을 때 당장 갚지 않아도 되는 도움을 받으려면 역마, 재살, 월살 세운, 혹은 방위와 인연을 찾아야 합니다. 국가의 혜택으로 금전을 제공하는 것은 아니며 학원비를 지원하는 방식으로 간접적입니다. 인연으로 살피면 월살 띠는 미성년자와 같은 나를 보살펴주려고 합니다. 특히, 주거안정과 음식을 제공합니다. 나에게 음식을 가져다주는 인연이 월살 띠입니다. 또 은행에서 대출 받으려면 월살에서 받는 것이 좋지만 서민대출에 해당합니다. 부자가 화려한 주택을 구매하고자 대출받는 상황이라면 월살에 어울리지 않습니다. 경기가 좋지 않아서 가게를 유지하고자 대출이라도 받아야만 하는 상황이 월살 입니다. 거만하거나 자존심을 부리면 도움받기 어렵습니다.

역마, 재살, 월살은 반드시 서민으로 행동해야 국가, 사회에서 도움의 손길을 제공합니다. 특히 우주어미이기에 주로 여성의 도움을 받습니다. 월살은 여자 중심이기에 과거에 내당 마님이라 표현했습니다. 또 다른 특징은 씨종자를 전송하는 과정에 三合을 뛰어넘어 정반대편으로 이동하기에 해외를 상징합니다. 庚寅년에 역마, 甲午년에 재살, 戊戌년에 월살을 만나는 申子辰 三合의 경우에 甲午년의 지장간 丁火가 재살이기에 해외인연, 해외물품, 혹은 오래된 과거의 물품과 관련이 있습니다. 혹은 현재까지 경험해보지 못한 제품일 수 있습니다. 재살 전생에서 월살 현재로 연결되는 물건으로 일상에 필요한 음식, 주택, 필수품 등입니다. 재살은 육체, 물질을 직접 접촉할 수 없기에 직업 소개와 같은 방식으로 도움을 줍니다. 자식이 월살 띠면 주택, 음식, 필수품 등을 무료로 제공합니다.

4. 災煞 - 저승사자

재살을 잘못 활용하면 심각한 상황에 처할 수 있습니다. 수옥이라 부르는 이유로 저승사자처럼 탐욕을 부리면 범죄자로 전락합니다. 한탕을 노리거나 타인의 재산, 육체를 강탈하면 강도, 사기, 꽃뱀과 같은 범죄행위는 물론이고 상해, 살인도 저지릅니다. 재살에서 꽃뱀 물상이 나오는 이유는 너무 총명해서 교활하게 이용하기 때문입니다. 재살은 어머니와 같아서 사회발전의 기회를 제공하면서도 강탈행위를 서슴지 않고 자행하는 지극히 이중적이기에 어떤 태도를 취하느냐에 따라 모친, 강도, 꽃뱀으로 달라집니다. 저승사자 이론에 대해서는 책 <u>윤회론</u>에서 자세히 설명하였기에 참조하기 바라며 사례를 살펴보겠습니다.

乾命				陰平 1975년 2월 21일 04:00							
時	日	月	年	88	78	68	58	48	38	28	18	8
甲寅	戊寅	己卯	乙卯	庚午	辛未	壬申	癸酉	甲戌	乙亥	丙子	丁丑	戊寅

戊寅대운에 학업 성적이 우수하였고 조상, 부모의 음덕이 매우 좋았습니다. 丁丑대운 甲戌년에 서울대에 합격하였습니다. KAL의 해외인력 엘리트 사원이었지만 丁丑대운 27세 辛巳년에 택시를 타고 귀가하다가 교통사고로 기사는 사망했고 본인은 심각한 중상을 입었으며 丙子대운 31세 乙酉년에 인수봉에서 추락하여 식물인간이 되었습니다. 년과 월의 乙己는 매우 총명한 조합이기에 서울대를 졸업했고 대기업에 입사해서 엘리트 사원으로 활동했습니다. 丁丑대운에 卯丑으로 조합하자 卯木의 움직임이 응결되고 辛巳년에 辛戌乙 三字로 乙木이 심하게 상하자 교통사고로 중상을 입었습니다. 특히 卯年을 기준으로 辛金은 재

살에 해당하며 乙辛 沖으로 저승사자와 같은 작용을 하였습니다. 乙酉년에도 酉金 재살이 卯木 장성을 沖하자 대운에서 들어온 丙火로 가는 피의 흐름이 막히자 심장마비, 뇌출혈, 정신질환과 같은 물상처럼 식물인간이 되었습니다. 재살이 저승사자로 작용하면 육체를 빼앗아갈 수 있습니다. 계속 위험에 처하는 근본원인은 天干에서 甲己 合하는 과정에 일간 戊土가 夾字로 끼어있는데 水氣를 보충하지 못하기에 땅이 마르고 날카로운 甲寅에게 시달리기 때문입니다.

乾命				陰平 1969년 7월 17일 06:00							
時	日	月	年	87	77	67	57	47	37	27	17	7
辛卯	丙子	壬申	己酉	癸亥	甲子	乙丑	丙寅	丁卯	戊辰	己巳	庚午	辛未

사기꾼으로 자제력이 없고 방탕합니다. 어려서 부친을 잃고 이룬 것이 없지만 외모가 좋고 교활하며 상대의 마음을 잘 읽습니다. 酉年을 기준으로 卯木이 재살에 해당하며 丙辛 합과 子卯 刑으로 겉과 속이 다르고 색을 밝힙니다. 丙辛 合을 壬水가 沖하고 卯申 合 사이에 子水가 夾字로 끼어있기에 사고방식이 정상적일 수 없습니다.

5. 災煞의 애정관

재살은 우주어미의 사랑이라고 표현하였는데 일상에서는 황당한 애정행각으로 발현될 수 있습니다. 그 상황은 매우 다양한데 하늘에서 돈벼락을 내리는 사랑, 꽃뱀처럼 배우자의 재산을 강탈하는 사랑은 물론이고 비정상적인 애정행위도 포함됩니다. 역마, 재살, 월살은 엄마, 여성이라고 규정했는데 엄마와 아들의 관계처럼 나이 많은 여인과 결혼하는 사례도 있습니다. 평범하지 않은 애정관이지만 남자는 모친의 사랑을 필요로 하고 여자는 모친처럼 보살피려는 욕망을 갖습니다. 술집에서 아들과 같은 젊은 남자에게 빠지고 생활비를 제공하면서 보살피는 사모님과 같습니다. 이처럼 재살의 남녀관계는 평범하지 않은 경우가 많아서 이해하기 어렵지만 당사자들은 하늘에서 내리는 숙명처럼 여깁니다. 여자는 남자를 자식처럼 소유하려는 집착을 보이고 과도하게 간섭하기에 자살, 살인처럼 비극으로 끝날 수도 있습니다. 겁살, 재살, 천살을 영혼의 세계에 비유한 것처럼 三合 내부에서 이루어는 것이 아니기에 신분, 성격, 재산의 차이가 심해서 보통은 이루어지기 어려운 관계입니다. 영화 "프리티 우먼"처럼 신사와 화류계 여인이 만나고 신데렐라처럼 갑작스런 신분상승도 가능하고 성장환경이 상이한 외국인과의 결혼도 가능합니다. 결국 남녀의 신분, 조건의 차이를 과감하게 극복하는 것이 겁살, 재살, 천살의 인연입니다. 또 재살은 영혼을 부여하기에 생명체를 잉태하는 과정과 같아서 강력한 성욕을 암시합니다. 재살의 저승사자와 같은 강탈 행위와 강력한 성욕이 결합하면 어떤 물상으로 발현되는지 살펴보겠습니다.

坤命				陰平 1964년 12월 26일 04:00								
時	日	月	年	88	78	68	58	48	38	28	18	8
壬寅	壬午	丁丑	甲辰	戊辰	己巳	庚午	辛未	壬申	癸酉	甲戌	乙亥	丙子

乙대운 癸亥年 20세에 결혼, 乙丑年에 자식을 잃고 丙寅年에 남편의 의처증으로 배에 칼을 맞아 견디지 못하고 야간도주하여 가출하였습니다. 庚午年에 이혼하고 酉대운 甲申年 41세에 전

기업체 경리로 들어가 사장을 유혹, 임신하였다고 초음파 사진을 구해서 보여주고 결혼을 강요한 후 乙酉年에 사장의 재산 일체를 교묘한 방법으로 명의변경 후 암암리에 정리하였습니다. 戊子年부터 가출을 거듭하더니 己丑年에 약 20명의 채권자들로부터 사기 등으로 고소당하여 구속 수감되었습니다.

재살의 의미를 명확하게 보여주는 사례입니다. 辰年을 기준으로 일지 午火와 월간 丁火가 재살이기에 매우 총명하고 교활합니다. 일지 午火의 시기에 사주원국의 숙명대로 재살을 활용하는데 하필 癸酉대운과 조합하여 壬癸丁으로 경쟁적으로 한탕을 노리다가 문제가 발생합니다. 특히 酉金은 酉丑辰 三字조합으로 하늘에서 돈벼락 맞는 운이지만 잘못하면 모두 털리고 교도소에 수감됩니다. 乙酉년에 酉丑辰 三字로 하늘에서 돈벼락을 맞지만 己丑년에 丑土의 물상대로 구속되었습니다. 재살의 저승사자와 강력한 성욕을 꽃뱀처럼 활용한 사례입니다. 교활한 행위를 하고 거짓말을 아무렇지도 않게 하는 이유는 모두 丁火, 午火 재살을 악마처럼 활용하기 때문입니다. 日支 배우자 상황을 재살에 응용하면, 지위, 성격, 행동방식, 재물수준이 너무도 다른 배우자를 만났습니다.

坤命			陰平 1957년 11월 11일 04:00							
時	日	月	年	82	72	62	52	42	32	22	12	2
壬寅	丁丑	壬子	丁酉	辛酉	庚申	己未	戊午	丁巳	丙辰	乙卯	甲寅	癸丑

乙卯대운 庚申年 24세에 결혼하였는데 남편은 동갑이고 야구계에서 한 시대를 풍미했습니다. 결혼 후 승승장구하여 남편 덕분

에 부자가 되었습니다. 乙卯대운이 가장 화려했다고 합니다. 酉年을 기준으로 乙卯는 재살인데 사주원국에 없지만 대운에서 乙卯 災煞을 만나자 신데렐라처럼 좋은 남편 만나서 화려하게 살았습니다. 사주원국 丁酉와 壬子는 丁辛壬 三字조합으로 총명하고 하늘에서 돈벼락을 맞는 조합입니다. 이 여인의 재살은 강력한 사랑과 함께 하늘에서 돈벼락을 내렸습니다. 두 사주는 공통적으로 돈벼락을 맞았지만 한 여인은 꽃뱀처럼 살았고 한 여인은 남편의 사랑을 받았습니다. 동일한 재살도 사주구조와 전생업보에 따라서 물상이 크게 달라집니다. 재살에서 꽃뱀처럼 행동하는 이유는 독특한 매력을 발산해서 배우자의 재산을 강탈하려는 겁니다.

坤命				陰平 1954년 1월 22일 12:00							
時	日	月	年	87	77	67	57	47	37	27	17	7
甲辰	壬子	丙寅	甲午	丁巳	戊午	己未	庚申	辛酉	壬戌	癸亥	甲子	乙丑

寅午戌 三合을 기준으로 壬子가 겁살과 재살입니다. 년과 월의 甲午와 丙寅조합이 좋지 않은 이유는 寅月에 필요한 水氣가 없기 때문에 壬子의 시기에 이르러서야 비로소 水氣를 보충하여 폭발적으로 발전합니다. 壬寅일, 壬午일이었다면 31-37세에 발전하는데 그치지만 壬子이기에 45세까지 이어집니다. 마른땅에 비가 내리면 寅木과 甲木이 쑥쑥 자라납니다. 문제는 壬子가 水氣를 공급하다 마르면 질병에 시달리거나 육체가 상하고 단명할 수 있습니다. 庚辛을 보충할 수 있다면 丁辛壬 三字를 활용하기에 효율이 높아지면서 총명하고 돈벼락을 맞습니다. 일주의 시기에 이르러 국가, 사회에서 필요한 水氣를 공급하기에 일간의

가치와 쓰임이 높아집니다. 36세 이후 壬戌대운에 남편이 탄광에 투자해서 3년 만에 170억 수익을 올렸습니다. 겁살과 재살의 폭발하는 에너지를 활용한 사례입니다.

乾命				陰平 1952년 3월 23일 06:00								
時	日	月	年	86	76	66	56	46	36	26	16	6
乙卯	癸巳	甲辰	壬辰	癸丑	壬子	辛亥	庚戌	己酉	戊申	丁未	丙午	乙巳

하중기 사례집 예문으로 세 번의 전과가 있고 癸酉년 부채의 40퍼센트를 받기로 하고 부채회수 대행을 하는 과정에 채무자를 죽여 교도소에 수감되었습니다. 년지를 기준으로 申子辰 三合을 벗어난 巳火가 겁살이고 辰巳 지망으로 木氣를 일지에 끌어옵니다. 癸酉년에 乙卯를 자르면 生氣가 상하기에 살인을 저질렀습니다. 巳午가 겁살, 재살이지만 辰辰으로 生氣가 상하고 壬癸 어둠과 癸酉의 殺氣가 가미되어 평생 나쁜 일만 일삼았고 살인까지 저질러 교도소에 들어갔습니다. 이토록 거친 행동을 하는 이유가 사주원국에 보이지 않지만 癸甲辰으로 癸甲戌 三字조합의 거친 성정과 辰辰 복음으로 生氣가 무기력해지고 辰巳 지망으로 辰土에서 巳火로 넘어가는 과정에 죽는 사례가 많으니 조폭에 어울리는 사주구조가 분명합니다.

坤命				陰平 1953년 1월 9일 06:00								
時	日	月	年	84	74	64	54	44	34	24	14	4
丁卯	甲辰	甲寅	癸巳	癸亥	壬戌	辛酉	庚申	己未	戊午	丁巳	丙辰	乙卯

하 중기 사례로, 남편의 전 부인이 낳은 아들을 사랑했다고 합니다. 년지 巳酉丑 三合을 기준으로 甲寅, 甲辰과 卯가 모두 겁살, 재살, 천살이기에 독특한 사고방식, 행동방식으로 일반인들이 이해하기 어려운 행동을 과감하게 저지를 수 있습니다. 甲, 丁卯조합은 색욕이 강하고 丁火 傷官은 일탈을 상징하기에 변태성욕도 가능합니다. 재살 어미의 사랑과 傷官, 寅卯辰의 강력한 성욕이 복잡하게 얽혀서 이복아들을 사랑하는 물상을 만들어냈습니다. 아들이 결혼한 후에도 관계를 유지하자 이를 눈치 챈 며느리는 자살하고 말았습니다. 寅卯辰은 형제, 피붙이와 같아서 사고방식이 협소하기에 고집, 집착이 강해서 포기를 몰라 불행한 결말을 맞았습니다.

6. 六害의 애정관

이처럼 재살은 강력한 성욕으로 발현되는데 유사한 신살이 바로 六害로 죽음을 불사한 성욕을 상징합니다. 사망하는 과정에 후대에 씨종자를 남겨야한다는 강력한 집착이 성욕으로 발현되기 때문입니다. 재살은 윤회과정에 새 영혼을 받아야하기에 육해처럼 죽음을 불사한 성욕은 아니기에 육해의 욕망이 더욱 강렬합니다. 육해는 망신, 육해, 천살 三合으로 씨종자가 동일하기에 피붙이, 식구와 같은 강력한 끌림이 있으며 죽음을 불사한 사랑으로 후대에 씨종자를 남기려는 의지를 포기하지 않습니다. 따라서 사주팔자에 육해가 많거나 육해 운을 만나면 성욕이 강해지고 겁살, 재살과 조합하면 과감하게 일탈을 감행하기에 화류계에 빠지기 쉽습니다. 日支에 육해가 있으면 강력한 끌림으로 배우자에게 첫눈에 반해 결혼하는 사례가 많습니다. 전생에 만났던 인연처럼 강력하게 끌리지만 보통은 2, 3년 지나면 관계가 끝납니다. 강렬하게 끌리는 사랑은 육해와 육해를 품은 화개이고 재살은 지위수준이나 성장환경이 전혀 다르기에 기본적으로 어울릴 수 없는 인연을 만나 하늘에서 돈벼락을 맞거나 꽃뱀이나 제비에게 자신의 재산을 강탈당하기도 합니다. 천살의 애정관도 매우 독특한데 영혼의 세계이면서도 地藏干에 육해를 품었기에 어울리지 않는 대상과 결혼할 가능성이 높습니다. 기억할 점은, 정상적으로 직장생활 하다 갑자기 화류계로 빠지는 신살은 겁살, 재살, 천살, 육해로 강력한 성욕과 일탈 욕망 때문입니다. 예로, 申년에 태어난 한탕을 꿈꾸는 시기는 巳午未년이기에 화류계로 빠져듭니다. 재살에서 신분차이가 나는 남자에게 간택당하고 새로운 인생으로 전환할 기회를 제공받는데 비싼 주택을 구입해주거나 상점을 차려 생활하도록 도와줍니다. 남성의 경우도 사모님을 만나 신분상승을 노리려면 겁살, 재살, 천살 운에 도전해야 합니다. 자신도 모르게 빠르게 한탕을 노리려는 욕망이 동하는 신살이 겁살, 재살입니다.

坤命				陰平 1913년 11월 16일 02:00								
時	日	月	年	88	78	68	58	48	38	28	18	8
癸	戊	甲	癸	癸	壬	辛	庚	己	戊	丁	丙	乙
丑	辰	子	丑	酉	申	未	午	巳	辰	卯	寅	丑

1975년 庚午대운 乙卯년 63세 당시에 상담하였습니다. 1944년 丁卯대운 32세 甲申년에 남편과 사별한 후 남자들이 많았으며 63세 당시에도 남자들이 꼬여 죽을 지경이라고 합니다. 세 명의 남자들과 만나는데 68세, 51세, 44세라고 합니다. 44세 젊은 남자가 사랑을 고백하여 거절했지만 세 남성과 동시에 관계를 유지합니다. 丑年을 기준으로 육해 子水와 癸水가 地藏干을 포함하여 6개나 있으며 合을 감안하면 11개로 죽음을 불사한 강력한 성욕을 상징하는 육해 때문에 평생 주위에 남자들이 떠나지

않습니다. 육해는 조상신을 접대하듯 거부할 수 없는 애정을 암시합니다. 乙卯년 당시는 재살 세운이기에 44세 아들과 같은 남성과 만남을 유지했습니다.

坤命				陰平 1973년 11월 30일 06:00								
時	日	月	年	84	74	64	54	44	34	24	14	4
丁卯	甲午	甲子	癸丑	癸酉	壬申	辛未	庚午	己巳	戊辰	丁卯	丙寅	乙丑

丙寅대운 17세 己巳년 사우나에 취직, 壬申년까지 화류계에 종사하였습니다. 丑年을 기준으로 년간 癸와 子水가 육해이기에 강력한 성욕을 상징하며 子卯 刑하기 더욱 심합니다. 일과 시의 甲, 丁卯조합은 육체가 강하고 성욕이 강합니다. 丑年을 기준으로 甲甲卯가 겁살, 재살, 저승사자와 같고 대운도 丙寅과 丁卯로 劫煞과 災煞이기에 과감하게 일탈을 감행하여 17세 어린 나이에 화류계로 진출하였습니다.

坤命				陰平 1978년 11월 30일 12:00								
時	日	月	年	87	77	67	57	47	37	27	17	7
辛巳	乙丑	甲子	戊午	乙卯	丙辰	丁巳	戊午	己未	庚申	辛酉	壬戌	癸亥

午年을 기준으로 辛金이 육해이며 子丑은 재살과 천살이며 대운도 癸亥, 壬戌, 辛酉로 과감한 일탈을 감행하는 겁살, 재살, 육해 때문에 화류계에 종사했던 여명입니다.

坤命				陰平 1984년 8월 16일 06:00								
時	日	月	年	81	71	61	51	41	31	21	11	1
乙卯	戊申	癸酉	甲子	甲子	乙丑	丙寅	丁卯	戊辰	己巳	庚午	辛未	壬申

己巳대운 乙未년 32세 상황입니다. 변태성욕자로 나이를 불문하고 짐승처럼 성관계를 맺는다고 합니다. 子年을 기준으로 乙卯는 육해로 강력한 성욕을 상징하며 子卯 刑합니다. 庚午, 己巳 대운은 재살과 겁살로 과감하게 일탈을 감행하기에 성욕을 억제하지 못하고 나이를 불문하고 관계합니다.

坤命				陰平 1949년 9월 19일 00:00								
時	日	月	年	89	79	69	59	49	39	29	19	9
壬子	癸卯	乙亥	己丑	甲申	癸未	壬午	辛巳	庚辰	己卯	戊寅	丁丑	丙子

남자 없이는 잠을 이루지 못한다는 여인입니다. 丑年을 기준으로 癸水와 子水가 육해이고 子卯 刑하기에 성욕이 매우 강합니다. 또 乙卯는 재살로 生氣를 퍼트리려는 강력한 성욕을 상징하며 육체를 상징하는 비겁이 많기에 성욕을 견디지 못하는 것입니다.

坤命				陰平 1958년 1월 18일 02:00								
時	日	月	年	81	71	61	51	41	31	21	11	1
乙丑	甲申	乙卯	戊戌	丙午	丁未	戊申	己酉	庚戌	辛亥	壬子	癸丑	甲寅

남편은 섬유공장 사장으로 돈을 잘 벌며 여자들이 많습니다. 이 여인도 남자들과 관계를 맺고 지내면서도 남편으로부터 지극한 사랑을 받습니다. 甲, 乙卯로 육체가 강하기에 성욕이 매우 강합니다. 사주원국에 육해는 없지만 대운이 계속 亥子丑과 壬癸로 겁살, 재살, 천살로 과감하게 일탈을 감행하고 辛亥, 庚戌, 己酉대운에는 계속 육해를 만나 많은 남자들과 관계합니다.

坤命				陰平 1987년 8월 10일 12:00							
時	日	月	年	82	72	62	52	42	32	22	12	2
庚午	甲申	己酉	丁卯	戊午	丁巳	丙辰	乙卯	甲寅	癸丑	壬子	辛亥	庚戌

인테리어 사업 하는데 이혼한 후 많은 남자들을 동시에 만납니다. 일지 申金 배우자와 동일한 오행이 많기에 성욕이 강합니다. 또 많은 金氣들은 쓰임을 얻으려면 반드시 甲木을 찾아와야 합니다. 卯年을 기준으로 申酉戌은 겁살, 재살, 천살로 과감하게 일탈을 감행하면서 강력한 성욕을 드러냅니다.

정리하면, 인간이 사랑을 느끼는 때는 사주원국과 운에서 육해와 관련이 있고 육해를 품은 地藏干이 화개와 천살에 있기에 유사한 현상을 드러냅니다. 재살은 하늘에서 내려주는 모친의 사랑과 같은데 三合을 벗어나 과감하게 일탈을 감행하기에 육해, 화개, 재살, 천살을 지나는 과정에 과감한 애정행각에 빠져듭니다. 특히 여자들은 육해와 겁살, 재살, 천살이 조합하는 운을 만나면 화류계로 빠지는 사례가 많습니다. 육해에서는 강력한 성욕으로 방탕하고 겁살, 재살, 천살에서는 갑작스런 신분상승 혹은 돈벼락을 원하기에 자기보다 나이가 훨씬 많아도 거부하지 않습니다. 재살의 황당한 환경에 처하자 이를 극복하고자 상상해본 적도 없는 화류계에 돌진해서 빠르게 금전문제를 해결해보겠다고 달려들지만 고생만하면서 벗어나지 못합니다.

7. 지키려는 자(將星)와 빼앗으려는 자(災煞)

自然循環圖 (시공간 순환도)

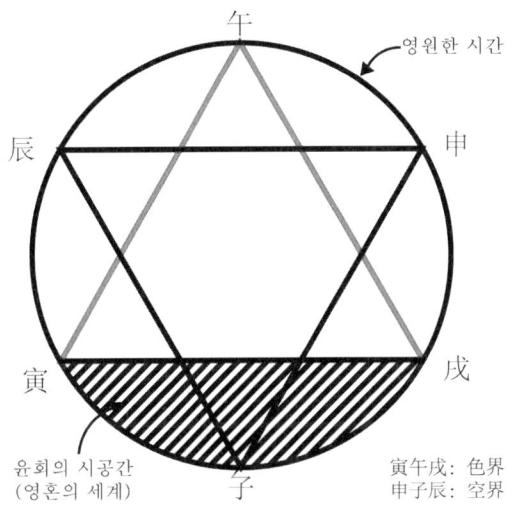

재살을 쉽고 빠르게 이해하는 방법은 대칭관계에 있는 장성의 특징을 살피는 것입니다. 자연순환도에서 寅午戌 三合은 色界, 申子辰 三合은 空界를 상징하는데 色界에는 화려한 물질과 육체가 있지만 空界에는 없기에 반드시 시기와 질투가 발생합니다. 時間의 장단으로 살피면 色界는 9개월, 空界는 3개월이기에 상대적으로 단기간에 원하는 것을 이루어야 하므로 사주팔자에 겁살, 재살이 많으면 조급하게 원하는 것을 이루려 하며 그렇지 못하면 빠르게 포기하고 다른 목표물을 찾아 나서기를 반복합니다. 지키려는 자 將星은 지살, 장성, 화개 三合을 중심으로 내부에 존재하는 모든 것을 지켜야하므로 보수적이지만 災煞은 과감하게 장성을 빼앗으려고 덤벼듭니다. 장성이 지키려는 것은 범위에 따라 달라지는데 지구전체를 기준으로는 외계인으로부터 지구를 보호하는 것이지만 국가를 기준으로 하면 적이나 범죄자로부터 백성을 보호합니다. 가정을 기준으로는 식구들을 보호하려는 의지가 강해서 보수적이고 일탈을 싫어합니다. 재살은 일반인들은 싫어하거나 실행에 옮기지 못하는 행동들을 과감하게 저지르기에 비행청소년, 가출하여 화류계로 빠지거나 심하면 범죄도 저지릅니다.

장성은 물질과 육체를 지키므로 자연스럽게 권력, 법률, 조직, 물질, 건강 등과 관련이 있으며 지극히 현실적입니다. 직업으로는 정치, 군인, 검경, 의료. 공무원 등이며 국가와 사회를 위해서 헌신하는 직업들입니다. 영혼의 세계 災煞에서는 지켜야할 것이 없기에 총명한 두뇌로 승부를 걸어야 합니다. 일론 머스크의 행동을 관찰해보면 재살의 특징을 이해합니다. 기존 제품을 모방하지 않고 혁신적인 제품을 생산하려고 노력합니다. 하지만 그릇이 작은 경우에 활용하는 재살은 창조와는 거리가 멀고 타인(將星)이 이루어놓은 물질, 육체를 빠르게 강탈하는 방식을 활용합니다. 이런 특징을 여성이 활용하면 꽃뱀이 됩니다. 타인의 재산을 강탈하는 방법을 본능적으로 알고 있습니다. 2025년 2월 북한은 암호 화폐거래소 바이비트를 해킹해서 2조원 상당의 암호 화폐를 훔치고 빠르게 돈세탁 했다고 합니다. 삼성전자에 다니다가 제품정보, 자료, 도면을 해외에 팔아먹는 자들도 재살입니다. 재살은 강탈본능을 장착하였기에 날카롭고 냉소적이며 심보가 뒤틀려 조직을 와해시키려는 욕망이 강합니다. 공직자로 발전하다가도 겁살, 재살, 천살을 지날 때는 주위로부터 배신당하고 밀고, 누명으로 좌천당하는 일들이 발생합니다. 정치에 비유하면 재살은 국가에 대항하는 민중운동가, 노동운동가에 해당합니다. 재살은 국가의 입장에 서지 않고 국가에 불만을 품은 자들을 대변하기에 국가와 충돌하다가 교도소에 수감되는 사례가 많습니다. 대학교에서 학생운동하다 복역하는 사례들도 재살입니다. 회사의 정책에 반대하는 사람들을 모아서 조직을 와해시키거나 직원들을 부추겨 데리고 나가서 유사한 회사를 차리고 경쟁하는 자들이 재살입니다. 왜 이런 행위를 할까요? 자신이 총명하다고 믿기에 국가, 사회, 회사, 조직 위에 군림하려는 욕망이 강하기 때문입니다.

문제는 편집증적으로 총명하기에 공감능력이 부족하고 주위의 공감을 얻지 못하기에 조직을 장악하는 능력이 부족하고 인내심과 끈기가 없어 금방 싫증을 느낍니다. 기존 체계를 무시하고 자신의 능력을 인정받지 못하면 반기를 들고 장성을 공격합니다. 영혼의 세계에 있는 저승사자의 독특함에 끌려 일시적으로 모여들지만 진실하지 않은 재살의 행동에 사람들이 떠나갑니다. 정치에 비유하면, 세력을 모으려 해도 재살에는 권력, 이권이 없기에 낙하산 인사를 활용해서 조직의 권력을 강탈하여 취하지만 반발이 심해 오래 버티지 못하고 그 과정에 저지른 범죄로 교도소에 수감되는 정치인들이 바로 재살입니다. 범죄자로 전락할 것을 알면서도 눈앞에 보이는 꿀단지를 절대로 포기하지 못하는 것이 바로 재살 정치인들입니다. 낙하산으로 사장에 취임했지만 직원들이 등을 돌리고 반목하는 이유는 장성을 빼앗으러 온 비정상적 인사라 생각하기 때문입니다. 이처럼 주위로부터 동조, 공감을 얻기 어려운 것이 재살입니다. 몇몇 사람들을 모아서 법률, 규범, 원칙을 무시하고 조직을 와해시키려고 달려들지만 오래지 않아서 무너져 내립니다. 예로, 주가를 조작하는 행위도 재살행위입니다. 가정에서는 내 생각, 행동에 반대하면서 사이가 틀어지는 식구입니다. 결혼을 반대했거나 결혼 후에도 나를 싫어하는 장모, 처형, 처남 등입니다. 항상 나의 행동을 비평하기에 재살 인연은 불편합니다. 나의 약점, 단점을 통제하려고 달려듭니다. 남편은 처가, 부인은 시댁에 재살 띠가 있으면 신경이 쓰이지만 태도에 따라 관계가 달라집니다. 재살은 <u>우주어미의 사랑</u>이라는 키워드를 기억하면 이해하기 쉬운데 겸손한 태도를 보이면 오히려 나를 보살펴주는 것이 재살입니다.

역마, 재살, 월살은 三合으로 묶여있지만 차이가 있습니다. 역마는 나를 대변해주고 재살은 힘든 과정에 지원을 아끼지 않고 월살은 생활에 필요한 지원을 아끼지 않습니다. 결국 재살 운에는 겸손하게 행동하고 고개를 숙이면 사랑을 받지만 반대로 행동하면 나를 꼼짝 못하게 몰아갑니다. 재살 띠 시어머니를 만나면 잔소리에 괴로울 수 있지만 재살이 원하는 것을 따르면 탈이 없습니다. 엄마는 나에게 아이처럼 행동할 것을 요구합니다. 우주어미가 나를 보살피고 싶다는 충동을 느끼도록 행동하면 자비심을 베풀지만 거만하게 굴면 시기, 질투가 폭발하면서 괴롭힙니다. 자신이 상대보다 뛰어나야 하는데 상대가 고개를 숙이지 않으면 날카롭게 공격하는 것입니다. 어미에게 순종해야 하는데 군림하면 계속 괴롭힙니다. 재살의 작용이 흉하면 등 뒤에서 나를 찌르는 행위로 고자질, 고발, 신고로 불편하게 만듭니다. 재살을 다루기 까다로운 이유는 총명하고 교활하고 꼴통 짓을 과감하게 실행하기 때문입니다. 재살은 장성에 비해 훨씬 영리하고 독특하며 고집이 강해서 타협도 어렵습니다. 군대에서 총기사고로 사상자가 생기는 것도 재살 행위입니다. 재살은 선동행위로 기존의 틀을 깨부수려고 하므로 수옥이라 불렀습니다. 장성과 재살은 모두 권력을 장악하려는 욕망이 강하지만 재살은 주로 부하, 지위가 낮은 사람, 총명하지 않은 사람들을 선동해서 장성의 통치체계를 뒤엎으려고 합니다. 도둑이 어두운 밤에 활동하는 이유는 비밀스럽게 장성을 깨부수기 위한 것으로 경계가 심하지 않은 시간대에 빠르게 공격합니다. 도둑의 눈빛을 상상해보세요. 주위를 살피고자 눈알을 굴리기 바쁩니다. 이런 이치대로 겁살, 재살 세운에는 재산, 육체가 상할 수 있습니다. 물론 바르게 행동하고 보수적으로 생활하면 로또처럼 하늘에서 돈벼락을 맞기에 매우 양면적입니다. 공무원에 비유하면, 낙하산 인사가 공적 자금을 유용하고 인사권을 남용하는 방식으로 조직을 붕괴시킬 수도 있습니다. 저승사자 눈빛은 탐색본능이 강합니다. 상대를 빤히 쳐다보며 상황을 탐색합니다. 정보를 수집하고 공격할 틈을 노립니다. 상대가 이루어놓은 사업을 재빠르게 간파하고 빈틈을 공격하는 전략을 구사하지만 단계를 거치지 않은 급조된 전략이기에 끈기가 부족하고 공격이 통하지 않으면 빠르게 포기하고 다른 목표를 찾아 떠납니다. 빼앗을 것이 있다고 확신하면 친절하게 혹은 비굴할 정도로 친근하게 접근하고 <u>지나친 칭찬과 아부로 빈틈을 찾아내고 공략</u>하는 것이 저승사자 재살의 본능입니다. 겁살, 재살의 눈빛은 따뜻하지 않으며 날카로운 사냥꾼 눈빛입니다. 취업하고자 회사에서 면접하는데 아무 말도 없이 계속 관찰하는 면접관이 재살입니다. 재살의 노림수를 알아차리는 것은 쉽지 않습니다. 드러내지 않고 속으로만 잣대질 하다 장성이 틈을 보일 때 배신합니다. 꽃뱀, 제비는 굉장히 전문적이기에 돈을 뜯기고 나서야 정체를 알아차립니다. 재살의 행실이 은밀하기에 아군인지, 적군인지 모를 지경이고 이중 스파이도 있습니다. 이처럼 정체를 밝히는 것이 어렵고 상황에 따라서는 적군에서 아군으로, 아군에서 적군으로 양쪽을 넘나듭니다. 재살을 명확하게 구분하는 행동은 지나치게 칭찬하고 아부하고 호의를 보이면 반드시 노림수가 있습니다. 굽신 거리며 달려들다가도 약점이 잡히는 순간 돌변하고 뒤통수칩니다. 이것이 재살과 저승사자가 보이는 전형적인 행동방식입니다. 재살이 날카롭고 냉소적인 이유는 자신이 굉장히 총명하다는 거만함이 숨어있습니다. 이것을 이해해야 저승사자, 재살을 상대하기 쉽습니다. 재살은 色界를 만드는 출발점으로 새 영혼을 제공받아 탄생하려면 반드시 순종하면서 간절히 원하는 태도를 보여야 함에도 반항하고 반발하면 기회를 날려버립니다. 나를 기준으로 재살 띠는 물론이고 상대의 사주팔자에 겁살, 재살이 많으면 항상 경계해야 합니다. 재살을 가장 효율적으로 활용하려면 도움을 받도록 행동하는 겁니다. 내가 재살의 위에 서려고하면 풀리지 않습니다. 망신에서는 존재감을 드러내야 하고 재살에서는 드러내지 말고 힘든 척해야 도움을 받습니다. 재살의 날카로운 기세를 제거하고 나를 이롭게 하는 가장 현명한 방법입니다. 재살은 드러나지 말아야할 치부 같은 것입니다. 하지만 재살을 효율적으로 사용할 수만 있다면 뛰어난 재능을 보입니다. 재살의 총명한 사례를 보겠습니다.

坤命				陰平 1991년 6월 4일 10:00								
時	日	月	年	87	77	67	57	47	37	27	17	7
癸	丙	乙	辛	甲	癸	壬	辛	庚	己	戊	丁	丙
巳	戌	未	未	辰	卯	寅	丑	子	亥	戌	酉	申

과학 고등학교 2학년 당시에 3학년 과정을 생략하고 대학에 진학할 정도로 총명합니다. 전교수석을 놓친 적이 없고 부친은 고대, 모친은 연대를 졸업했습니다. 未年을 기준으로 年干 辛金이 재살이고 월간 乙木은 將星인데 沖하기에 총명합니다. 살고자 하는 乙木과 죽이려는 辛金이 충돌하기에 두뇌회전이 빠를 수밖에 없습니다.

坤命			
時	日	月	年
丙	辛	辛	辛
申	丑	卯	未

陰平 1991년 2월 17일 16:00

81	71	61	51	41	31	21	11	1
庚	己	戊	丁	丙	乙	甲	癸	壬
子	亥	戌	酉	申	未	午	巳	辰

과학 고등학교 서류전형에서 떨어지고 일반 고등학교 진학 후 전교 1등, 2등 성적입니다. 의대를 지망하였고 부모님은 모두 약사입니다. 卯木이 장성, 辛金이 재살로 생사의 갈림길에서 의대, 약대를 원합니다. 월주 辛卯는 한의사에도 적합합니다. 재살은 기본적으로 천재의 가능성이 있습니다.

坤命			
時	日	月	年
庚	壬	戊	辛
戌	子	戌	未

陰平 1991년 9월 2일 20:00

90	80	70	60	50	40	30	20	10
丁	丙	乙	甲	癸	壬	辛	庚	己
未	午	巳	辰	卯	寅	丑	子	亥

부친은 외국에서 박사학위를 받았고 모친은 약사입니다. 未年을 기준으로 辛金이 재살이기에 매우 총명합니다. 辛金과 戊戌조합은 박사급이라고 설명했는데 부친이 박사학위를 받았습니다. 세 사주 공통적으로 辛未간지는 매우 총명합니다.

乾命			
時	日	月	年
乙	乙	戊	乙
酉	酉	寅	丑

陰平 1984년 12월 26일 18:00

84	74	64	54	44	34	24	14	4
己	庚	辛	壬	癸	甲	乙	丙	丁
巳	午	未	申	酉	戌	亥	子	丑

서울대 공학을 나온 수재입니다. 丑年을 기준으로 乙木이 재살입니다.

乾命				陰平 1951년 8월 29일 00:00								
時	日	月	年	87	77	67	57	47	37	27	17	7
庚	壬	丁	辛	戊	己	庚	辛	壬	癸	甲	乙	丙
子	申	酉	卯	子	丑	寅	卯	辰	巳	午	未	申

壬辰대운 辛巳년 당시 부장판사를 거쳐 변호사를 지내다 국회의원에 당선되어 활동합니다. 사주원국에 丁辛壬 三字조합으로 매우 총명하고 하늘에서 돈벼락을 맞는 조합입니다. 卯年을 기준으로 三合을 벗어난 辛酉, 庚申은 겁살과 재살로 지극히 총명합니다.

坤命				陰平 1965년 4월 19일 16:00								
時	日	月	年	86	76	66	56	46	36	26	16	6
庚	癸	辛	乙	庚	己	戊	丁	丙	乙	甲	癸	壬
申	酉	巳	巳	寅	丑	子	亥	戌	酉	申	未	午

乙酉대운 辛巳년 당시에 약사였습니다. 巳年을 기준으로 乙木이 재살이며 월간 辛金 將星과 沖하기에 生死를 다투는 약사입니다.

8. 災煞의 강탈행위
겁살, 재살, 천살은 타인이 이루어놓은 물질과 육체를 빠르게 활용해서 내 것으로 만들려는 욕망이 강합니다. 타인이 수고롭게 완성한 것들을 다양한 방식으로 강탈하여 내 것으로 만드는 재주가 있습니다. 소위 숟가락만 얹는 지름길을 택하기에 주위 사람들에게 비난당하고 심하면 범죄자가 됩니다. 남의 것을 내 것으로 활용하기에 상황에 따라서 굉장히 좋을 수도, 나쁠 수도 있기에 재살의 특징을 이해하기 어렵습니다. 내가 훔치면 교도소에 들어가지만 겸손하게 행동하면 우주어미의 도움을 받기 때문입니다. 재살로 범죄를 저지르지만 않으면 횡재도 가능합니다. 겁살, 재살을 강탈과 수옥으로만 접근하면 그들이 품은 엄청난 에너지를 이해하지 못합니다. 겁살, 재살에는 횡재, 한탕, 창조, 발명, 혁신, 뛰어난 아이디어를 활용하지만 흉하게 활용하면 도둑, 강도, 탈세, 폭력, 갈취, 살인 등의 물상으로 변질됩니다. 내 소유물이 아닌데도 내 것처럼 활용하려는 욕망이 강하기에 저승사자라고 표현합니다.

타인의 재산, 명의, 지위를 이용하려는 이유는 겁살, 재살, 천살에는 <u>육체와 물질이 없기 때문</u>입니다. 사업하다 부도내서 어쩔 수 없이 배우자 명의를 활용하는 경우도 유사합니다. 나의 존재를 드러내기 어려울 때 재살 띠의 명의를 활용할 수 있지만 결말이 좋지 않기에 명의를 빌려주지 않는 것이 바람직합니다. 나의 재살 운에 명의를 빌려주거나 보증서면 배신당하고 그 빚을 떠안거나 심하면 신용불량자로 전락합니다. 육해, 화개에서 힘들어지고 부도나서 재살에서 타인의 명의를 사용할 수밖에 없는 상황에 몰립니다. 보증 잘못으로 망하거나 이름 빌려주었더니 재산을 빼앗기는 상황입니다. 재살은 타인의 돈, 명성, 권력을 강탈하려고 달려들기에 문제입니다. 이름을 빌려주는 것으로 끝나는 것이 아니라 힘들게 모았던 재산도 한순간 털릴 수 있음을 기억해야 합니다. 재살 운에 이름을 빌려 달라고 한다면 저승사자가 재산을 강탈하러 온 것입니다. 재살에서 문제가 발생하면 지살에서 출발조차 못하는 어려운 상황에 내몰리기에 반드시 주의해야 합니다.

乾命				陰平 1967년 3월 25일 16:00								
時	日	月	年	89	79	69	59	49	39	29	19	9
庚	戊	甲	丁	乙	丙	丁	戊	己	庚	辛	壬	癸
申	辰	辰	未	未	申	酉	戌	亥	子	丑	寅	卯

청와대 출입기자로 지내다 乙酉년에 상품권 사업을 우후죽순처럼 확장하고 사기성을 벗어나고자 재투자하였지만 丙戌년 4/4분기부터 3개회사에 압수수색이 시작되고 丁亥년 10월 10일 구속되었습니다. 특정범죄 가중처벌과 사기죄입니다. 사주원국에 辰未 조합으로 가치를 부풀려 한탕을 노리는 조합이 강합니다. 특히 未年을 기준으로 庚申은 겁살이기에 하늘에서 돈벼락을 맞을 수 있지만 범죄를 저지르면 교도소에 수감됩니다. 甲申년과 乙酉년에 겁살과 재살을 만나고 酉辰로 조합하여 돈벼락을 맞았지만 결국 수감되었습니다.

乾命				陰平 1942년 8월 22일 04:00								
時	日	月	年	82	72	62	52	42	32	22	12	2
甲	戊	己	壬	戊	丁	丙	乙	甲	癸	壬	辛	庚
寅	子	酉	午	午	巳	辰	卯	寅	丑	子	亥	戌

癸丑대운 33세 甲寅년에 교도소에 수감되었습니다. 庚申년에도 조폭두목으로 활동하다 寅대운 甲子년에 재수감되었습니다. 寅午戌 三合을 기준으로 壬水와 子水는 겁살과 재살로 흉하게 활용하면 범죄를 저지릅니다. 戊己로 육체를 활용하고 甲己 合사

이에 戊土가 夾字로 끼어서 반드시 甲木의 통제를 받기에 범죄를 저지르면 잡혀 들어갈 수밖에 없습니다. 午火가 酉金을 자극하고 子水에 폭발하는 丁辛壬 三字조합으로 총명하고 하늘에서 돈벼락을 맞지만 겁살과 재살을 강탈행위로 활용하였기에 범죄자가 되었습니다.

乾命				陰平 1945년 2월 19일 06:00								
時	日	月	年	89	79	69	59	49	39	29	19	9
己卯	庚子	己卯	乙酉	庚午	辛未	壬申	癸酉	甲戌	乙亥	丙子	丁丑	戊寅

91년 辛未년 여름에 상담한 사례입니다. 19세 이후 암흑가에서 어슬렁거리며 감방을 들락거립니다. 도둑질로 먹고살며 평생 여자가 끊이지 않지만 결혼하기 어렵습니다. 酉年을 기준으로 乙卯는 재살인데 세 개나 있으며 양쪽에서 子卯 刑하고 卯酉 沖하기에 도둑질과 방탕한 성욕으로 활용했습니다.

乾命				陰平 1974년 3월 25일 02:00								
時	日	月	年	86	76	66	56	46	36	26	16	6
癸丑	戊子	戊辰	甲寅	丁丑	丙子	乙亥	甲戌	癸酉	壬申	辛未	庚午	己巳

戊辰년에 큰 사고를 쳤는데 17세 이전이기에 살인을 저질렀지만 20년형을 받고 10년을 복역하다 출소하였습니다. 寅年을 기준으로 子丑은 재살과 천살이며 癸甲戊 三字조합으로 거칠고 甲寅과 戊辰으로 國家에서 戊土의 땅을 거칠게 다스리기에 살인자가 되었습니다.

乾命				陰平 1967년 8월 23일 10:00								
時	日	月	年	86	76	66	56	46	36	26	16	6
丁	癸	己	丁	庚	辛	壬	癸	甲	乙	丙	丁	戊
巳	巳	酉	未	子	丑	寅	卯	辰	巳	午	未	申

형사반장입니다. 未年을 기준으로 酉金이 재살인데 사주전체가 밝기에 형사입니다. 동일한 재살도 사주구조에 따라 활용하는 방식이 크게 다른 이유입니다.

9. 災煞의 돈벼락

재살의 좋은 점은 하늘에서 돈벼락을 맞을 수 있는 에너지를 품었다는 것입니다. 작은 노력으로 많은 이익을 취하는데 주로 활용하는 방식은 꽃뱀처럼 뒤통수를 치거나 총명한 두뇌를 창조, 발명, 기술로 활용하여 돈벼락을 맞습니다.

乾命				陰平 1943년 8월 13일 02:00								
時	日	月	年	81	71	61	51	41	31	21	11	1
癸	癸	辛	癸	壬	癸	甲	乙	丙	丁	戊	己	庚
丑	酉	酉	未	子	丑	寅	卯	辰	巳	午	未	申

중학교를 졸업했지만 건축업으로 100억대 부를 축적했습니다. 사주원국 未土가 수많은 辛酉에 열을 자극하고 癸水에 풀어지는 丁辛壬 三字조합의 변형입니다. 특히 未年을 기준으로 辛酉는 재살이기에 하늘에서 돈벼락을 맞는데 대운에서 들어온 강력한 火氣를 품은 辛酉가 일간 癸水에 풀어지기에 100억대 부를 축적했습니다. 년지 未土도 매우 중요한 역할을 하는데 酉月에

수확하는 과정에 반드시 필요한 乙木을 제공하기에 재물의 원천입니다.

乾命				陰平 1923년 8월 16일 12:00								
時	日	月	年	85	75	65	55	45	35	25	15	5
丙午	壬寅	辛酉	癸亥	壬子	癸丑	甲寅	乙卯	丙辰	丁巳	戊午	己未	庚申

16세 이전에 조실부모하고 고학하여 戊午대운부터 돈을 벌어 1986년 당시에 900억 부를 축적했습니다. 巳, 辰대운에 소강상태가 아니었다면 수천억 정도도 가능했다고 합니다. 亥年을 기준으로 辛酉는 재살이며 대운에서 강력한 火氣를 품은 후 일간 壬水에 빠르게 풀어지는 丁辛壬 三字조합입니다.

乾命				陰平 1957년 3월 24일 04:00								
時	日	月	年	85	75	65	55	45	35	25	15	5
戊寅	乙丑	甲辰	丁酉	乙未	丙申	丁酉	戊戌	己亥	庚子	辛丑	壬寅	癸卯

2006년 丙戌年 당시 부동산으로 엄청난 부를 축적하였고 재개발에 박차를 가하고 있습니다. 부친도 부자입니다. 사주팔자에서 발현되는 물상은 하나의 요인으로 결정되는 것이 아닙니다. 사주원국, 대운, 세운, 월운, 일운이 순차적으로 흐르면서 하나의 물형을 점차적으로 명확하게 결정합니다. 酉年을 기준으로 巳酉丑 三合을 벗어난 寅卯辰과 甲乙은 겁살, 재살, 천살이기에 매우 총명하고 하늘에서 돈벼락을 맞을 수 있습니다. 년주 丁酉에서 丁火가 酉金을 자극하면 辰土와 丑土에서 씨종자를 폭발

시키는 酉丑辰 三字조합으로 엄청난 부를 축적하였습니다. 특히 대운이 초년부터 水氣로 흐르기에 丁辛壬 三字조합도 활용하고 辰月에 필요한 水氣를 가득 채워서 크게 발전했습니다.

乾命				陰平 1957년 2월 10일 04:00								
時	日	月	年	81	71	61	51	41	31	21	11	1
壬寅	壬午	癸卯	丁酉	甲午	乙未	丙申	丁酉	戊戌	己亥	庚子	辛丑	壬寅

2001년 辛巳년 45세 상황입니다. 중견기업 간부로 100억대 재산을 축적하였습니다. 뛰어난 로비스트 자질이고 매우 활동적이며 합리적입니다. 戊戌대운에 크게 발전했습니다. 酉年을 기준으로 寅木과 卯木이 겁살과 재살이기에 하늘에서 돈벼락도 가능합니다. 특히 년주 丁酉가 壬癸에 풀어지는 丁辛壬 三字조합이기에 총명하고 벼락부자 특징입니다 戊戌대운의 戊대운에 강력한 火氣들이 酉金을 자극하고 경쟁자 癸水를 合으로 제거한 상태에서 壬水가 丁辛壬 三字로 하늘에서 돈벼락을 맞았습니다.

坤命				陰平 1990년 6월 7일 08:00								
時	日	月	年	87	77	67	57	47	37	27	17	7
戊辰	甲午	癸未	庚午	甲戌	乙亥	丙子	丁丑	戊寅	己卯	庚辰	辛巳	壬午

어머니가 이혼 후 일본남자와 재혼하여 이 여인을 낳았습니다. 부친은 변호사였는데 壬午대운 丁丑년에 전립선암으로 사망하면서 엄청난 유산을 물려주었습니다. 무남독녀에 날씬하고 미모이며 미국 고급 사립학교에서 국제변호사를 목표로 공부하였습니

다. 午年을 기준으로 壬癸와 亥子는 겁살과 재살에 해당합니다. 흥미로운 점은, 월간 癸水 재살이 부친이기에 매우 총명하며 법조계에 근무했으며 壬水 겁살대운에 하늘에서 돈벼락을 맞았습니다. 甲木이 壬水를 만나면 기본적으로 조상의 음덕이 좋은데 겁살의 횡재까지 받았습니다. 부친이 단명한 이유는 년에서 庚金이 癸水를 돕지만 午未에 증발하고 戊癸 合으로 더욱 무기력해졌기 때문입니다.

乾命				陰平 1935년 11월 26일 13:00								
時	日	月	年	84	74	64	54	44	34	24	14	4
甲午	辛未	戊子	乙亥	己卯	庚辰	辛巳	壬午	癸未	甲申	乙酉	丙戌	丁亥

지방명문 M고 15회 졸업생으로 오래도록 개인택시를 하였으며 7층 건물과 5층 건물을 소유하고 있습니다. 토지보상금 380억을 받았습니다. 은행이자와 임대료, 종업원 16명의 갈비 집 식당으로 월수입 1억 이상입니다. 21세 군인시절 손 한번 잡아본 과수원 집 아가씨와 결혼하여 행복하게 살고 있습니다. 1977년 개인택시 면허를 받았고 수입이 좋았으며 부인이 땅에 투자해서 엄청난 부를 축적했습니다. 부인 덕분에 중년 이후 어려움을 겪어 본 적이 없습니다. 어린 시절에도 집에서 정미소를 운영해서 평생 경제적 어려움은 없었습니다. 亥년을 기준으로 일간 辛金이 재살로 매우 총명하고 水木으로 성장한 木氣들을 수확하기에 하늘에서 돈벼락을 맞습니다. 배우자 未土는 수많은 木氣들을 墓地에 담아내는 벼락부자 구조입니다.

乾命				陰平 1952년 5월 13일 20:00								
時	日	月	年	81	71	61	51	41	31	21	11	1
庚戌	壬午	乙巳	壬辰	甲寅	癸丑	壬子	辛亥	庚戌	己酉	戊申	丁未	丙午

2천억 부자입니다. 2002년에서 7년 사이에 부동산으로 엄청난 부를 축적했습니다. 1990년에 유명한 학원 강사로 돈을 벌어서 부동산에 투자하여 명동에 3채의 빌딩과 강남에 학원이 3채입니다. 辰年을 기준으로 巳午는 겁살, 재살에 해당하기에 매우 총명하고 돈의 흐름을 잘 읽습니다. 더욱 좋은 점은 巳午戌로 戌土에 火氣를 가득 담은 후 庚金을 자극하면 뜨거워진 庚金이 총알처럼 일간 壬水를 향하기에 돈과 명예를 빠르게 취합니다. 특히 좋은 점은 乙庚 合 과정에 壬水가 夾字로 끼어서 乙庚 합의 효과를 취하고 巳午로 乙庚 合 열매를 확장하기에 모든 결과물을 일간이 취합니다.

乾命				陰平 1979년 1월 3일 06:00								
時	日	月	年	82	72	62	52	42	32	22	12	2
癸卯	丁酉	乙丑	戊午	甲戌	癸酉	壬申	辛未	庚午	己巳	戊辰	丁卯	丙寅

35세~36세 己巳대운 壬辰년~癸巳년에 부동산 투자에서 큰돈을 벌었지만 37세~38세 甲午년~乙未년에 사업으로 크게 손실을 봤습니다. 39세~40세 己巳대운 丙申년~丁酉년에 암호 화폐에 투자해서 30억을 벌었습니다. 이 구조를 활용하여 겁살, 재살의 한탕욕망에 대해 살펴보겠습니다. 겁살, 재살, 천살은 12신살 중에서 25% 정도의 비율이기에 상대적으로 짧은 기간 내에 결과

를 취하려는 욕망이 강합니다. 특히 물질 강탈욕망이 강해지면 과감하게 일탈행위로 한탕을 노리기에 기복이 심합니다. 운이 좋을 때는 하늘에서 돈벼락을 맞지만 운이 나쁘면 모두 빼앗기고 교도소에 수감됩니다. 루나 권 도형의 사주팔자도 辛未년 丙申월 己卯일로 未年을 기준으로 辛申이 재살과 겁살이기에 하늘에서 돈벼락을 맞았지만 교도소에 들어가 나오기 힘들어졌습니다. 돈벼락을 맞는 사주사례를 몇 개 더 보겠습니다.

坤命				陰平 1960년 7월 24일 20:00								
時	日	月	年	82	72	62	52	42	32	22	12	2
丙戌	乙巳	乙酉	庚子	丙子	丁丑	戊寅	己卯	庚辰	辛巳	壬午	癸未	甲申

처녀로 유치원을 운영해서 부동산 투자로 30대 말에 3천억 부를 축적한 이유는 子年을 기준으로 사주원국 丙, 巳 겁살이 있고 壬午, 辛巳대운에 재살과 겁살을 만났기에 하늘에서 돈벼락을 맞았습니다. 천간에서는 乙丙庚 三字로 재물욕망이 매우 강한 구조입니다.

坤命				陰平 1946년 1월 1일 00:00							
時	日	月	年	81	71	61	51	41	31	21	11	1
庚子	丁未	己丑	乙酉	戊戌	丁酉	丙申	乙未	甲午	癸巳	壬辰	辛卯	庚寅

재미사업가 김 태연 회장입니다. 酉年을 기준으로 寅卯辰과 甲乙이 저승사자인데 30대부터 甲午, 乙未로 겁살, 재살을 만나 하늘에서 돈벼락을 맞았습니다. 또 년과 시에서 乙庚 합하고 대

운에서 巳午未를 만나 乙丙庚 三字로 폭발적으로 발전하여 엄청난 부를 축적하였습니다.

坤命				陰平 1982년 11월 15일 12:00								
時	日	月	年	87	77	67	57	47	37	27	17	7
甲午	丙戌	壬子	壬戌	癸卯	甲辰	乙巳	丙午	丁未	戊申	己酉	庚戌	辛亥

일타강사 이 지영 사주팔자입니다. 戌土를 기준으로 亥子丑, 壬癸가 저승사자이기에 하늘에서 돈벼락을 맞았습니다. 사례들의 공통점은 일반인들은 상상도 못할 부를 단시간에 이루어낸다는 것입니다. 十神으로 壬水는 偏官이기에 어려서 매우 힘든 성장과정을 거쳤으면서도 겁살, 재살의 독특한 총명함으로 엄청난 부를 이루었습니다. 이처럼 동일한 글자도 십신으로 살필 때와 신살로 살필 때의 의미와 물상이 다르기에 다양한 각도에서 종합적으로 분석해야 합니다.

乾命				陰平 1926년 8월 19일 16:00							
時	日	月	年	85	75	65	55	45	35	25	15	5
戊申	丁巳	丁酉	丙寅	丙午	乙巳	甲辰	癸卯	壬寅	辛丑	庚子	己亥	戊戌

일본에서 사채업으로 부를 축적하고 辛丑대운에는 큰 부자로 통했습니다. 한때 처와 첩을 4명이나 거느렸습니다. 丙寅, 丁酉로 酉金이 매우 날카롭습니다. 초년부터 대운이 亥子丑 겁살, 재살로 흐르자 짧은 시기에 하늘에서 돈벼락을 맞았습니다.

10. 將星, 災煞에서 물의 흐름

신살은 공간, 환경, 물질, 육체를 다루는 이론이지만 근본원리는 물의 순환과정입니다. 지살에서 출발해서 장성에서 꼭지에 이르고 육해에서 구멍으로 빠져나와 화개를 지나 영혼의 세계로 들어간 후 겁살, 재살, 천살에서 가장 낮은 곳에 머물다가 지살로 오르기 시작합니다. 재살에서 물이 가장 깊기에 色界를 살아야 하는 인간에게 좋은 의미는 아닙니다. 가장 깊고 어둡고 더러운 공간을 암시하기에 물질이나 육체에게 좋을 리가 없습니다. 물의 순환과정의 핵심은 육해입니다. 色界를 마감하고 空界로 넘어가는 통로인데 가정에서는 하수구에 해당하지만 물이 어디로 흐르는지 알 수 없습니다. 삶과 죽음처럼 하수구를 벗어나 수돗물로 나오기까지의 여정에 대해서 전혀 모르기에 윤회과정과 다를 바 없습니다. 육해는 生死를 결정하고 色界에서 空界로 넘어가는 첫 관문이기에 물의 흐름이 막히면 흉한 일들이 발생합니다. 화장실이 터지거나 하수구가 막히면 가정에 우환이 발생합니다. 물이 역류하면 피가 역류하는 것처럼 흉한 일들이 발생하고 일이 풀리지 않으며 주위 친인척들이 사망할 수 있습니다. 12신살의 본질이 물의 순환과정임을 이해해야 합니다. 2020년 庚子년에 육해를 경험한 사례입니다. 치아 9개가 상하고 보일러가 고장 나고 기름통이 깨져 수도에 기름 냄새가 진동하고, 수도가 고장 났으며, 넘어져 옆구리가 다치고, 친한 사람에게 배신당하여 재물이 흩어졌습니다. 공부하고 수양하며 지내기에 견디지만 일반인이라면 정신병에 걸렸을 것이라고 한탄했습니다. 육해방위에 하수구가 있는데 막힐 때 발생하는 현상들입니다. 물의 흐름이 막히면 빠르게 뚫어주어야 합니다. 하수구가 막히면 문제가 발생하는 것처럼 사주팔자에서는 육해가 막히면 다양한 문제들이 발생합니다.

乾命				陰平 1954년 1월 19일 04:00								
時	日	月	年	84	74	64	54	44	34	24	14	4
丙寅	己酉	丙寅	甲午	乙亥	甲戌	癸酉	壬申	辛未	庚午	己巳	戊辰	丁卯

辛未대운 戊寅년 44세에 40억 뇌물 받고 재판에 넘겨져 교도소에 수감되었습니다. 午年을 기준으로 일지 酉金이 육해로 午火에 자극받아서 날카로운데 水氣가 전혀 없고 양쪽에 있는 寅木과 寅酉로 殺氣가 강합니다. 마치 하수구가 막힌 것처럼 운도 막혀버립니다. 辛未대운에 이르자 일지 酉金 六害가 천간에 드러나 운세가 막히고 정신적, 육체적으로 고통 받습니다. 戊寅년에 사주원국 구조대로 寅酉로 조합하자 범죄를 저지르고 교도소에 수감되었습니다. 이 사례는 酉金 육해 하수구가 막혀서 문제가 발생하였습니다. 재살에 이르면 물은 가장 깊지만 물질적으로는 발전하기 어렵습니다. 우연히 발전의 기회를 제공받지만 여전히 활동하기에 어려운 환경입니다. 다만 깊은 사색으로 지혜롭기에 법관, 검사, 의사, 정치와 같은 직업으로 활용하거나 영혼의 부활, 재활처럼 장애인 재활센터 혹은 보건소, 약국, 병원과 같은 직업이나 물상을 활용하는 것이 좋습니다.

11. 미래 암시 - 劫煞, 災煞, 天煞

겁살, 재살, 천살 방위는 영혼의 세계이자 환생, 부활을 준비하는 공간이기에 미래를 암시합니다. 집을 기준으로 겁살, 재살, 천살 방위에서 제공하는 암시를 잘 살펴야 합니다. 재살과 천살에서 영혼과 육체가 결합하여 지살에서 탄생하기에 나의 미래를 암시하는 무언가가 있습니다. 예로, 재살에 서점이 있다면 학문과 인연이 있음을 암시합니다. 부자동네가 있다면 미래에 부자가 될 것을 암시합니다. 탱크가 있다면 전쟁과 같은 상황이 발생하거나 군인이 될 수 있습니다. 장애인 재활센터가 있고 천살에 교회가 있으면 의료, 종교, 명리, 철학, 교육으로 방향을 잡아야 합니다. 재살방향에 공격적인 물건, 건물, 사람이 있으면 다툼, 소송이 발생합니다. 재살 방위에 교도소가 있으면 범죄를 저지를 수 있음을 암시합니다. 순수한 영혼을 이어받도록 책, 약이 있어야 하는 방위에 폭력적인 물품, 사람이 있기에 문제입니다. 태도에 따라서 상이한 반응을 보이는 것이 재살로 도발적이면 통제하지만 순응하면 도와주고 사랑을 베푼다고 하였습니다. 실례로 아파트 부녀회장에게 음료수를 선물했더니 좋은 정보를 제공해서 아파트를 싸게 구입하였다고 합니다. 역마, 재살, 월살은 모두 그런 이치를 담고 있습니다. 나에게 사랑을 베풀려고 나타난 우주어미가 면밀하게 관찰한 후 괴롭혀야할지 도와줄지를 판단한 후 행동에 옮깁니다. 특히 재살에서 적절하게 행동해야 우주어미의 사랑이 월살까지 이어집니다.

12. 災煞 干支

丁卯, 癸酉, 丙子, 己卯, 壬午, 戊子는 모두 재살 干支입니다. 丁火가 巳酉丑 三合 운동하므로 卯木이 災煞이지만 卯木을 기준으로 丁火(午火)는 六害입니다. 육해가 죽음을 불사한 사랑을 의미하는 이유는 씨종자와 같아서 전생의 인연처럼 한순간 깊은 사랑에 빠지기 때문입니다. 따라서 丁卯간지는 六害의 강력한 성욕과 災煞의 일탈욕망이 조합하여 전생의 인연처럼 느끼는 인연을 만나면 과감하게 일탈행위를 저지릅니다. 젊은 영화배우가 늙은 감독과 30년 나이 차이를 극복하고 대중들의 안목도 의식하지 않고 동거하는 사례입니다. 癸酉는 亥卯未 三合운동하는 癸水에게 酉金은 재살이고 酉金을 기준으로 癸水는 巳酉丑 三合의 육해입니다. 丙子는 寅午戌 三合이기에 子水가 재살이지만

申子辰 三合을 기준으로 丙火는 겁살이기에 天干과 地支가 조화를 이루기 어렵습니다. 丁卯와 癸酉는 씨종자, 피붙이, 전생인연의 집착이 숨어있지만 丙火는 子水 재살을 매력적이라 느낍니다. 子水입장에서 관찰하면 申子辰에게 丙火는 겁살로 사고방식, 행동방식이 상이해서 조화를 이루는데 애를 먹습니다. 乙亥도 유사한 맛이 있습니다. 乙木 여자가 亥水 남편을 만나면 이상한 인간으로 보입니다. 신살을 활용하여 干支를 분석하는 방법을 간단하게 살폈습니다. 辛亥, 辛卯, 辛未 干支를 살피면, 辛未의 辛金은 申子辰 三合운동을 하기에 未土는 천살이고 亥卯未 三合을 기준으로 辛金은 재살입니다. 따라서 天煞과 災煞이 결합하였기에 영혼의 세계와 인연이 깊어서 종교, 명리, 철학, 교육 등 정신을 활용하는 직업에 적합합니다.

三合을 벗어났기에 물질과 인연이 박하며 남들이 어려워하는 행동을 과감하게 할 수 있습니다. 또 유통, 중개, 무역, 원재료 가공처럼 중간에서 물품을 중개하는 직업이 좋습니다. 天干을 기준으로 地支, 地支를 기준으로 天干의 신살을 살피는 이유는 다양한 각도에서 干支의미를 살피기 위해서입니다. 辛亥는 亡身과 災煞로 존재를 알리고 총명하며 과감한 행동을 해내기에 辛亥일주 여명은 자식 낳고 도망가 딴 살림 차리는 사례가 많습니다. 또 辛卯는 육해와 재살로 육체의 욕망과 과감한 일탈행위를 저지르기에 배우자관계가 복잡하고 불안정합니다. 壬午는 寅午戌 三合을 기준으로 壬水가 겁살이기에 午火를 강탈당할 수 있습니다. 부부사이라면 午火부인이 壬水남편을 도와야 합니다. 壬水에게 午火는 재살로 부인이 壬水에게 사회활동의 기회를 제공합니다. 실례로 남자는 의사, 부인은 약사인데 부인이 부동산 투자에 뛰어들어 수백억을 축적하였습니다. 흥미로운 점은 남편은 부인에게 의지하는데 午火가 壬水를 향하여 壬水의 안정을 도모하기 때문입니다. 己卯는 亥卯未를 기준으로 亥子丑寅卯辰 巳午未로 丑土와 未土에 己土가 있으니 월살과 화개에 해당합니다. 己土는 巳酉丑 三合운동이기에 卯木은 재살입니다. 따라서 干支특징은 卯木이 좌우로 펼치면서 己土를 파헤치기에 건축, 임대, 교육에 적합합니다. 卯木은 월살, 화개 己土를 뚫고 자유로운 활동을 원합니다. 戊子는 子水가 재살이고 子水에게 戊土는 월살, 화개 중 하나로 戊癸 合하기에 己卯처럼 불편한 관계는 아닙니다. 이처럼 일탈을 감행하는 丁卯, 癸酉간지도 있지만 戊子, 壬午처럼 합으로 엮이거나 丙子처럼 떨어져서 살아야 하는 干支도 있습니다.

13. 災煞 - 총명함을 상징하는 방위

장성에서는 육체, 물질을 지키고 재살에서 영혼을 지킵니다. 의미를 확장하면, 영혼의 세계에서 두뇌를 적극적으로 활용하기에 총명합니다. 이런 이치를 자녀의 학습에 활용하면, 재살방위를 바라보면서 공부해야 집중력이 좋아지고 학업성적이 향상됩니다. 책상에 앉았을 때를 기준으로 바라보는 방위가 재살입니다. 창조, 발명에도 적극적으로 활용하면 좋습니다. 재살방위를 바라보며 학습하면 집중력이 뛰어나고 10시간 공부해도 지치지 않지만 장성방위를 향하면 30분도 지나지 않아 졸리기 시작합니다. 이치를 궁구해보면, 將星은 물질, 육체를 상징하는 방위이기에 공부하기 어려운 것입니다. 재살을 바라보면 하늘에서 발전된 영혼을 제공하듯 아이디어가 떠오릅니다. 이런 지혜, 총명함을 사업으로 활용할 수 있습니다. 일론 머스크는 辛亥년에 태어났기에 辛金이 재살로 창의력이 뛰어나고 특출합니다. 재살 방위를 적극적으로 활용해서 자녀의 성적을 향상시켜야 합니다. 아이디어가 필요하면 재살방향, 재살 운을 활용합니다. 재살 년, 월, 일에 획기적이고 독특한 아이디어가 떠오를 수 있습니다.

간지 자체가 재살에 해당하는 경우가 있는데 바로 辛亥, 辛卯, 辛未, 乙巳, 乙酉, 乙丑으로 亥卯未 三合의 災煞은 辛金이며 巳酉丑 三合의 災煞은 乙木입니다.

14. 災煞 - 야당성향

재살을 정치활동에 활용하면 야당성향이 강하고 여당에서 활동하기 어렵습니다. 재살은 장성을 도발하기에 문제입니다. 권력에 대들다 힘들어집니다. 장성을 공격하는 직업으로 활용하는 사례도 많습니다. 예로, 노조위원장처럼 회사를 상대로 반기를 드는 방식입니다. 회사 입장에서는 눈에 가시와 같습니다. 군대에서 고문관 행동하고 자살해버리는 것도 재살입니다. 육체, 정신의 스트레스를 주는 사람들이 재살입니다. 장성을 기준으로 재살방위, 재살 띠는 타협하기 어려운 상대가 분명합니다. 독특한 사고방식, 행동방식을 가졌기에 타협이 어렵습니다. 산업스파이처럼 회사의 중요한 정보나 도면을 빼돌리는 행위도 재살입니다.

乾命				陰平 1985년 2월 11일 12:00							
時	日	月	年	88	78	68	58	48	38	28	18	8
불명	己巳	己卯	乙丑	庚午	辛未	壬申	癸酉	甲戌	乙亥	丙子	丁丑	戊寅

정치인 이준석 사주팔자라고 합니다. 경제학 컴퓨터 학사였는데 정치인이 되었습니다. 卯月의 시공간에서 요구하는 것은 성장에 필요한 水氣입니다. 卯辰巳월 봄에는 癸水가 乙木의 성장을 촉진해야 합니다. 마침 亥子丑 水氣를 공급하는 대운을 만나 성장의 기틀을 마련하고 丙子대운에 地支에서 子水를 공급하고 천

간에서 丙火를 활용해서 빠르게 성장하였습니다. 또 월지 卯木이 일지 巳火에 들어와 결과물을 얻습니다. 壬甲丙 三字조합으로 장기교육, 건설, 설계, 정치에 적합합니다. 정치성향은 乙卯가 己土의 땅을 건설하는 움직임을 활용하였습니다. 己卯와 乙己조합은 기본적으로 총명하고 교육, 건설, 임대 물상이기에 정치에 활용하였습니다. 壬甲己 三字는 겨울로 기초공사, 건설설계에 적합하고 壬甲丙 三字는 장기교육, 정치, 검경, 의료에 적합합니다. 총명한 이유는 丑년을 기준으로 乙卯가 재살이기 때문입니다만 기세가 강해서 將星을 공격하려는 성향이 강해 여당에서의 활동은 어렵습니다. 여당대표가 되었지만 바로 물러나고 야당으로 바뀐 이유입니다. 28세에 발탁되었지만 일탈 성향이 강해서 여당에 머물지 못합니다.

15. 災煞 - 미끼를 던진다.

일생을 살아가는 과정에 우연히 혹은 의도적으로 접근하여 이상하리만큼 호의를 베푸는 인연들을 만납니다. 나에게 딱히 잘 대해줄 이유가 없음에도 지나칠 정도로 호의를 베푸는 경우에는 반드시 미끼임을 알아차려야 합니다. 재살의 특출한 재능은 원하는 것을 얻기 위해서라면 수단, 방법을 가리지 않고 강력한 미끼를 던져서 낚시에 걸려들 때까지 기다린다는 것입니다. 이런 상황에서 일반인들이 재살을 이길 수 있는 유일한 방법은 한 번에 덥석 물지 말고 물듯 말듯 반복하면서 재살의 동태를 살펴야 합니다. 재살은 저승사자와 같아서 빠르고 크게 한탕을 노리지만 가장 큰 단점은 인내심이 약하여 일정 기간이 지나도록 미끼를 물지 않으면 스스로 견디지 못하고 본색을 드러냅니다. 지나칠 정도의 호의는 반드시 의도가 있기에 경계를 늦추지 않아야 합니다. 지나친 호의를 보이는 이유를 모르겠으면 상대의 사주팔자를 살펴서 겁살, 재살, 천살 저승사자가 많은지 확인하는 것이 좋습니다. 미끼를 던지는데 뛰어난 재능을 보이는 직업이 바로 꽃뱀과 제비입니다.

坤命				陰平 1974년 10월 14일								
時	日	月	年	86	76	66	56	46	36	26	16	6
불명	壬申	乙亥	甲寅	丙寅	丁卯	戊辰	己巳	庚午	辛未	壬申	癸酉	甲戌

엽기적인 꽃뱀 키지마 카나에 일본여인입니다. 2009년 8월 6일부터 결혼빙자, 보험사기 등 8명의 남자를 속여 돈을 가로채고 수면제를 먹이고 차 안에서 연탄불을 피워 자살을 빙자했습니다. 금액이 총 13억 정도라고 합니다. 엽기적으로 속이고 죽여서 돈을 챙기는 잔인하고 교활한 행위의 원인은 무엇일까요? 꽃뱀을 넘어 과감하게 살인까지 저지르는 이유를 이해하려면 저승사자와 같은 재살과 겁살에 대한 이해가 필요합니다.

년지 寅木을 기준으로 寅午戌 三合을 벗어난 亥子丑이 겁살, 재살, 천살로 저승사자와 같은데 사주원국에 亥水와 壬水가 있고 壬癸 겁살, 재살대운을 만납니다. 일간 壬水겁살이 乙木을 활용해서 남자들을 유혹합니다. 겁살과 재살의 교활함이 乙木의 입을 통하여 미끼를 던지는데 활용됩니다. 꽃뱀과 제비의 공통점은 미끼로 상대를 유혹하는 것입니다. 여인의 입장에서 甲寅 生氣들은 이용 대상에 불과하고 살인을 즐기는 이유는 壬水, 癸水 저승사자가 生氣를 제거하려는 욕망이 강하기 때문입니다. 일반인들은 실행에 옮길 수 없는 살인에 대해서 두려움을 느끼지 못하는 이유는 저승사자의 본성이 생기를 강탈해서 영혼의 세계로 몰고 가기 때문입니다.

坤命				陰平 1955년 7월 12일 08:00								
時	日	月	年	83	73	63	53	43	33	23	13	3
甲	壬	甲	乙	癸	壬	辛	庚	己	戊	丁	丙	乙
辰	戌	申	未	巳	辰	卯	寅	丑	子	亥	戌	酉

꽃뱀입니다. 未年을 기준으로 申酉戌이 저승사자인데 月支와 日支에 있으며 년과 월에 있는 甲乙과 未土의 地藏干 乙木을 申金으로 빠른 시간에 수확하려는 욕망이 강하기에 꽃뱀이 되었습니다. 사채, 카바레, 꽃뱀 등은 모두 빠르게 수확하려는 겁살과 재살의 욕망 때문입니다.

坤命				陰平 1966년 9월 19일 08:00								
時	日	月	年	88	78	68	58	48	38	28	18	8
戊	甲	戊	丙	己	庚	辛	壬	癸	甲	乙	丙	丁
辰	子	戌	午	丑	寅	卯	辰	巳	午	未	申	酉

온갖 미사어구와 사탕발림으로 투자자들을 모아 돈을 가로챕니다. 문서를 위조해서 투자하도록 유도합니다. 이혼 후 많은 남자들과 동거하고 가짜 남편과 애인이 많습니다. 애정 행각에 노골적이고 성을 매개로 돈을 뜯어내는 꽃뱀으로 반반한 얼굴과 화술에 남자들이 걸려듭니다. 午年을 기준으로 일지 子水가 재살이며 장성 午火를 沖하기에 법규, 규범을 무시하고 과감하게 일탈을 감행합니다. 특히 子水 災煞이 辰戌 沖 사이에 夾字로 끼어서 사고방식도 멀쩡하지 않기에 일반인들은 할 수 없는 이상 행동을 하는 겁니다.

坤命				陰平 1982년 1월 27일 10:00								
時	日	月	年	85	75	65	55	45	35	25	15	5
己	甲	壬	壬	癸	甲	乙	丙	丁	戊	己	庚	辛
巳	戌	寅	戌	巳	午	未	申	酉	戌	亥	子	丑

2011년 辛卯년 30세 당시 상황입니다. 20세에 결혼하였지만 1년 만에 이혼한 후 무능한 남자와 동거하다 가출하여 꽃뱀처럼 활동하며 편하게 살아갑니다. 자신이 제일 잘났고 착한사람들 등쳐먹는 사기꾼으로 거짓말 잘하고 뻔뻔합니다. 庚辛 官星이 드러나지 않아서 통제를 싫어하고 멋대로 행동한다는 정도로는 이 여인의 행동방식을 이해하기 어렵습니다. 戌年을 기준으로 년과 월의 壬水는 劫煞이기에 한탕욕망이 강합니다. 대운도 丑子亥로 재살과 천살을 만나기에 일탈욕망, 저승사자와 같은 강탈욕망이 강해지면서 과감하게 방탕합니다. 거짓말을 잘하는 이유도 모두 겁살, 재살의 한탕욕망이 만들어내는 부산물입니다. 빠르게 많은 돈을 취하기 위해서 활용하는 도구입니다.

坤命				陰平 1943년 5월 9일 02:00								
時	日	月	年	89	79	69	59	49	39	29	19	9
丁	庚	戊	癸	丁	丙	乙	甲	癸	壬	辛	庚	己
丑	子	午	未	卯	寅	丑	子	亥	戌	酉	申	未

중국인으로 꽃뱀입니다. 계획적으로 유산을 노리고 사망을 앞둔 노인들과 7번이나 결혼했던 전문 꽃뱀입니다. 未年을 기준으로 일간 庚金은 겁살로 未土 속 乙木과 合하고 午火로 확장하려는 욕망이 강하기에 재물욕망이 대단합니다. 또 丑土 속 辛金 재살을 활용하여 위에 있는 丁火 남자들을 子丑 合으로 안방으로

끌어옵니다. 결국 겁살과 재살을 활용하여 늙은 남자들이 소유한 재산을 취하는 꽃뱀이 되었습니다.

乾命				陰平 1940년 4월 10일 16:00								
時	日	月	年	86	76	66	56	46	36	26	16	6
壬申	己未	辛巳	庚辰	庚寅	己丑	戊子	丁亥	丙戌	乙酉	甲申	癸未	壬午

1986년 즈음 상황으로 사기 전과 8범입니다. 거구에 얼굴은 두툼하고 돈이 붙게 보이며 화술도 능란하여 사람들을 현혹시킵니다. 복덕방을 운영하면서 현장 소장과 패거리로 영동에 상가를 분양한다고 속이고 돈을 받아 도망갑니다. 辰年을 기준으로 巳午未는 三合을 벗어난 겁살, 재살, 천살이기에 한탕욕망이 강합니다. 또 辰未 刑은 부동산 떴다방 물상이며 시주 壬申도 방탕 물상이기에 말솜씨가 좋습니다. 辰未에 담긴 乙木 六害를 수많은 金氣로 암합하고 巳火로 확장하려는 욕망이 강해서 재물을 탐합니다. 전과 8범인 이유는 바로 겁살, 재살, 천살을 활용하여 한탕을 노리는 욕망 때문입니다.

乾命				陰平 1957년 7월 6일 00:00								
時	日	月	年	88	78	68	58	48	38	28	18	8
丙子	乙巳	丁未	丁酉	戊戌	己亥	庚子	辛丑	壬寅	癸卯	甲辰	乙巳	丙午

여자들을 후려서 먹고 사는 제비입니다. 酉年을 기준으로 巳酉丑 三合을 벗어난 寅卯辰과 甲乙은 겁살, 재살, 천살인데 일간 乙木이 재살입니다. 일반적으로는 丙丁 食傷이 발달하여 말솜씨

가 좋거나 수다스럽다고 통변하는데 사기, 거짓말로 타인의 재산을 강탈하는 행위와는 다릅니다. 乙木이 재살에 해당하고 대운도 寅卯辰 겁살, 재살, 천살로 흐르기에 한탕을 노리고 여인들에게 접근하는 제비로 활동했습니다. 특히 乙木이 丙子시를 만나면 언변이 진실 되지 않습니다. 丙火의 화려한 빛이 子水 어둠에 잠겨서 표면적으로는 굉장히 솔직해 보이지만 그 언어와 행동에 노림수가 있습니다.

乾命				陰平 1955년 12월 23일 02:00								
時	日	月	年	89	79	69	59	49	39	29	19	9
己	辛	己	乙	己	庚	辛	壬	癸	甲	乙	丙	丁
丑	丑	丑	未	卯	辰	巳	午	未	申	酉	戌	亥

늙은 제비라고 합니다. 이 구조를 분석할 때 偏印이 많아서 날로 먹으려고 한다고 통변하지만 타인의 재산, 육체를 강탈하는 물상과 질적으로 다릅니다. 未年을 기준으로 亥卯未 三合을 벗어난 申酉戌은 저승사자인데 日干이 辛金 재살입니다만 乙木보다는 언변이 좋지 않으며 年干에 乙木이 있어도 辛金의 충으로 상하기에 입을 활용하는 제비는 아닙니다. 재살은 구조가 나쁘면 교활하여 타인의 재산과 육체를 등쳐먹으며 살아갑니다. 사주팔자에 겁살, 재살이 많으면 미끼를 던지는 기술이 능숙하기에 조심해야 합니다. 말과 행동에 진실성이 있는지 오래도록 관찰해야 합니다. 꽃뱀이나 제비를 十神으로 분석해낼 수 없습니다. 우리가 이해하기 어려워하는 제비의 특징은 神煞로 분석해야 합니다. 일간 辛金 외에도 丑土의 地藏干 辛金 재살이 3개이기에 제비의 자질이 강합니다. 또 배우자 宮位를 기준으로 배우자가 6개나 있기에 평생 6번 이상 결혼하거나 동시다발로 여인들을 상대하고 성욕도 강해서 제비로 활동합니다. 辛金 재살

로 乙木을 날로 취하는 속성도 감안해야 합니다. 신용불량 상태로 여러 명의 내연녀들에게서 거액의 돈을 빌려 갚지 않으면서 생활하는 이유입니다.

坤命				陰平 1978년 8월 28일 08:00							
時	日	月	年	87	77	67	57	47	37	27	17	7
庚辰	乙未	辛酉	戊午	壬子	癸丑	甲寅	乙卯	丙辰	丁巳	戊午	己未	庚申

20세에 동거하여 딸을 낳았지만 이혼했습니다. 2011년 辛卯년 당시에 66년생 유부남과 관계를 유지하면서 오천만원을 뜯어냈고 2012년 壬辰년에 결혼신고도 했습니다. 유부남은 카바레에서 활동하는 제비인데 여자들에게 인기가 좋지만 이 여인에게 돈을 뜯기자 전처에게 돌아갔습니다. 뛰어난 제비도 꽃뱀이 똬리를 틀자 견디지 못했습니다. 월주는 辛酉로 十神으로는 편관이지만 신살로는 육해이기에 강력한 성욕을 상징합니다. 偏官으로 고통을 주는 남자들이 육해 전생의 인연이자 강력한 성욕을 발동하는 인연입니다. 젊은 나이에 동거하고 딸을 낳았지만 고통을 주기에 이혼하였습니다. 辛卯년에 육해가 들어오자 전생의 인연처럼 느껴지는 남자와 관계를 유지하면서 망신, 육해, 천살 삼합의 지름길을 택하여 이권, 권력을 남용하여 오천만원을 뜯어내는 행운을 얻었습니다. 壬辰년과 癸巳년 천간에서 겁살과 재살을 만나 돈을 뜯어내자 제비가 도망가고 말았습니다.

16.災煞의 직업
災煞의 직업은 將星의 직업과 겹치는 부분이 많습니다. 장성은 육체와 물질을 지켜야 하므로 정치, 군인, 경찰, 법조, 의료, 한의, 약국 등에 적합한데 재살의 총명함을 추가하면 뛰어난 기술, 발명, 특허, 첨단산업, 독특한 제품, 예술행위 등입니다. 장성과 재살의 직업이 유사한 이유는 寅午戌에서 申子辰으로 시공간이 순환하기에 午火 장성은 언제라도 申子辰의 子水 재살로 바뀌고 子水 재살은 언제라도 午火 장성으로 바뀌기 때문입니다. 재살은 지살, 장성, 화개가 완성했던 틀을 깨부수고 혁신하신 방식으로 발전합니다.

정리하면, 지장화와 역재월은 대칭관계이면서도 유사한 직업을 활용하는 이유는 <u>장성과 재살이 三合의 중심</u>이기 때문입니다. 재살의 가치를 나쁘게 활용하면 도박, 투기, 사기, 한탕, 제비와 꽃뱀, 불법, 비리, 범죄행위를 저지를 수도 있습니다만 장성과 재살의 가장 큰 차이는 판단기준이 국가인지 개인인지에 달렸습니다. 재살은 매우 총명하기에 국가, 사회에서 지도자의 자질이 있지만 정치인 사주팔자에서 겁살, 재살이 강하면 야당성향이 강해서 국가나 사회보다는 개인의 이익을 추구합니다. 재살에서 의료 직업이 많은 이유는 우주어미의 사랑이라는 개념을 이해하면 쉽습니다. 새로운 영혼, 생기를 부여하는 과정에 치료행위가 개입됩니다. 약, 병원, 의사를 활용하는 방위도 재살입니다.

乾命				陰平 1958년 11월 19일 06:00							
時	日	月	年	83	73	63	53	43	33	23	13	3
丙子	庚辰	甲子	戊戌	癸酉	壬申	辛未	庚午	己巳	戊辰	丁卯	丙寅	乙丑

己巳대운 庚辰년 당시 카이스트에서 공학박사로 연구원이었습니다. 丙庚子 三字조합으로 교수에 적합하며 戌年을 기준으로 子

水가 재살이기에 총명하여 공학박사이자 연구에 활용했습니다.

坤命				陰平 1963년 4월 18일 14:00								
時	日	月	年	88	78	68	58	48	38	28	18	8
辛	甲	丁	癸	丙	乙	甲	癸	壬	辛	庚	己	戊
未	寅	巳	卯	寅	丑	子	亥	戌	酉	申	未	午

대만의 연예인으로 庚申, 辛酉대운에 탤런트로 유명해졌습니다. 卯年을 기준으로 庚申과 辛酉는 겁살과 재살이기에 하늘에서 돈벼락을 맞습니다. 탤런트는 훨씬 빠르게 부를 축적하는데 겁살과 재살이 이런 에너지를 품었기에 庚申과 辛酉 28세에서 48세까지 유명한 탤런트가 되었습니다. 유명세도 아무에게나 주어지는 것이 아닙니다.

坤命				陰平 1979년 2월 27일 20:39								
時	日	月	年	83	73	63	53	43	33	23	13	3
戊	辛	丁	己	丙	乙	甲	癸	壬	辛	庚	己	戊
戌	卯	卯	未	子	亥	戌	酉	申	未	午	巳	辰

庚午대운 26세 甲申년 丙寅월 辛未일 壬辰시에 사법고시를 치르고 합격하였습니다. 未年을 기준으로 일간이 辛金 재살로 총명하며 辛金과 戊戌은 박사급 조합입니다. 辛金이 火氣의 적절한 통제를 받으면서 水氣가 없으니 방탕하지 않고 안정적으로 발전합니다.

乾命				陰平 1909년 2월 4일 02:00								
時	日	月	年	86	76	66	56	46	36	26	16	6
乙丑	甲寅	丙寅	己酉	丁巳	戊午	己未	庚申	辛酉	壬戌	癸亥	甲子	乙丑

壬戌, 辛酉, 庚申대운에 의사로 활동하다 남방대운에 시장을 역임하였습니다. 酉年을 기준으로 巳酉丑 三合을 벗어난 甲寅은 劫煞, 乙卯는 災煞로 매우 총명합니다. 丙寅월이기에 寅木이 성장하려면 반드시 水氣가 필요한데 초년부터 대운이 水氣로 흘러서 壬甲丙 三字조합으로 장기교육, 의료물상으로 활용하였습니다. 특히 총명한 이유는 년지 酉金을 水氣에 풀어내 木으로 완성하는 흐름 때문입니다. 庚申대운에는 乙丙庚 三字를 활용해서 발전하였습니다. 己未대운에는 亥卯未로 성장 움직임을 활용하여 정치에 뛰어들었습니다. 상류층 인생을 살았던 이유는 겁살, 재살의 총명함 때문임이 분명합니다.

坤命				陰平 1966년 8월 12일 08:00								
時	日	月	年	85	75	65	55	45	35	25	15	5
丙辰	戊子	丁酉	丙午	戊子	己丑	庚寅	辛卯	壬辰	癸巳	甲午	乙未	丙申

43세 당시 미혼으로 변호사였습니다. 어려서 부친이 사망했고 학원에서 수학강사로 지내다 癸巳대운 壬午년에 고시에 합격하였습니다. 여자 대장부로 추진력이 매우 강합니다. 午年을 기준으로 일지 子水가 재살이고 연월일에서 午酉子로 丁辛壬 三字조합을 형성하여 매우 총명하고 하늘에서 돈벼락을 맞는 기운입니다. 30대 중반 癸巳대운 壬午년 늦은 나이에 고시에 합격한

이유는 무엇일까요? 년과 월의 丙午와 丁酉 조합은 水氣를 만나지 못하면 매우 불편합니다. 열기를 가득 품은 酉金이 날카로워지면서 주위에 있는 生氣를 자르기 때문입니다. 이런 이유로 부친은 단명했지만 日支에 子水재살이 있기에 매우 총명하고 날카로운 酉金을 풀어내는데 마침 癸巳대운 壬午년에 丁辛壬 三字로 酉金의 날카로움이 해소되면서 집중력이 뛰어나 고시에 합격하였습니다.

乾命				陰平 1924년 2월 19일 00:00								
時	日	月	年	84	74	64	54	44	34	24	14	4
庚	壬	丁	甲	丙	乙	甲	癸	壬	辛	庚	己	戊
子	寅	卯	子	子	亥	戌	酉	申	未	午	巳	辰

2007년 丁亥년 당시 84세로 외과의사이며 교수직도 겸했습니다. 戊辰, 己巳대운 어려운 환경에 힘들었고 庚午대운 庚대운에 국비장학생으로 미국에 유학했습니다. 午대운에 병원에서 근무하고 辛未대운에 병원을 개업했지만 손님도 없고 소득이 없었습니다. 壬申대운에 갑자기 고객이 크게 늘었고 대학 강의도 하면서 100억대 부를 축적했습니다. 癸酉대운 戊午년 1978년 55세에 학교를 설립할 목적으로 모든 절차를 진행했는데 무산되면서 큰 손실을 보았습니다. 1980년 庚申년 57세와 1981년 辛酉년 58세에 토지투자 수익으로 대략 200억 정도를 벌었고 병원도 여러 개를 운영했습니다. 甲戌대운에는 재물은 지켰지만 가정의 여러 사건, 사고로 힘들었습니다. 체구도 강건했고 사교성도 좋고 말솜씨도 좋습니다. 의학지식은 물론이고 역학, 미술, 음악, 문학에 해박한 지식을 가졌으며 건강합니다. 子年을 기준으로 월간 丁火가 災煞이고 년간 甲木의 도움을 받기에 매우 총명합

니다. 丁壬 合으로 전문가적 자질이며 卯月에 필요한 子水와 壬水가 수기를 공급하여 성장을 촉진합니다. 연월일에는 오로지 수목으로 성장하는 기세만 강한데 時干에 이르면 庚金이 수많은 木氣를 수확하기에 壬申대운에 폭발적으로 부를 축적했습니다. 庚金은 비록 겁살, 재살이 아니지만 글자의 속성대로 열매를 완성하는 작용이기에 일반인들은 상상도 못하는 재산을 한순간 축적합니다. 이처럼 년과 월에 木氣가 왕성한데 金氣가 없으면 발전노력을 하지만 결과가 없습니다. 이 사주처럼 時干에 庚金이 있으면 木氣를 수확하여 빠르고 크게 부를 축적합니다.

乾命				陰平 1923년 10월 16일 00:00								
時	日	月	年	85	75	65	55	45	35	25	15	5
戊	辛	癸	癸	甲	乙	丙	丁	戊	己	庚	辛	壬
子	丑	亥	亥	寅	卯	辰	巳	午	未	申	酉	戌

장군출신입니다. 亥年을 기준으로 일간 辛金이 재살이며 년과 월의 수많은 水氣에 미네랄을 공급하기에 국가, 사회를 위해서 자신의 가치를 활용합니다. 다만, 水氣가 너무 많으면 辛金이 체성을 잃고 방탕할 수 있는데 다행히 戊癸 合하여 방탕하지 않았으며 대운도 계속 金火로 흘러 辛金의 체성을 유지하여 장군에 올랐습니다.

乾命				陰平 1936년 3월 27일 06:00								
時	日	月	年	85	75	65	55	45	35	25	15	5
己	庚	壬	丙	辛	庚	己	戊	丁	丙	乙	甲	癸
卯	午	辰	子	丑	子	亥	戌	酉	申	未	午	巳

좋은 집안에서 태어나 육사를 졸업하고 전역 후 정보부에서 근무하였습니다. 子年을 기준으로 丙火, 午火는 겁살과 재살입니다. 丙庚壬 三字조합 물상은 검찰, 경찰이지만 丙子와 庚午로 구조가 약간 다르고 壬 申子辰과 丙 申子辰은 정보, 통신 물상이며 己卯와도 乙庚 合하기에 정보부에서 근무하였습니다.

乾命				陰平 1933년 5월 26일 10:00								
時	日	月	年	83	73	63	53	43	33	23	13	3
辛巳	乙酉	己未	癸酉	庚戌	辛亥	壬子	癸丑	甲寅	乙卯	丙辰	丁巳	戊午

삼성장군으로 근무하다가 癸丑대운에 전역했습니다. 초년에 고난이 많았지만 乙卯, 甲寅대운에 승승장구하고 癸丑대운 戊辰년에 퇴역하였습니다. 酉年을 기준으로 일간 乙木이 재살이기에에 총명하고 乙己조합으로 매우 총명합니다. 乙酉와 辛巳는 辛酉로 乙木을 깎고 다듬기에 인내심이 강하고 완벽해지려고 노력하기에 장군이 되었습니다. 특히 乙卯, 甲寅대운에 재살과 겁살을 만나 크게 발전했습니다. 未月에 대운이 역행하면서 木氣를 보충하면 주로 교육, 공직에서 발전하는데 재살의 총명함으로 삼성장군에 올랐습니다.

乾命				陰平 1939년 3월 4일 10:00								
時	日	月	年	86	76	66	56	46	36	26	16	6
辛巳	庚寅	戊辰	己卯	己未	庚申	辛酉	壬戌	癸亥	甲子	乙丑	丙寅	丁卯

前 국회의원의 명조입니다. 卯年을 기준으로 庚辛이 겁살, 재살

이며 년과 월의 수많은 木氣들을 乙庚 合하고 巳火로 확장하기에 부를 축적하는 능력이 남다릅니다. 특히 庚金이 戊辰의 땅에서 존재감을 드러내기에 부동산 투자에도 뛰어납니다. 乙庚 合 물상대로 출판업으로 부를 축적한 후 癸亥대운에 국회의원을 지냈고 壬戌대운 戊寅年에 사주원국에 정해진 寅巳 刑의 작용으로 심장마비로 사망했습니다.

坤命				陰平 1941년 1월 29일 06:00								
時	日	月	年	83	73	63	53	43	33	23	13	3
乙卯	癸卯	庚寅	辛巳	己亥	戊戌	丁酉	丙申	乙未	甲午	癸巳	壬辰	辛卯

부잣집 딸로 귀여움 받으며 자랐지만 월지 寅木의 시기에 형제가 교통사고로 사망하자 평생 이동하지 않으려고 합니다. 위의 국회의원은 일시에서 庚寅, 辛巳로 조합하였기에 중년에 심장마비로 사망하였지만 이 사주는 辛巳, 庚寅이 년과 월에 있으며 성장해야할 寅木이 庚辛에 통제되고 寅巳 刑으로 상하자 형제가 교통사고로 급사했습니다. 물상에 차이를 보이는 이유는 宮位때문으로 월지는 형제를 상징합니다. 결혼하여 4남매를 낳고 행복했지만 일지 卯木의 시기에 남편이 교통사고로 맹인이 되어 비관 자살하여 아내와 자식들에게 깊은 상처를 남겼습니다. 물려받은 땅과 재산으로 걱정은 없지만 정신문제와 관절이 좋지 않아 집을 벗어나지 않았습니다. 무릎과 척추를 수차례 수술하여 자식들의 도움을 받는 신세가 되자 평생 살던 곳에서 벗어나 큰딸이 사는 곳으로 이사하였는데 戊戌대운 丁酉년의 일입니다. 巳年을 기준으로 三合을 벗어난 乙卯와 寅木은 겁살과 재살이며 많기에 주위 친인척들이 단명하거나 인연이 끊어집니다. 교

통사고로 형제와 남편을 잃은 이유는 寅巳 刑 외에도 사주원국에 저승사자와 같은 겁살과 재살이 많기에 주위 인연들과 이별해야만 하는 숙명 때문입니다.

乾命				陰平 1931년 7월 27일 02:00								
時	日	月	年	80	70	60	50	40	30	20	10	0
辛丑	丁卯	丁酉	辛未	戊子	己丑	庚寅	辛卯	壬辰	癸巳	甲午	乙未	丙申

대학교수이자 미국의 계리사입니다. 경제, 경영에 특출한 이론을 가지고 있습니다. 사주팔자 어디에 있던 辛未干支는 기본적으로 사고방식이 독특하고 총명합니다. 특히 년이나 월에 있으면 전생에 해외에서 살던 영혼이 한국에 태어났거나 조상, 부모가 해외에서 살다 한국에서 태어난 경우입니다. 未年을 기준으로 辛酉는 災煞이기에 사고방식이 독창적입니다. 특히 丁, 辛酉로 열매를 완성하려는 욕망이 강하기에 경제, 경영에 특출한 이론을 가졌습니다. 酉月에 卯木은 수확대상으로 자본의 원천이기에 물질 흥미가 강하며 卯未 木氣의 움직임을 丁火로 정리하고 辛酉로 명확하게 분석하기에 통계, 회계, 세무, 심리분석, 정보분석 등에 적합합니다.

乾命				陰平 1944년 2월 14일 04:00								
時	日	月	年	89	79	69	59	49	39	29	19	9
庚寅	辛未	丁卯	甲申	丙子	乙亥	甲戌	癸酉	壬申	辛未	庚午	己巳	戊辰

검사를 역임했고 변호사로 활동했는데 두뇌가 비상합니다. 서울

법대를 졸업하고 巳대운 己酉년에 행정고시에 합격해서 경제기획원 사무관으로 근무했고 29세 癸丑년에 사법고시에 합격하고 결혼했습니다. 31세 乙卯년에 서울지검 검사로 7년간 지방, 2년간 서울에서 근무했습니다. 辛대운에 사표를 제출하고 미국에서 5년 유학하면서 국제변호사 자격증을 취득하여 귀국 후 국제변호사로 방송에서도 활약했습니다. 48세 辛未년에 여자문제로 수모를 겪었고 자식은 아들 둘입니다. 申年을 기준으로 丁火는 재살, 未土는 천살입니다. 두뇌가 비상한 이유는 첫째, 甲년 丁卯월로 검경에 적합한 조합이고 둘째, 丁火가 災煞이기에 매우 총명하고 未土는 天煞로 평생 학문과 인연이 깊은 글자이기에 미국에 유학하고 국제 변호사가 되었습니다. 셋째 일주가 辛未로 외국 영혼으로 총명하며 그 시기에 미국에 유학했습니다. 부러울 거 없는 인생인데 辛未대운 48세 辛未년에 여자문제로 수모를 겪었습니다. 그 이유를 살펴보면, 48세는 時干 庚金의 시기에 이르렀는데 마침 대운도 辛未로 일간과 동일한 庚辛 비견과 겁재가 겹치자 적극적으로 육체를 활용하기에 성욕이 강해졌습니다. 문제는 辛金이 日支 未土 墓地에 寅木 여인을 끌어오려고 하는데 그 소유자가 庚金이기에 타인의 여인을 강탈하려다 문제가 발생합니다. 寅木이 일지를 향하는 시간방향대로 寅木을 취하려는 마음이 동하고 辛金과 庚金이 다투는 과정에 수모를 당하는 사건이 발생하였습니다.

乾命				陰平 1930년 12월 25일 20:00								
時	日	月	年	82	72	62	52	42	32	22	12	2
壬戌	戊戌	庚寅	辛未	辛巳	壬午	癸未	甲申	乙酉	丙戌	丁亥	戊子	己丑

1979년 당시에 사단장이었습니다. 6.25 때 18세로 학도병을 지원하였고 Y대 대학원을 졸업한 석사장군입니다. 육사를 나오지 않았으나 배경이 좋아 빠르게 장군이 되었습니다. 위 사주와 달리 년과 월에서 辛未와 庚寅으로 조합하였습니다. 辛未로 매우 총명하고 庚寅으로 庚金이 寅木을 강탈하는 6.25전쟁 물상으로 활용했습니다. 未年을 기준으로 庚金이 겁살인데 마침 1950년 庚寅년에 6.25전쟁이 발발하여 상상해본 적도 없는 황당한 전쟁터를 경험하였습니다. 겁살의 공간특징을 명확하게 드러내는 사례입니다. 겁살과 재살, 천살이 사주원국에 가득하지만 총명함으로 활용하고 평생 공부와 인연이 깊은 未土를 적절하게 활용하여 학업에도 충실하면서 장군이 되었습니다.

乾命				陰平 1923년 10월 26일 22:00							
時	日	月	年	88	78	68	58	48	38	28	18	8
己亥	辛亥	癸亥	癸亥	甲寅	乙卯	丙辰	丁巳	戊午	己未	庚申	辛酉	壬戌

강 문봉(姜文奉) 장군 명조로 1988년 2월 26일에 사망했습니다. 중국 吉林省 龍井에서 태어났고 1945년 일본 육군사관학교를 졸업하고 광복 후 창군(創軍)에 참여하여 1946년 육군본부 작전교육국장이 되었습니다. 6·25전쟁 당시 제1 사단장(1951년)으로 전투에 참가하고 1952년 미국 육군대학을 졸업한 후 중장으로 진급하여 1952년 3군단장, 1954년 2군사령관 등을 역임하면서 초창기 한국군 발전에 크게 기여하였습니다. 1956년 김창룡 암살사건의 배후 인물로 기소되어 1957년 사형을 선고받았으나 무기형으로 감형되어 복역 중 4·19혁명으로 석방되고 중장으로 예편하였습니다.

1963년 야당 민정 당으로 정계에 진출하여 6대 국회의원에 당선되었으나 이탈하여 무소속으로 있다가 1967년 스웨덴 주재 대사, 1971년 스위스·바티칸시국 주재 대사를 지냈고 1973년 유신정우회(維新政友會) 국회의원이 되어 다시 의원생활을 하였습니다. 亥年을 기준으로 일간 辛金이 재살이기에 매우 총명하며 수많은 水氣에 씨종자를 공급하는 역할이 막중하기에 국가, 사회에서 필요한 인재가 분명합니다. 초년에 辛酉, 庚申 金氣를 보충하는 운에 크게 발전하였고 후에도 정치인으로 발전하였습니다. 일간의 통근과 왕쇠, 강약으로는 辛金이 수많은 水氣에 무기력하다고 판단하지만 하나의 밀알이 水氣의 가치를 크게 높여주기에 국가, 사회에서의 쓰임이 매우 좋습니다.

乾命				陰平 1903년 8월 7일 04:00							
時	日	月	年	86	76	66	56	46	36	26	16	6
丙	己	辛	癸	壬	癸	甲	乙	丙	丁	戊	己	庚
寅	未	酉	卯	子	丑	寅	卯	辰	巳	午	未	申

시인 김소월 명조입니다. 배재고보를 졸업하고 도쿄상대에 입학, 관동대진재로 중퇴. 오산학교 교사였던 안서 김억의 지도로 시를 쓰기 시작했지만 33세 음독자살했습니다. 불과 5,6년 남짓 짧은 문단생활동안 154편의 시와 시론 <시혼>을 남겼습니다. 한국의 전통적인 恨을 노래하고 7.5조의 정형률을 많이 썼고 짙은 향토 성을 전통적인 서정으로 노래했습니다. 卯年을 기준으로 辛酉가 재살이기에 일본에 유학하였고 매우 총명하며 창조능력이 뛰어나지만 癸卯와 辛酉 조합으로 殺氣가 강하기에 단명했습니다.

乾命				陰平 1936년 1월 7일 20:00								
時	日	月	年	88	78	68	58	48	38	28	18	8
戊	辛	己	乙	庚	辛	壬	癸	甲	乙	丙	丁	戊
戌	亥	丑	亥	辰	巳	午	未	申	酉	戌	亥	子

경찰 서장을 역임했습니다. 일찍 경찰에 몸담았고 발전하다 甲申대운 56세 庚午년에 경찰서장이 되었습니다. 亥年을 기준으로 일간 辛金이 재살이기에 총명하고 丑戌 刑으로 丑土 도둑속성을 제거하여 범죄자를 잡아들이는 경찰이 되었습니다. 동일한 재살도 경찰 혹은 도둑으로 활용할 수 있는데 사주원국 구조가 결정합니다.

坤命				陰平 1993년 3월 6일 06:00								
時	日	月	年	83	73	63	53	43	33	23	13	3
乙	戊	乙	癸	甲	癸	壬	辛	庚	己	戊	丁	丙
卯	申	卯	酉	子	亥	戌	酉	申	未	午	巳	辰

일찍 독립하여 춤꾼으로 살아갑니다. 프로로 활동하지만 수입이 적어서 밤에 돈 많고 나이 많은 남자들의 술시중과 대화상대로 꽤 큰돈을 법니다. 가수 활동하는 남자친구가 있지만 나이 많은 남자들을 좋아합니다. 酉年을 기준으로 乙卯가 災煞이기에 부모와의 인연이 길지 못하여 일찍 독립하여 살아갑니다. 월주 乙卯는 남자를 상징하는데 시주에도 있기에 戊土 주위에 수많은 남자들이 몰려듭니다. 특히 乙卯는 재살이기에 사회지위가 다르거나 사고방식, 행동방식이 상이한 남자들입니다. 더욱 흥미로운 점은, 년과 일에서 戊癸 합하는 과정에 월간 乙木이 夾字로 끼어서 자연스럽게 술과 나이 많은 남자들이 연결되고 짭짤한 수

입이 생깁니다.

坤命				陰平 1936년 9월 13일 16:00							
時	日	月	年	86	76	66	56	46	36	26	16 6
戊申	壬午	戊戌	丙子	己丑	庚寅	辛卯	壬辰	癸巳	甲午	乙未	丙申 丁酉

巳午未 남방대운에 장관부인이 되었습니다. 子年을 기준으로 丙火와 午火는 겁살과 재살인데 일지는 배우자 궁위이기에 일간과 상이한 특성을 가진 배우자를 얻어서 장관 부인이 되었습니다. 丙火와 午火가 戌土 墓地에 담기고 午戌로 日支와 합하기에 배우자가 사회에서 발전합니다. 기억할 점은, 재살 육친은 일간과 사회지위, 사고방식, 행동방식이 상이하다는 것입니다.

乾命				陰平 1933년 11월 25일 06:00							
時	日	月	年	81	71	61	51	41	31	21	11 1
辛卯	辛巳	乙丑	癸酉	丙辰	丁巳	戊午	己未	庚申	辛酉	壬戌	癸亥 甲子

30세 壬辰년에 결혼, 31세 癸巳년에 국회의원에 당선되어 3선 의원이 되었습니다. 국회에서 분과위원장을 역임하다 庚申대운 48세 辛酉년에 위암으로 사망했습니다. 부인과 궁합이 좋았고 2남을 두었는데 자식들도 발전하였습니다. 酉年을 기준으로 乙木과 卯木이 재살이기에 매우 총명합니다. 월주 乙丑이 辛酉와 庚申대운을 만나면 대부분 발전합니다. 매우 총명하여 젊은 나이에 국회의원이 되었지만 날카로운 金氣에 상하자 단명하고 말았습니다.

乾命				陰平 1927년 12월 16일 22:00								
時	日	月	年	81	71	61	51	41	31	21	11	1
辛	丁	癸	丁	甲	乙	丙	丁	戊	己	庚	辛	壬
亥	未	丑	卯	辰	巳	午	未	申	酉	戌	亥	子

검사로 활동했습니다. 卯年을 기준으로 時干 辛金은 재살이고 丁辛亥로 丁辛壬 三字조합을 이루기에 매우 총명합니다. 또 년과 월에서 丁癸 沖은 균형을 맞추기에 법조계 물상이 분명합니다. 대운에서도 월지 丑土에 金氣를 보충하여 검사로 활동했습니다.

乾命				陰/윤달 1963년 4월 20일 08:00								
時	日	月	年	81	71	61	51	41	31	21	11	1
庚	乙	戊	癸	己	庚	辛	壬	癸	甲	乙	丙	丁
辰	酉	午	卯	酉	戌	亥	子	丑	寅	卯	辰	巳

1천억 부를 축적 하였습니다. 卯年을 기준으로 酉金은 재살, 庚金은 겁살이기에 년과 월에서 乙卯의 성장을 촉진한 후 재살과 겁살로 빠르게 수확하기에 엄청난 부를 축적했습니다.

17. 災煞을 범죄로 활용

겁살과 재살은 저승사자처럼 인간의 생명과 육체를 제거하려는 성정이 강해서 상상하기 어려울 정도로 잔인한 연쇄살인마들의 사주팔자에 많습니다. 이런 이치를 이해해야 주위에 있는 저승사자들로부터 자신을 보호할 수 있습니다. 동일한 겁살과 재살도 사주구조에 따라서 길흉이 크게 달라진다는 것이 놀라울 따름입니다.

乾命				陰平 1944년 6월 10일 02:00								
時	日	月	年	83	73	63	53	43	33	23	13	3
乙丑	甲午	辛未	甲申	庚辰	己卯	戊寅	丁丑	丙子	乙亥	甲戌	癸酉	壬申

乙亥대운 庚申, 辛酉년에 회사공금을 횡령하고 39세 壬戌년에 징역 1년형을 살았습니다. 申年을 기준으로 三合을 벗어난 午未는 재살과 천살에 해당합니다. 甲木은 未月에 안정적인 터전을 얻지 못해 丑土에서 뿌리내리고 안정을 취하고 싶지만 그 위에 乙木이 丑土를 점유하였기에 반드시 乙木과 경쟁하는 방식으로 丑土를 취하려고 합니다. 乙亥대운에 甲과 乙이 조합하여 시기, 질투, 경쟁, 한탕욕망이 강해지자 회사공금을 횡령했습니다. 범죄를 저질렀던 근본원인은 일지 午火가 재살로 과감한 일탈행위로 활용하였고 乙亥대운 乙木은 사망을 상징하는 육해이기에 사회에서 분리되어 교도소에 수감되었습니다.

乾命				陰平 1950년 4월 13일 02:00								
時	日	月	年	83	73	63	53	43	33	23	13	3
乙丑	甲子	辛巳	庚寅	庚寅	己丑	戊子	丁亥	丙戌	乙酉	甲申	癸未	壬午

乙酉대운 1983년 癸亥년에 부도내고 5개월간 수감된 후 일부 합의하여 집행유예로 풀려났습니다. 寅年을 기준으로 일지 子水는 재살, 丑土는 천살입니다. 甲木은 乙木이 소유한 丑土의 땅을 활용하여 뿌리내리기에 한탕, 도박, 투기 성향이 강합니다.

乙酉대운 천간에서 甲乙이 다투고 癸亥년에 겁살과 재살을 만나자 부도내고 교도소에 들어갔습니다. 성실하게 사업했지만 부도가 발생하는 경우도 있지만 의도적으로 부도내고 재산을 뒤로 빼돌리는 경우도 많은데 이 사례는 辛酉, 壬戌, 癸亥 육해, 화개, 겁살, 재살을 지날 때 의도적으로 부도냈습니다.

坤命				陰平 1971년 5월 13일 12:00							
時	日	月	年	81	71	61	51	41	31	21	11	1
甲午	辛酉	癸巳	辛亥	壬寅	辛丑	庚子	己亥	戊戌	丁酉	丙申	乙未	甲午

우울증으로 丙申대운 27세 1997년 丁丑년 양력 4월 7일 서울 마포대교에서 1세 아들업고 투신자살 했습니다. 亥年을 기준으로 三合을 벗어난 申酉戌은 겁살, 재살, 천살로 저승사자와 같은 작용을 합니다. 사주원국에 辛酉가 3개로 災煞이 많고 癸亥에 풀어지기에 다중 영혼처럼 산만해집니다. 丙申대운에 申金이 겁살이기에 저승사자 기세가 더욱 강합니다. 특히 丁丑년에 일지를 기준으로 巳酉丑 三合하고 사주원국 구조대로 亥水와 三合 冲하자 자살하고 말았습니다. 사주원국에 겁살, 재살, 천살이 많으면 단명 하는 사례가 많습니다.

乾命				陰平 1982년 10월 25일 07:00							
時	日	月	年	81	71	61	51	41	31	21	11	1
癸卯	丁卯	壬子	壬戌	癸卯	甲辰	乙巳	丙午	丁未	戊申	己酉	庚戌	辛亥

2006년 丙戌년 25세 당시 화류계에 종사했습니다. 그 이유는

첫째, 丁壬癸로 丁火가 강력한 水氣에 열기를 빼앗기고 상하기 쉽습니다. 둘째, 성행위를 상징하는 子卯 刑이 두 개나 있습니다. 셋째 戌年을 기준으로 寅午戌 三合을 벗어난 亥子丑 壬癸 겁살과 재살 저승사자가 많기에 과감한 일탈행위로 화류계에서 일했습니다. 일간 丁火는 寅午戌 三合의 午火 장성에 해당하는데 수많은 겁살과 재살의 공격을 견디지 못하고 육체와 물질을 포기하고 저승사자들의 포로가 되었습니다. 특히 己酉대운에 酉金 육해와 겁살, 재살이 조합하여 화류계로 흘러들었습니다. 여성의 사주에서 육해와 겁살, 재살이 많으면 성욕과 일탈물상을 화류계로 활용합니다.

坤命				陰平 1963년 11월 18일 18:00							
時	日	月	年	81	71	61	51	41	31	21	11	1
乙	庚	甲	癸	癸	壬	辛	庚	己	戊	丁	丙	乙
酉	戌	子	卯	酉	申	未	午	巳	辰	卯	寅	丑

己巳대운 46세 己丑년 庚午월 乙酉일 아동유괴 매매 죄로 체포되었습니다. 겁살, 재살 저승사자 행위 중에서 가장 무서운 사례입니다. 卯年을 기준으로 亥卯未 三合을 벗어난 申酉戌과 庚辛 겁살, 재살, 천살은 저승사자처럼 사고방식, 행동방식이 일반적이지 않습니다. 특히 사주구조가 나쁘면 殺氣가 강하고 법과 질서를 어지럽히는 행동을 과감하게 저지릅니다. 이 사주처럼 겁살, 재살이 甲木, 乙木을 제거하는 구조라면 더욱 잔인합니다. 새싹을 상징하는 乙卯를 강압적으로 취하려는 의지가 강하기 때문입니다.

겁살, 재살, 천살에 무슨 殺氣가 있겠냐고 반문할 수 있지만 色

界를 상징하는 三合을 벗어났기에 기본적으로 生氣를 제거하는 작용을 합니다. 그들은 절대로 평범하지 않으며 교도소에 수감되기 전에는 살인할 정도로 잔인하지 않지만 출옥 후에는 더욱 과감하게 살인을 저지릅니다. 수감되기 전에는 자신의 행위가 정당하다고 인식했지만 처벌받은 후에는 자존심이 붕괴되고 출옥하면 보복심리가 강해져 더욱 난폭하게 범죄를 저지릅니다. 저승사자가 느끼기에는 정당한 행위지만 일반인들은 결코 동의할 수 없는 행위이기에 사회에 물의를 일으키고 결국 다시 교도소에 수감됩니다.

乾命				陰平 1978년 9월 17일 02:00								
時	日	月	年	87	77	67	57	47	37	27	17	7
癸	癸	壬	戊	辛	庚	己	戊	丁	丙	乙	甲	癸
丑	丑	戌	午	未	午	巳	辰	卯	寅	丑	子	亥

어려서부터 모친의 속을 썩였는데 군대 제대 후 乙木대운에 乙癸戊 三字로 조합하자 癸水가 봄날을 맞이한 것처럼 한국 캐논 카메라에 입사하여 직장생활을 시작하였습니다. 31세~32세경 카메라가 사양길에 접어들자 회사의 제안을 받아들여 인수하여 법인을 내고 사업을 시작하였으나 어려움이 봉착하였음에도 사치생활로 36세 癸巳년 12월 파산했습니다. 사주원국 일지의 시기에 丑土가 戌土를 刑하여 곡물창고를 털어버리자 부도가 났습니다. 탐욕을 부렸던 이유는 午年을 기준으로 寅午戌 三合을 벗어난 저승사자 亥子丑, 壬癸 겁살, 재살, 천살이 가득하기에 평범한 사람들은 절대로 행하지 못하는 불법행위를 과감하게 저지르며 한탕을 노렸기 때문입니다.

乾命				陰曆 1971년 7월 12일 20:00								
時	日	月	年	88	78	68	58	48	38	28	18	8
甲戌	己丑	丙申	辛亥	丁亥	戊子	己丑	庚寅	辛卯	壬辰	癸巳	甲午	乙未

소매치기 상습범입니다. 十神으로 분석하면 丙火가 인성, 甲木이 정관이기에 官印相生으로 공직자 구조입니다. 墓庫관점에서 살피면, 일지 丑土가 辛금과 申金을 담습니다. 이렇게 결정된 시간방향은 사고방식, 행동방식을 결정합니다. 일지는 나의 배속과 같아서 巳酉丑 三合으로 완성된 물질을 취하려는 욕망이 강하고 丑土 속 己土는 씨종자를 품으려는 욕망이 강합니다. 특히 申월에 필요한 丙火가 열매를 확장한 후 丑土에 담기에 흐름이 매우 좋음에도 소매치기로 살아가는 이유는 따로 있습니다. 년지 亥水를 기준으로 亥卯未 三合을 벗어난 申酉戌과 庚辛은 겁살, 재살, 천살이기에 辛金과 申金은 저승사자와 같아서 타인의 생명, 재물을 탐하는 욕망이 강합니다. 소매치기로 丑土에 감추지만 계속 잡히고 교도소에 수감되는 이유는 己丑과 甲戌이 합하고 刑하여 丑土 내부에 감춘 金氣를 열어버리기 때문입니다.

坤命				陰曆 1962년 12월 23일 16:00								
時	日	月	年	84	74	64	54	44	34	24	14	4
丙申	辛酉	癸丑	壬寅	甲辰	乙巳	丙午	丁未	戊申	己酉	庚戌	辛亥	壬子

남편은 조폭두목으로 庚戌대운 30세 1992년 壬申년에 교도소에 수감되었습니다. 寅年을 기준으로 寅午戌 三合을 벗어난 亥子

丑, 壬癸는 모두 겁살, 재살, 천살로 타인의 육체와 재물을 강탈할 수 있습니다. 특히 寅年을 기준으로 일주가 辛酉로 육해이기에 육해와 겁살, 재살, 천살 조합으로 화류계에 어울리며 조폭 남편과 살아갑니다. 十神으로 살피면, 寅中 丙火가 남편인데 수많은 水氣에 빛을 상실하기에 어둠 속에서 살아갑니다. 특히 丑寅으로 불법을 저지르고 寅酉로 범죄행위를 저지릅니다. 庚戌대운에 이르면 金氣를 가득담은 월지 丑土를 刑하면서 殺氣가 강해집니다. 壬申년에 寅申 沖하여 丙火 남편이 불안정해지고 천간에서 壬水가 丙辛 합을 沖하자 남편이 교도소에 수감되었습니다.

乾命				陰平 1978년 10월 4일 16:00							
時	日	月	年	81	71	61	51	41	31	21	1
甲	庚	壬	戊	辛	庚	己	戊	丁	丙	乙	甲	癸
申	午	戌	午	未	午	巳	辰	卯	寅	丑	子	亥

癸亥대운 19세 丙子년에 강간죄를 저지르고 5월13일 체포되어 9월 16일 1년 반 형을 받고 수감되었습니다. 월지가 戌土로 午火를 담는 庫地인데 沖, 刑이 없으니 안정적입니다. 戌月은 난로와 같은 작용으로 열기가 필요한데 양쪽 午火가 보충하여 좋습니다. 월간 壬水도 미약하게 水氣를 보충하여 열기를 증폭하는 작용입니다. 하지만 일간이 庚金이기에 다양한 반응을 일으킵니다. 庚壬조합으로 방탕, 방랑, 기술, 예술 물상이고 둘째, 庚午와 甲申이 조합하여 庚金이 沖으로 甲木의 生氣를 제거합니다. 특히 강력한 火氣에 자극받은 庚金은 총알처럼 壬水에 풀어지면서 방탕하거나 甲木을 沖 해버립니다. 무엇보다도 午年을 기준으로 寅午戌 三合을 벗어난 亥子丑, 壬癸는 겁살, 재살은

저승사자와 같아서 난폭합니다. 癸亥대운을 만나자 사주원국에서 좋은 작용하던 壬水가 癸亥와 무리를 이루자 방탕 욕망이 강해집니다. 丙子년에 壬水 망나니와 丙火 지도자가 충돌하면서 강간을 저지르고 처벌 받습니다. 丙子년에 범죄가 많은 이유는 丙火가 子水 어둠에 빛을 상실하기 때문입니다. 申子辰 三合의 어두운 속성을 丙火 빛으로 밝혀내지 못하면 어둠 속에서 조폭, 깡패, 강도, 살인처럼 범죄를 저지르고 문제를 일으킵니다.

乾命				陰平 1846년 7월 6일 06:00								
時	日	月	年	84	74	64	54	44	34	24	14	4
丁	己	丙	丙	乙	甲	癸	壬	辛	庚	己	戊	丁
卯	丑	申	午	巳	辰	卯	寅	丑	子	亥	戌	酉

미국인이며 정신분열증 환자였습니다. 庚子대운 1883년 38세 癸未년 말에 증세가 심해 정신병원에 수감되고 1885년 40세 乙酉년 5월에 자신의 생식기를 절단하였으며 계속 자살하고자 목을 그었으나 미수에 그쳤고 결국 8월 초에 자살하였습니다. 년과 월에서 丙午, 丙申으로 강력한 火氣가 申金에 열기를 가하면 水氣에 풀어져 날카로움을 해소해야 하는데 없으면 주위에 있는 木氣를 자르기에 殺氣가 강합니다. 이 사주구조는 申金이 丑土 墓地에 들어가 뜨거움을 해소하고 동시에 卯木을 자를 수도 있습니다. 申金이 丑土를 향하는 시간방향은 바르지만 열기를 해소하지 못하는 이유는 水氣가 전혀 없기 때문입니다. 특히 午丑이 조합하여 열기가 폭발하면 날카로운 申金은 卯木을 암합하여 生氣를 제거합니다. 卯丑조합은 피의 흐름이 바르지 않기에 우울증, 정신질환이 많습니다. 乙卯의 흐름이 바르지 않거나 역류하면 다양한 현상들이 발생하는데 그 중 하나가 우울증입니다.

문제가 발생하는 시기는 일지 丑土 38~45세 사이로 庚子대운에 火氣에 자극받던 申金이 子水를 만나 총알처럼 튀어나갑니다. 이런 이유로 38세 癸未년 말에 증세가 심해져 정신병원에 수감되고 1885년 40세 乙酉년 5월 殺氣가 강해지는 시기에 생식기를 절단하였습니다. 8월 초에 자살하였는데 생기가 상했기 때문입니다. 신살로 살피면, 午年을 기준으로 亥子丑은 저승사자처럼 육체를 강탈하는 에너지인데 庚子대운에 재살을 만났고 乙酉년에는 사망을 상징하는 육해를 만나자 자살하고 말았습니다. 계속 자살에 성공하겠다고 떠들었던 이유는 바로 酉金 육해가 죽음을 상징하기에 조급해지고 반드시 기한 내에 목적을 이루어야한다는 강박에 시달렸기 때문입니다.

乾命				陰平 1966년 10월 13일 06:00							
時	日	月	年	85	75	65	55	45	35	25	15	5
癸卯	丁亥	己亥	丙午	戊申	丁未	丙午	乙巳	甲辰	癸卯	壬寅	辛丑	庚子

중산층 가정에서 태어나 공부가 싫어서 고2 때 중퇴하고 25세 庚午년 가정집에 침입하여 강도, 강간하다 살인미수로 체포되어 26세 辛未년에 15년형을 언도받았습니다. 반항하는 주부를 칼로 찔렀으나 죽지는 않았습니다. 十神으로는 이해하기 어렵지만 겁살, 재살 저승사자 이론으로 쉽게 분석해냅니다. 년지 午火를 기준으로 寅午戌 三合을 벗어난 亥子丑은 겁살, 재살이기에 월지 亥水의 시기 24세에서 30세 사이에는 저승사자와 같은 작용에 휘말릴 수 있습니다. 특히 사주원국에 亥亥 겁살과 癸水 재살이 있고 辛丑대운과 壬寅대운 교차 기에도 천살과 겁살에 해당하기에 저승사자 에너지에 휘둘립니다. 庚午년에 이르자 壬

癸, 亥亥는 午火 將星을 강탈하려는 욕망이 강해집니다. 특히 庚金과 庚壬으로 방탕조합을 구성하자 저승사자의 유혹을 견디지 못하고 강간하고 칼로 수차례 찌르는 행위를 과감하게 저질렀습니다.

乾命				陰平 1998년 7월 30일 12:00								
時	日	月	年	86	76	66	56	46	36	26	16	6
壬午	庚午	辛酉	戊寅	庚午	己巳	戊辰	丁卯	丙寅	乙丑	甲子	癸亥	壬戌

부친 宮位 辛金은 酉金과 庚金을 보았고 寅酉로 殺氣가 강해서 이혼하여 떠났고 사주 당사자는 모친과 살았습니다. 년지 寅木 여인이 일지 午火를 향하지만 夾字 酉金에 상하기에 여자들이 떠나버렸습니다. 직장 생활로 저축하면 모친이 돈 냄새를 맡고 빼앗아갑니다. 酉金 모친 육해의 작용이 寅午 사이에 끼어서 불편한 작용을 합니다. 중소기업에서 기능공으로 재직하는데 꼭 이루고 싶은 꿈은 룸살롱 사장이라고 합니다.

그 이유는 辛酉 씨종자가 강력한 火氣에 날카로워 반드시 水氣에 풀어져야 하는데 마침 寅年을 기준으로 壬水는 겁살이고 초년부터 대운이 겁살, 재살, 천살로 흐르기에 술집을 운영하여 한탕을 노리는 욕망이 강합니다. 午午에 자극받은 辛酉 씨종자들을 壬水에 풀어내는 46세 이후에는 丁辛壬 三字조합으로 하늘에서 돈벼락을 맞을 수 있습니다.

乾命				陰平 1976년 5월 20일 10:00								
時	日	月	年	86	76	66	56	46	36	26	16	6
辛	庚	甲	丙	癸	壬	辛	庚	己	戊	丁	丙	乙
巳	子	午	辰	卯	寅	丑	子	亥	戌	酉	申	未

丙申대운 丙子년 21세 7월 18일 절도죄로 기소되어 8월 18일에 징역 1년을 받았습니다. 丁酉대운 丙戌년 31세에 다시 절도죄로 기소되었습니다. 타인의 재물, 육체를 탐하는 이유를 살펴야 범죄자들의 심리와 행동을 이해합니다. 이 사주는 재살 午火와 장성 子水가 沖하는데 年干 丙火 겁살과 地支 巳午 겁살, 재살의 통제를 받습니다. 사주원국 구조도 독특하여 배울 점이 많기에 세부적으로 살펴보겠습니다.

1. 庚金이 甲木을 沖한다.
天干에 확연하게 드러난 구조는 庚金이 甲木을 沖하는 방식으로 甲木을 원합니다. 예로, 사업하여 재물을 추구하거나 부친의 재산을 이어받거나 타인의 재산을 강탈하는데 어떤 물형으로 결정될 것인지는 나머지 사주구조를 참조해야 합니다.

2.년과 시에서 丙辛 합합니다.
년과 월에서 이루어지는 丙辛 합은 종교, 명리, 철학, 교육 물상과 인연이 많은데 이 사주처럼 년과 시에 있으면 丙火가 辛金의 존재를 환하게 비추기에 기술, 예술, 연예인 물상으로 활용하지만 구조가 나쁘면 국가에서 辛金의 행위나 범죄를 밝혀서 지적합니다. 따라서 사주구조 분석을 통해서 丙火가 辛金을 밝히는 이유를 찾아내야 합니다. 또 辛金과 庚金이 혼잡하여 탁하며 특히 월간 甲木을 경쟁하기에 시기, 질투, 한탕, 도박, 투기

물상을 만들어냅니다.

3. 丙辛 合 사이에 甲木과 庚金이 夾字로 끼어있습니다.
년과 시에서 丙辛 합하는 의미는 무엇이고 어떤 물상인지 추론하는 과정에 반드시 살펴야할 내용이 바로 夾字입니다. 丙辛 合의 시공간이 넓기에 중간에 끼어있는 甲과 庚을 夾字라 부르는데(책 夾字論 참조) 구조에 따라 다양한 물상으로 발현됩니다. 丙辛 合 과정에 甲木과 庚金의 거리가 자연스럽게 밀착되기에 沖의 강도가 훨씬 강해지고 피할 수도 없습니다. 주의할 점은, 夾字의 작용을 무조건 좋거나 나쁘다고 단정할 수는 없습니다. 구조에 따라서 돈이 싫어도 계속 들어와 돈벼락을 맞는 夾字도 있고 이 사주처럼 庚金이 甲木을 沖하는데 辛金까지 끼어들고 丙辛 合으로 거리가 가까워지면서 시기, 질투, 경쟁, 투기, 한탕 욕망이 강해지는 구조도 있습니다.

4. 丙火는 年干 국가 宮位에 있습니다.
甲庚 沖으로 끝나면 간단하지만 반드시 丙辛 合이 끼어들기에 그 의미와 물상이 무엇인지 판단하려면 宮位를 감안해야 합니다. 丙火는 年干 국가, 辛金은 時干 私的인 宮位에 있기에 작용이 상이합니다. 丙火는 국가, 해외, 법률 관련이며 庚金의 지도자 역할입니다. 辛金은 개인적으로 추구하기에 보이지 않는 행위입니다. 문제는 辛金의 움직임을 丙火가 午月에 환하게 비추는 과정에 庚金의 존재도 함께 드러납니다. 丙辛 합하는 과정에 庚辛이 가까워지고 서로 甲木을 차지하겠다고 다투는 과정을 丙火가 밝히는 것입니다.

5. 丙火는 겁살입니다.
신살을 추가하면, 국가궁위에 있는 丙火가 庚金을 다스리는 방식이 劫煞로 월지 午火 災煞과 함께 강압적으로 다룹니다. 辛巳도 辛金의 행동을 巳火 겁살이 통제합니다.

6. 將星 子水와 災煞 午火의 沖.
地支 구조를 살펴보겠습니다. 子午 沖의 물상이 일률적이지 않는 이유는 사주마다 신살이 다르기 때문입니다. 이 사주는 辰年을 기준으로 子水가 장성, 午火가 재살이기에 매우 총명하지만 地支에만 있기에 드러나지 않거나 사회에서 직업으로 활용하기 어렵습니다. 총명한 이유는 물불이 충돌하는 것처럼 번뜩이는 재치, 아이디어를 가졌기 때문입니다.

7. 丙午. 巳는 겁살과 재살이기에 법의 통제를 받는다.
辰年을 기준으로 午火 재살 외에도 巳火는 겁살이며 년간 丙火도 겁살입니다. 8개 글자 중에서 3개가 三合을 벗어났기에 국가, 사회의 통제를 벗어나 일탈 욕망이 매우 강한데 庚辛으로 甲木을 경쟁하기에 더욱 뚜렷합니다. 문제는 지금까지의 분석으로는 겁살, 재살의 작용이 좋은지 나쁜지 모호합니다. 동일한 재살도 수옥처럼 범죄행위로 활용할 수 있고 일론 머스크처럼 하늘에서 돈벼락을 맞을 수도 있습니다. 이 사주도 辰土의 地藏干 乙木과 庚金이 合하면 강력한 火氣를 활용해서 열매를 확장하기에 돈벼락을 맞을 수도 있지만 지금까지 살펴본 사주구조 문제 때문에 불법을 저지르면 교도소에 수감될 수 있습니다. 결국 재살의 가치는 사주구조가 결정하는 것이지 무조건 나쁘거나 좋은 것이 아닙니다. 표현을 바꾸면, 모든 명리이론은 사주구조에 따라 길흉이 달라지는 것이며 명리이론이 길흉을 결정하는 것이 아닙니다.

8. 甲庚 沖이 발생하는 시기

宮位에 연령을 가미하면, 甲庚 沖이 발생하는 시기는 월간 甲木을 만나는 16세에게 23세 사이로 庚辛이 甲木을 경쟁적으로 탐합니다.

9. 丙申대운
당시의 대운은 丙申으로, 年干 丙火가 時干 辛金과 합하고 庚金을 압박하는 문제가 발생합니다. 하지만 丙火는 庚辛의 존재를 환하게 밝히고 열매를 확장하기에 무조건 흉하다고 단정할 수 없고 반드시 地支를 함께 살펴서 길흉과 물형을 결정해야 합니다. 丙申대운 地支에서 申子辰 三合을 이루기에 年支와 日支 宮位가 개입되어 사건을 결정하고 물형을 만듭니다. 庚金일간 입장에서는 庚壬 조합처럼 틀에서 벗어나려는 욕망이 강해지는데 반드시 午火가 夾字로 끼어들기에 子午 沖보다 훨씬 강력한 三合 沖이 발생합니다. 즉, 사주원국 子午 沖은 夾字가 없기에 강제적이지 않지만 申子辰으로 三合하는 순간 夾字 午火가 끼어들기에 훨씬 강한 충격이 발생합니다. 午火는 재살이기에 沖으로 상하면 수옥의 문제가 발생할 수 있습니다.

10. 丙子 세운
丙子년에 이르자 三合과 子午 沖의 충돌을 피할 수 없자 절도죄로 교도소에 수감되었습니다. 결국 庚辛이 甲木을 다투기에 한탕을 노리고 절도행위를 저지르자 丙火가 申子辰 방탕행위를 밝혀서 구속되었습니다. 10년이 지난 丙戌년에도 丙火가 辛金과 합하면서 庚金을 통제하자 다시 구속되었습니다. 물론 丙火가 불법행위를 밝혀서 구속된 것이지 그 해에만 절도행위를 했다는 의미는 아닙니다. 사주원국에서 겁살, 재살로 지름길을 택해서 한탕을 노리고 庚辛으로 甲木을 탐하기에 불법을 저지르는데 丙火가 드러나지 않으면 절도행위가 발각되지 않고 丙火가 드러나면 庚金의 행위가 밝혀져 교도소에 수감되는 겁니다. 丙火 偏官까지 감안하면 관재구설이 발생하는 해가 분명합니다.

乾命				陰平 1983년 11월 5일 10:00								
時	日	月	年	81	71	61	51	41	31	21	11	1
辛巳	庚午	甲子	癸亥	乙卯	丙辰	丁巳	戊午	己未	庚申	辛酉	壬戌	癸亥

辛酉대운 25세 丁亥년 5월 사람을 납치하고 강탈하고 살인하여 6월에 수감되고 사형선고를 받았습니다. 일반인들은 절대로 하지 못하는 행위를 저지르는 이유를 이해하기 어렵습니다. 庚金이 甲木을 沖하기 때문이라거나 子午 沖하기 때문이라고 주장할 수 있지만 심각한 살인행위를 저지를 정도는 아닙니다. 亥年을 기준으로 亥卯未 三合을 벗어난 申酉戌과 庚辛은 저승사자와 같은 겁살, 재살, 천살인데 사주원국 庚辛이 겁살과 재살이며 甲木을 경쟁적으로 강탈하려는 욕망이 강하기에 일반적인 沖과는 다릅니다. 대운도 재살 辛酉로 과감하게 살인을 저질렀습니다. 또 다른 문제는 庚金일간이 년과 월에 많은 水氣를 만나서 방탕 조합으로 통제를 받지 않고 충동적으로 원하는 것을 취하려는 욕망이 강합니다.

坤命				陰平 1932년 10월 20일 08:00								
時	日	月	年	83	73	63	53	43	33	23	13	3
甲辰	壬午	辛亥	壬申	壬寅	癸卯	甲辰	乙巳	丙午	丁未	戊申	己酉	庚戌

조용한 성격이지만 해학을 잘합니다. 남편은 양복점을 운영하며

노름과 오락을 즐겼는데 丙午대운 43세 甲寅년에 사망했습니다. 가정을 책임지고자 돈놀이로 동분서주하여 2자 3녀를 키워냈습니다. 丙午대운에 남편을 상징하는 일지 午火가 丙火로 透干하여 丙辛 合으로 사라지고 午火는 복음이자 午亥 合으로 묶이면서 남편이 사망하였습니다. 사채놀이를 한 이유는 대운에서 들어온 丙午 겁살과 재살의 한탕을 노리는 성향 때문이었습니다. 三合을 벗어난 시공간은 상대적으로 짧기에 빨리 결과를 취하려는 욕망이 강하여 단타를 선호하기 때문입니다.

乾命				陰平 1935년 12월 2일 20:00							
時	日	月	年	83	73	63	53	43	33	23	13	3
庚戌	丁丑	戊子	乙亥	丁酉	丙申	乙未	甲午	癸巳	壬辰	辛卯	庚寅	己丑

寅대운에 서울 시청에 취직하고 辛卯대운에 병사 과에서 병사 업무를 주무하여 인기가 많아서 남자들의 시선을 한 몸에 받았습니다. 壬辰대운 38세 癸丑년부터 직장 상사와 외도 후 공직에서 물러났고 44세 戊午년에 남편이 사망했습니다. 癸巳대운 48세 壬戌, 49세 癸亥년에 서울의 카바레에서 사교춤의 명인으로 꽃뱀이 되었습니다. 甲午대운 戊辰년 54세에 갑자기 입산수도하여 여승으로 중생들의 운을 보고 있습니다. 여인의 롤러코스터 인생을 살펴보면, 亥年을 기준으로 亥卯未 三合을 벗어난 申酉戌과 庚辛은 겁살, 재살, 천살인데 일지 丑土의 地藏干 辛金 재살, 戌土의 지장간 辛金 재살, 庚金 겁살, 戌土 천살까지 모두 38세 이후에 몰려있습니다. 특히 48세 즈음에 카바레 사교춤의 명인으로 꽃뱀으로 활동했던 이유는 바로 庚金의 한탕욕망, 일탈욕망 때문이었습니다. 하지만 사주원국 戌土 天煞의 시기에

甲木대운을 만나 입산수도했던 이유는 천살을 종교, 명리, 철학으로 활용했기 때문입니다. 인생은 롤러코스터처럼 사주원국의 숙명을 따라 대운, 세운에 반응하며 살아갑니다. 신비로운 점은 겁살, 재살을 만나면 기존과 다른 엉뚱한 시공간에서 엉뚱한 행위를 하면서 살아간다는 것입니다.

乾命				陰平 1978년 1월 25일 18:00								
時	日	月	年	81	71	61	51	41	31	21	11	1
癸	甲	甲	戊	癸	壬	辛	庚	己	戊	丁	丙	乙
酉	子	寅	午	亥	戌	酉	申	未	午	巳	辰	卯

戊午대운 2017년 丁酉년 40세 당시 중식조리사로 10여년 열심히 살아왔으나 잘못된 투자로 모든 재산을 날려버렸습니다. 결혼도 못한 처지인데 경제적으로도 힘들어 막막합니다. 午年을 기준으로 日支 子水와 時干 癸水가 재살입니다. 戊午대운 天干에서 癸甲戊 三字로 조합하자 戊土가 상하기에 근본터전이 흔들립니다. 午火는 사주원국 구조대로 子水 災煞과 충돌하여 상하지만 근본원인은 일지 子水의 시기에 재살을 만나 우주어미의 사랑을 기다리지 않고 적극적으로 투자하다 모두 탕진하고 말았습니다. 재살에서 함부로 투자하지 말라는 이유입니다.

乾命				陰平 1954년 11월 12일 02:00								
時	日	月	年	81	71	61	51	41	31	21	11	1
己	丙	乙	甲	甲	癸	壬	辛	庚	己	戊	丁	丙
丑	申	亥	午	申	未	午	巳	辰	卯	寅	丑	子

입만 열면 거짓말 하며 겉으로는 착한 척하지만 재물, 여자, 이

름 모두 진짜처럼 보이는 유령회사 사기꾼입니다. 왜 거짓말만 하면서 거짓 인생을 살아가지는 이해하지 못하지만 午年을 기준으로 亥水가 겁살, 丑중 癸水가 재살이며 將星 午火를 암합으로 강탈하려는 욕망이 강하기 때문입니다.

乾命				陰平 1958년 3월 10일 08:00								
時	日	月	年	83	73	63	53	43	33	23	13	3
庚辰	乙亥	丙辰	戊戌	乙丑	甲子	癸亥	壬戌	辛酉	庚申	己未	戊午	丁巳

庚申대운에 룸살롱을 확장하다 1998년 戊寅년에 부도내고 힘들게 살아갑니다. 戌年을 기준으로 일지 亥水가 겁살이기에 한탕욕망이 있습니다. 辰土의 地藏干 癸水는 재살이기에 한탕욕망이 더욱 강합니다. 38세부터 乙亥, 丙子, 丁丑년을 지나기에 겁살, 재살, 천살을 만나 한탕을 꿈꾸며 무리하게 룸살롱을 확장하다 부도나고 말았습니다. 재살에서는 우주어미의 사랑을 기다리면서 보수적으로 행동해야 하는 이유입니다. 그 외에도 亥水가 양쪽의 辰土에 들어가고 辰戌 沖으로 불안정해지기에 재산을 지키지 못했습니다. 三字조합으로 살피면 庚申대운을 만나 乙丙庚 三字조합을 이루자 丙火로 庚金을 확장하려는 욕망이 강해지면서 무리한 투자로 화를 불렀습니다. 丙火는 분산에너지이기에 과장, 부풀림, 허세를 부리면 문제가 발생합니다.

坤命				陰平 1974년 8월 17일 22:00								
時	日	月	年	88	78	68	58	48	38	28	18	8
己亥	丙子	癸酉	甲寅	甲子	乙丑	丙寅	丁卯	戊辰	己巳	庚午	辛未	壬申

2002년 壬午년에 친구에게 고소당하여 사기죄로 10개월을 복역하였으며 이혼하였습니다. 과소비로 부채가 많고 사기성향이 심하고 남편도 이 여인 때문에 신용불량자가 되었습니다. 寅午戌 三合을 기준으로 癸水, 子水, 亥水는 재살과 겁살이기에 과감하게 일탈을 감행하고 빠르게 취하려는 욕망이 강해지면서 밥 먹듯 거짓말을 합니다. 겁살, 재살에는 재물이 없는데 억지로 취하고자 나쁜 쪽으로 두뇌를 활용하기 때문입니다. 이런 이유로 거짓말, 사기, 꽃뱀과 같은 행위를 과감하게 저지릅니다. 특히 酉金 六害를 水氣에 부풀리는 한탕욕망이 강하기에 사기치고 돈을 낭비하고 허풍, 허세를 부리면서 살아갑니다.

乾命				陰平 1951년 1월 15일 10:00								
時	日	月	年	85	75	65	55	45	35	25	15	5
癸巳	辛卯	庚寅	辛卯	辛巳	壬午	癸未	甲申	乙酉	丙戌	丁亥	戊子	己丑

입만 열면 허풍이고 게으릅니다. 출생당시에 좋은 가정이었는데 공부하지 않아서 중학교를 졸업하고 기술을 배운다고 서울로 상경하여 허송세월하면서 가족들만 고생시키는데도 큰 소리 칩니다. 여동생과 약국을 차려 돈 좀 벌었는데 모두 날렸지만 근본이 나쁜 사람은 아닙니다. 6년 동안 형제들의 도움으로 생활하는데 癸水가 증발하기에 허풍쟁이입니다. 왜 이렇게 사는지 신살을 활용하여 분석해보겠습니다. 卯年을 기준으로 亥卯未 三合을 벗어난 申酉와 庚辛은 겁살과 재살이기에 한탕을 노리는 욕망이 강합니다. 三合은 9개월로 여유롭지만 겁살, 재살, 천살은 3개월에 불과하기에 빨리 끝내야한다는 강박관념이 조급증을 일으키고 지름길을 택하는 과정에 허풍, 거짓말, 사기, 공갈, 게으

름, 한탕, 사치와 같은 물상을 만들어냅니다. 남들이 못하는 행위를 과감하게 저지르는 이유는 겁살, 재살의 총명함을 잔머리로 활용하기 때문입니다. 재살이 없는데 허풍 치는 사례들을 보겠습니다.

乾命				陰平 1964년 1월 12일 04:00								
時	日	月	年	83	73	63	53	43	33	23	13	3
甲	癸	丙	甲	乙	甲	癸	壬	辛	庚	己	戊	丁
寅	卯	寅	辰	亥	戌	酉	申	未	午	巳	辰	卯

입만 열면 거짓말이요 항상 누구를 사기 칠까 고민합니다. 결혼 후에는 부인이 미장원을 운영하는데 자신은 백수로 살면서 PC방을 드나들며 돈 떨어지면 사기 치거나 부인이 운영하는 미장원에 찾아가 행패부리고 2009년에는 관재가 발생하여 교도소에 수감되었습니다. 뇌를 상징하는 癸水가 심하게 증발하면 사고방식이 정상이 아닙니다. 또 癸甲으로 조합하면 그 성정이 매우 난폭합니다.

乾命				陰平 1962년 2월 26일 08:00								
時	日	月	年	81	71	61	51	41	31	21	11	1
丙	戊	癸	壬	壬	辛	庚	己	戊	丁	丙	乙	甲
辰	辰	卯	寅	子	亥	戌	酉	申	未	午	巳	辰

재물을 탐하는 무뢰한입니다. 巳대운부터 일을 시작했지만 직업이 없습니다. 친척에게도 사기 쳐서 그 지역에서는 사람취급 못 받는 무뢰한입니다. 위 사주와 공통점은 寅卯辰 方合으로 활동 반경이 좁고 친인척, 형제들을 이용합니다. 寅年을 기준으로 년

과 월에 壬癸 겁살과 재살 강탈욕망이 강하기에 타인의 재산을 빼앗는데 거리낌이 없습니다. 겁살과 재살은 판단기준이 일반적이지 않습니다. 저승사자는 色界에 드러날 수 없고 인간은 저승세계로 넘어갈 수 없기에 서로의 표현을 이해하는데 애를 먹습니다. 인간은 저승사자의 설명을 거짓말이라 느끼고 저승사자들은 인간의 태도에서 답답함을 느끼면서 모든 문제를 자신이 해결해줄 것처럼 허세를 부립니다.

乾命				陰平 1951년 12월 14일 04:00								
時	日	月	年	81	71	61	51	41	31	21	11	1
辛	乙	辛	辛	壬	癸	甲	乙	丙	丁	戊	己	庚
巳	卯	丑	卯	辰	巳	午	未	申	酉	戌	亥	子

허풍이 심하고 자랑을 잘하고 거짓말을 잘합니다. 卯年을 기준으로 천간에 辛金 災煞이 가득하기에 한탕욕망이 강해서 허세를 부리고 타인의 재물을 탐합니다. 十神으로 살피면 辛金은 偏官이기에 허풍, 거짓말을 못할 것처럼 보이고 많은 偏官에 乙木 일간이 소심해 보이지만 실제 상황과는 다릅니다. 재살의 작용이 얼마나 강력한지를 살필 수 있는 사례입니다.

坤命				陰平 1974년 1월 5일 04:00								
時	日	月	年	83	73	63	53	43	33	23	13	3
甲	戊	乙	癸	甲	癸	壬	辛	庚	己	戊	丁	丙
寅	辰	丑	丑	戌	酉	申	未	午	巳	辰	卯	寅

辛丑년 상황으로 사기꾼입니다. 천간에서 乙癸戊 三字는 봄날에 성장하는 새싹과 같아서 교육, 공직에 적합하지만 태어난 달이

丑月이기에 겨울입니다. 戊癸 合 과정에 乙木이 夾字로 끼어있기에 밀착합니다. 地支에서는 丑辰으로 한탕욕망이 강하고 丑丑으로 도둑 성향도 강하지만 乙癸戊 三字로 어두운 속성이 줄어듭니다. 丙火가 있으면 더욱 밝은데 없습니다. 또 丑中, 辰中 癸水가 破로 흔들리면 정신적으로 불안정해지는데 특히 丑, 辰의 地藏干 癸水가 六害로 영혼을 상징하기에 정신이상이 올 수 있습니다. 丑月에 火氣를 만들 유일한 방법은 戊癸 合하는 것인데 乙木 夾字가 끼어서 비틀리지만 乙癸戊 三字로 쓰임이 좋기에 심하지 않습니다. 다행하게 대운은 丙寅, 丁卯, 戊辰, 己巳, 庚午로 봄과 여름을 지나는데 丑年을 기준으로 巳酉丑 三合을 벗어난 甲乙과 寅卯辰은 겁살, 재살, 천살 저승사자로 사주원국 절반을 차지하기에 한탕욕망이 강합니다.

왜 남자를 이용할까요? 戊癸 合으로 癸水를 탐하는데 夾字 乙木이 중간에 끼어서 반드시 남자를 이용합니다. 乙癸戊 三字로 남자를 유혹하고 재살 乙木을 활용하기에 사기꾼이 되었습니다. 남자입장에서는 戊癸 合 과정에 얼떨결에 끼어들어서 戊土 위에서 놀고 있습니다. 이 구조에서 乙木 물상은 언변으로 남자들을 유혹하는데 능수능란하고 노림수가 대단합니다. 미사여구로 미끼를 던지고 돈을 갈취하는 꽃뱀입니다. 불행한 점은 甲寅시에 태어났는데 壬水를 보충하지 않으면 甲木은 戊土를 가만두지 않고 고통을 줍니다. 특히 庚午대운에 乙丙庚 三字로 한탕을 노리지만 항상 甲木때문에 관재에 시달릴 수 있습니다. 특히 辛丑년에는 乙木이 답답해지기에 미끼가 통하지 않고 의도가 들통나기 쉽습니다. 저승사자들은 미끼를 던지는 것에 익숙하기에 갑자기 접근해서 지나치게 친절하고 호의를 베풀면 그 의도를 자세히 관찰해야 합니다. 겁살, 재살은 습관처럼 미끼를 던지고 나중에 뒤통수치고 배반하기 때문입니다.

坤命				陰平 1952년 5월 1일 12:00								
時	日	月	年	86	76	66	56	46	36	26	16	6
壬午	庚午	乙巳	壬辰	丙申	丁酉	戊戌	己亥	庚子	辛丑	壬寅	癸卯	甲辰

어려서부터 화류계에 종사하고 교도소에 수감된 적도 있습니다. 전형적인 화류계, 꽃뱀 사주구조입니다. 庚金일간이 양쪽에서 壬水와 조합하기에 방탕욕망이 강합니다. 월간 乙木 육해가 드러나 성욕을 상징하는데 대운도 16세부터 癸卯 육해를 만나 강력한 성욕을 느낍니다. 庚金과 乙巳가 乙丙庚 三字로 물질욕망이 매우 강하고 辰年을 기준으로 巳午는 겁살, 재살로 일반인들은 꺼리는 행위를 과감하게 실행합니다. 辰巳午午 강력한 火氣가 庚金을 자극하면 壬水에 총알처럼 튀어나가기에 즉흥적이고 기분대로 행동하며 뒷일을 고려하지 않습니다. 년과 시에 있는 壬水도 火氣에 증발되고 癸水처럼 바뀌기에 지극히 현실적이고 화려한 물질을 추구합니다.

坤命				陰平 1972년 3월 27일 18:00								
時	日	月	年	81	71	61	51	41	31	21	11	1
丁酉	辛丑	乙巳	壬子	丙申	丁酉	戊戌	己亥	庚子	辛丑	壬寅	癸卯	甲辰

평범한 인생으로 남편이 바람둥이 기질이 있고 자주 외도하지만 이혼하지 않습니다. 배우자를 상징하는 日支 丑土가 子丑 合하는 과정에 巳火 正官 남편이 夾字로 끼어서 도망가지 못하고 일지와 동일한 오행이 하나뿐이기에 남편이 자주 외도하지만 이혼하지는 않습니다. 巳火와 동일한 오행 丁火가 時干에 드러났

기에 남편 때문에 고민하며 살아갑니다. 첫 남편을 상징하는 巳火는 日支 丑土의 어둠을 꺼립니다. 밝은 빛과 같은 巳火가 어둡고 축축한 丑土 공간을 기뻐하지 않지만 子水와 丑土 사이에 夾字로 끼어서 도망갈 수도 없습니다. 특히 子年을 기준으로 巳火는 劫煞이기에 일간과 사고방식, 행동방식이 상이합니다. 또 辛金일간이 년에 壬子를 보았기에 씨종자를 풀어내는 과정에 방탕하며 구속을 싫어하고 남편을 밀어내는 에너지가 강하고 巳火 빛을 어둠속으로 끌어내리니 남편이 밖으로 돌면서 외도합니다. 현실에서 남편이 외도하는 이유는 다양한데, 잘생기거나 정력이 강하다고 무조건 외도하는 것이 아니라 이 여인처럼 남편을 밖으로 내모는 사례도 많습니다. 巳火가 겁살이고 丁火가 재살이지만 일간 辛金과 丙辛 合으로 묶여 연락은 하고 지냅니다. 四季圖에서 丙庚은 여름이고 丁辛은 가을이기에 丙火와 辛金은 시공간이 상이하여 떨어져 살면서도 연락하고 지낸다고 했습니다. 또 다른 특징은 災煞 丁火와 壬水가 合하는 과정에 乙辛이 夾字로 끼어서 沖하기에 巳火로 가는 피가 막히면 남편이 심장마비, 뇌출혈, 정신질환과 같은 문제가 발생하거나 갑자기 무능해질 수 있습니다.

18. 災煞을 연쇄살인으로 활용한 사례

乾命				陰平 1956년 12월 25일 03:00							
時	日	月	年	83	73	63	53	43	33	23	13	3
壬寅	丁酉	辛丑	丙申	庚戌	己酉	戊申	丁未	丙午	乙巳	甲辰	癸卯	壬寅

콜롬비아 극악범 루이스 가라비토 사주팔자입니다. 어린이 190여명을 강간, 살해하였습니다. 1990년대 자선사업가, 외판원, 노

점상, 성직자, 장애인 등으로 위장해 8~16세 어린이와 청소년을 유괴한 뒤 성폭행하거나 학대하고 살해한 범죄자입니다. 자백에 따른 피해자만 대략 190여명이지만 실제로는 300명 정도로 추산합니다. 주로 저소득층 아이들을 범행 대상으로 삼았으며 희생자를 기록한 일지를 지니고 다녔습니다. 그의 행위는 1992년부터 1999년 체포될 때까지 지속되었는데 10년간 발각되지 않았던 이유는 콜롬비아가 내전으로 어수선한 상황이었기 때문이라고 합니다. 1990년대 말 어린이들이 집단 암매장된 무덤이 잇따라 발견되면서 대대적 수사가 이뤄졌고 결국 1천 853년 9일의 징역형을 선고받았지만 최종형량은 22년이었습니다. 루이스 가라비토가 남긴 말은 이렇습니다. "나는 사탄 의식을 연습했다. 어떻게 했는지 설명하고 싶지는 않다. 왜냐면 악마와 계약했거든." 그의 악마 같은 내면은 어린 시절 학대로부터 시작된 것이라고 합니다. 1957년 1월25일 콜롬비아의 빈민가에서 태어난 루이스 가라비토 어머니는 매춘부였고 술을 마시면 자식들을 괴롭혔는데 날이 갈수록 심해졌습니다.

재살을 가장 흉악하게 사용하는 것이 바로 연쇄살인입니다. 재살만으로 결정되는 것은 아니지만 중요한 작용을 하는 것은 분명합니다. 이 사주에는 다양한 문제가 있습니다. 첫째, 사주원국에 金氣가 매우 강한데 寅木이 홀로 드러나 살기만 강해졌습니다. 특히 寅酉조합은 구조가 좋으면 경찰물상이지만 나쁘면 범이 닭을 희롱하듯 사람을 죽인다고 했습니다. 또 申年을 기준으로 申子辰 三合을 벗어난 巳午, 丙丁은 겁살과 재살로 저승사자인데 년은 겁살, 일은 재살입니다. 어린아이들에게 범죄를 저질렀던 시기도 乙巳와 丙午대운으로 겁살, 재살이 겹치던 시기였습니다. 乙木은 육해는 죽음을 불사한 성욕이기에 반드시 성 문제가 개입됩니다. 육해 성욕과 겁살, 재살 저승사자가 300명이라는 엄청난 살인을 저질렀습니다. 五行, 十神 生剋으로는 도저히 이해할 수 없는 현상들입니다.

乾命				陰平 1942년 2월 1일 00:00							
時	日	月	年	86	76	66	56	46	36	26	16 6
甲子	己巳	癸卯	壬午	壬子	辛亥	庚戌	己酉	戊申	丁未	丙午	乙巳 甲辰

죤 웨인 게이시(John Wayne Gacy), 1972년 壬子년 부터 1978년 戊午년까지 소년 33명 이상을 살해한 미국 역사에 남는 연쇄 살인자입니다. 자원봉사를 하는 어릿광대로 분장해 아이들을 즐겁게 해주다 일자리를 소개하겠다. 돈을 주겠다고 유혹해 집에 데리고 간 후 성폭행을 저지르고 목을 졸라 살해했습니다. 시체는 집의 마루 밑에 묻다가 더 이상 묻을 수 없자 강에 버렸습니다. 마루 밑에서는 26구의 사체가 발견되었습니다. 경찰 신문에서 피살자들은 단순한 잡동사니에 불과하다는 패륜적인 발언을 남겼습니다. 1994년 5월 10일 00:58에 약물주사로 처형되었으며 영화 <It>의 모델이 된 인물입니다.

도저히 이해할 수 없는 범죄자입니다. 수십 명을 즐기듯 살해했던 이유는 무엇일까요? 저승사자와 같은 겁살, 재살이 가진 흉악함을 이해해야 비로소 그의 사고방식, 행동방식을 이해합니다. 午年을 기준으로 寅午戌 三合을 벗어난 亥子와 壬癸는 겁살과 재살로 강탈, 강도, 살인을 저지를 수 있는 에너지입니다. 10대 남성들을 성폭행하여 1968년도에 10년형을 선고받았는데 18개월을 복역한 후 풀려나자 엄청난 살인을 저질렀습니다. 겁살, 재살을 가진 자들의 유사점은 자신들의 행위가 적절하고 누구에게나 공감을 얻는다고 착각합니다. 하지만 범죄를 저지르다 교도소에 수감되면 자신의 행위를 인정하지 않는 세상을 향해서 반감을 갖고 출소 후에는 연쇄살인마로 돌변하는 사례가 많습니다. 午火대운부터 살인을 저지르기 시작하였는데 육체와 물질을 상징하는 將星이 오자 壬癸 겁살, 재살이 午火를 강탈하기 시작했기 때문입니다. 겉으로는 멀쩡해 보이지만 저승사자의 작용이 얼마나 무서운지를 증명하는 사례입니다.

제 3부 天煞 -
　　　영혼과 육체의 결합

제 1장 天煞의 근본원리

12신살 중에서 무엇이 가장 중요하냐고 묻는다면 겁살, 재살, 천살이라고 할 것입니다. 나머지 神煞들은 三合 범위 내에 있으며 우리가 현실에서 보고 듣고 만지는 물질과 육체에 대한 것들이기에 이해하기 쉽습니다. 지살에서 탄생해서 육해에 이르면 사망하고 화개 묘지에 들어가고 겁살, 재살, 천살 영혼의 세계를 지나기에 그 정체를 규정하기 어렵고 육체, 물질을 상실한 시공간에서 안정을 취하지 못하고 방황할 수밖에 없습니다. 三合운동 내부에서는 육체와 물질을 소유한 생명체로 살아왔는데 겁살 재살 천살에서는 영혼의 세계를 지나는 것처럼 매우 상이한 시공간환경에 적응하는데 애를 먹습니다.

겁살에서 육체를 버리고 재살에서 업보에 따라 영혼을 제공받고 천살에서 영혼과 육체가 결합하여 탄생을 기다립니다. 일상에 비유하면 객지에서 힘들게 살다가 너무 힘들어 부모형제가 계시는 고향으로 돌아가려는 시공간이 천살입니다. 내 영혼과 육체를 결정하고 전생과 이생을 연결하기에 천살은 반드시 안전하게 보호되어야 합니다. 천살이 흔들리면 탄생하기도 전에 영혼도 육체도 극도로 불안정해지면서 예측불허의 사건, 현상들이 발생합니다. 예로, 질병, 부상, 죽음, 부부이별, 육체고통, 정신질환 등입니다. 申子辰 三合은 未土, 寅午戌 三合은 丑土, 亥卯未 三合은 戌土, 巳酉丑 三合은 辰土가 천살입니다.

1. 自然循環圖와 天煞

自然循環圖(시공간 순환도)

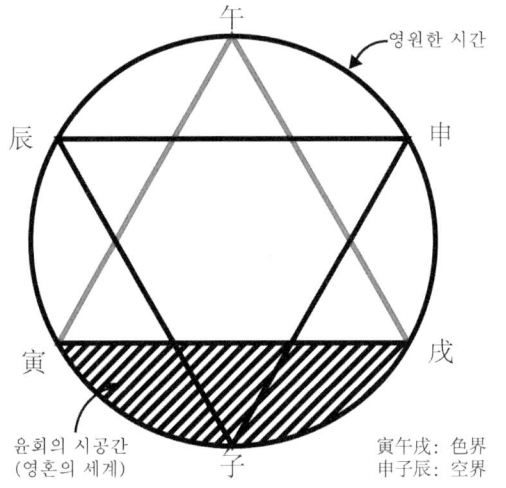

시공명리는 8寶圖로 이론의 뼈대로 삼기에 판단근거와 기준이 명확합니다. 자연순환도를 활용하여 12신살의 이치를 살필 수 있습니다. 두 삼각형은 寅午戌 色界와 申子辰 空界의 대칭구조를 표현한 것이며 빗금 친 부분은 윤회과정 겁살, 재살, 천살에 해당합니다. 12신살을 시공간 순환과정으로 분석하면 이해하기 쉽지만 별개로 인식하면 이유도 모른 채 외워야 합니다. 사주명리는 반드시 판단기준이 필요하며 원리가 없으면 사상누각에 불과합니다. 겁살, 재살, 천살을 영혼의 세계로 규정하고 겁살에서 육체, 물질은 물론이고 전생의 업보를 내려놓고 재살에서 전생을 이어주는 새 영혼을 제공받은 후 천살에서 영혼과 육체가 결합하는 흐름은 너무도 당연하기에 외워야할 필요가 없습니다. 이 과정을 자세히 이해해야 우리가 어디에서 와서 어디로 가는지를 깨우칩니다. 寅午戌 三合은 色界로 寅에서 탄생하고 午에서 강건한 육체를 얻고 戌에서 무덤으로 들어가는데 숨이 끊어지고 사망하는 공간은 酉金 육해이고 戌亥子丑을 지나 寅에서 재탄생하지만 영혼의 세계에서 어떤 일이 발생했는지 기억하지 못하지만 酉金에서 寅木까지의 과정을 이해해야 12신살의 순환원리를 철저히 이해합니다. 酉戌이 조합하면 穿이라 부르는 이유는 사망을 상징하는 酉金 육해가 戌土 화개에 들어가 묻히는 것을 거부하기 때문입니다. 만약 戌土를 거치지 않고 酉亥로 뛰어넘으면 날카로운 酉金이 亥水에 풀어지기에 흐름이 자연스럽습니다. 하지만 酉子로 조합하면 破라 부르는데 육해를 破시켜야 새 영혼으로 부활하기 때문입니다. 영화 "미이라"에서 수천년 전의 영혼이 부활하는데 바로 재살입니다. 어떤 영혼이 부활할까요? 탄생에서 죽음직전까지 경험한 것들을 씨종자로 저장했다가 災煞이 破시키는 방식대로 부활하기에 전생의 업보가 이어집니다. 이것이 바로 육해와 재살 조합의 작용입니다. 예로, 증조부 묘지에 어떤 일이 발생하면 증조부가 부활하는 것과 다를 바 없습니다. 그 이유는 그 영혼이 현생에 영향을 미치기 때문입니다. 증조부 묘지를 옮기고 싶다면 증조부 재살 세운에 옮기는 겁니다.

전생의 영혼과 육체가 움직이려면 재살, 천살에서 가능합니다. 근 20년 잊고 지냈던 친구와 우연히 연락이 되었다면 친구의 영혼이 부활한 것입니다. 육해와 재살이 반응한 후 천살이 오기에 酉金이 子水에서 부활하여 새 영혼을 얻고 천살에서 부모가 제공하는 육체와 결합합니다. 윤회과정의 핵심을 정리하면 육해는 전생업보, 재살은 새 영혼, 천살은 새 육체와 같아서 刑沖破害로 흔들리고 불안정해지면 상상할 수 없는 사건, 현상들이 발생합니다. 이런 이유로 육해에서 술을 따르고 영혼을 위로하고 천살에서 영가 옷을 태워서 육체를 위로하는 행위는 매우 유용한 개운법입니다. 영혼과 육체의 한을 풀어서 건강한 육체와 영혼을 유지하려는 것입니다.

2. 十宮圖2와 天煞

《十宮圖2(인간의 일생)》

재탄생	윤회	시주	일주	월주	년주
甲(1)	壬(9)	庚(7)	戊(5)	丙(3)	甲(1)
	癸(10)	辛(8)	己(6)	丁(4)	乙(2)

직선의 시간흐름 ←------------------------

十宮圖2를 기준으로 살피면, 甲寅에서 탄생해서 辛酉에서 사망하는 과정에 戊己와 辰戌未丑가 있는데 未土는 반안, 丑土는 천살입니다. 寅未로 合하여 흙으로 돌아가고자 하강하는 공간이 반안이고 寅丑으로 合하여 탄생하는 과정이 천살입니다. 甲己合의 순환으로 生氣가 생기고 사라지기를 반복하는 이치입니다. 자연순환도, 十宮圖 2의 윤회과정을 정리해보겠습니다.

지살	육해	화개	겁살	재살	천살	지살
申	卯	辰	巳	午	未	申/ 申子辰 윤회과정
亥	午	未	申	酉	戌	亥/ 亥卯未 윤회과정
寅	酉	戌	亥	子	丑	寅/ 寅午戌 윤회과정
巳	子	丑	寅	卯	辰	巳/ 巳酉丑 윤회과정

천살은 지살로 이어지기에 핵심가치는 생명체를 세상에 내놓는

역할입니다. 따라서 천살 의미를 풀어내려면 먼저 생명체를 품은 천살의 시공간 환경에 대해 고민해야 합니다.

3. 劫煞, 災煞, 天煞에 육체와 물질이 없습니다.

겁살에서 전생의 업보를 심판받고, 재살에서 새 영혼을 얻고 천살에서 새 육체를 얻는 과정의 공통점은 육체와 물질이 없다는 것입니다. 따라서 재살과 천살에서 선택한 조상신이 무엇이냐에 따라 운명이 달라집니다. 물질을 원하면 상응하는 영혼을 이어받아서 탐욕을 잉태하지만 정신을 추구하면 종교, 명리, 철학, 교육, 정치, 의료와 같은 직업을 갖습니다. 재살과 천살이 결합하여 육체를 얻은 후 色界로 나오는 과정이 丑土와 寅木에서 이루어지기에 천살을 잘 모셔야 복을 받는다고 주장합니다. 사망을 상징하는 육해와 탄생 직전의 천살을 함부로 대하면 전생과 이생을 잇는 통로가 막히고 이상한 현상들이 발생합니다.

직장에서 억울한 누명을 쓰거나 죄를 저지르고 도망가거나 갑자기 천한 직업에 떨어지거나 다양한 사건, 사고와 질병, 예측하지 못했던 현상들이 발생합니다. 기업의 사장으로 발전하다가도 갑자기 부도나서 육체노동 하면서 살아갑니다. 결국 천살은 나의 전생을 품은 육체와 다를 바 없기에 현재의 나보다 훨씬 위 조상이라고 인식할 필요는 없습니다. 전혀 모르는 조상신이 아니라 결국 전생의 나였으며 영적으로 오래된 영혼이기에 쌍방간 원활한 소통을 하려면 천살방위를 잘 모셔야 빠르게 막힌 문제들을 해결하고 발전합니다. 살아가는 과정에 운이 막혔을 때 문제를 해결하는 방법을 모르기에 맹목적으로 기도하거나 사주상담을 받으러 다니거나 술로 방황하거나 심리적으로 고통 받지만 육해와 재살, 천살 방위에서 전생의 나와 현재의 나 사이에 얽히고설킨 인과를 풀어내야 막힌 운을 뚫을 수 있습니다. 육해와 재살 그리고 천살에서 영혼과 육체를 얻는 과정이 간단하다고 인식하지만 절대로 그렇지 않습니다. 삼신할머니에게 좋은 자식을 점지해달라고 1년 열두 달 간절히 기도를 올리고 삼천 배를 올리는 행위와 유사합니다. 상상하는 것보다 훨씬 무시무시한 존재가 천살입니다. 12신살 중에서 가장 조심히 다루어야할 공간, 방위, 상대입니다. 사주원국에 천살이 없는 것이 오히려 좋습니다. 육해, 겁살, 재살, 천살은 사주원국에 없어야 무난한 인생을 살아갑니다. 특히 육해와 천살은 영혼과 연결되어 심각한 문제를 일으킬 수 있기에 사주팔자에 드러나지 않는 것이 좋습니다. 전생의 업보가 무겁지 않다면 사주원국에 드러날 이유도 없습니다. 누구나 화려한 세상을 원하지만 종교, 명리, 철학, 무속에 매달리는 이유는 사주원국의 업보를 풀려는 것입니다.

乾命				陰平 1968년 4월 1일 22:00								
時	日	月	年	82	72	62	52	42	32	22	12	2
癸	戊	丙	戊	乙	甲	癸	壬	辛	庚	己	戊	丁
亥	辰	辰	申	丑	子	亥	戌	酉	申	未	午	巳

己未대운 22세 己巳년에 절도죄로 구속되고 26세 癸酉년에 출옥하였지만 27세 甲戌년 丁丑월 庚戌일 교통사고로 사망하였습니다. 申年을 기준으로 未土 천살은 사주원국에 없지만 丙火 겁살이 있고 申辰으로 地藏干에서 乙庚 合하면 丙火 겁살로 한탕을 노립니다. 어려서 대운도 丁巳, 戊午, 己未로 三合을 벗어난 겁살, 재살, 천살로 흐르기에 저승사자처럼 한탕욕망이 강합니다. 己未대운에 천살을 만나자 일간 戊土와 己土가 경쟁적으로 癸水를 탐하기에 시기, 질투, 경쟁, 한탕, 투기 욕망이 강해지고 己巳년에 未土 천살의 地藏干 己土가 透干하자 탐욕을 부리다

가 하늘에서 벌을 받았습니다. 천살을 탐욕으로 활용한 사례입니다.

乾命				陰平 1960년 6월 17일 06:00								
時	日	月	年	89	79	69	59	49	39	29	19	9
丁卯	己亥	癸未	庚子	壬辰	辛卯	庚寅	己丑	戊子	丁亥	丙戌	乙酉	甲申

丁亥대운 45세 甲申년 乙亥월 庚戌일에 배임죄로 구속되었습니다. 子年을 기준으로 未土가 天煞이고 丁火가 災煞입니다. 未月에 필요한 水氣들이 亥水, 子水, 癸水로 여유로운 편이지만 천살 未土를 잘못 활용하면 亥未, 子未 조합으로 불법, 비리, 범죄를 저지르고 문제가 발생할 수 있습니다. 丁亥대운에 未土 천살의 地藏干 丁火 재살이 透干하여 사주구조대로 未土가 亥水의 흐름을 막고 탁하게 만들기에 문제가 발생하고 또 子未로 년지 子水의 흐름을 막기에 법적인 문제가 발생할 수 있습니다. 甲申년에 亥水의 地藏干 甲木이 透干하여 대운과 세운에서 亥未로 조합하면 水氣의 흐름이 막히고 탁해집니다. 천간에서는 甲己 合, 甲庚 沖으로 국가의 통제를 받으며 乙亥월에 乙木 육해가 透干하자 구속되고 사회에서 격리되었습니다.

乾命				陰平 1939년 2월 15일 08:00								
時	日	月	年	89	79	69	59	49	39	29	19	9
壬辰	辛未	丁卯	己卯	戊午	己未	庚申	辛酉	壬戌	癸亥	甲子	乙丑	丙寅

壬戌대운 57세 乙亥년에 부인이 사업을 시작하여 가산을 탕진

했습니다. 년지 卯木을 기준으로 辛金 일간이 재살이지만 戌土 천살은 사주원국에 없습니다. 未辰조합은 한탕을 노리는 부동산 떴다방, 성인오락실 물상이라고 했습니다. 壬戌대운에 천살 戌土가 辰戌未 三字로 불안정해지고 乙亥년에 사주원국 4개의 地支에 있는 地藏干 乙木이 透干하였는데 특히 辰未조합이 반응하는 시점에 이르자 부인이 갑자기 한탕욕망을 억제하지 못하고 가산을 탕진했습니다. 사주원국 4개의 地支에서 동시에 地藏干이 투간하면 지진이 발생하듯 지극히 불안정해지고 문제가 발생합니다.

4. 天煞의 地藏干은 六害와 災煞입니다.

천살의 地藏干을 분석하면 천살의 오묘한 특징을 이해합니다. 申子辰 三合의 경우, 육해는 卯木, 재살은 午火, 천살은 未土인데 천살의 地藏干은 乙木 육해, 丁火 재살이기에 육해와 천살, 재살과 천살이 소통합니다. 육해 씨종자가 천살에 담겨있고 丁火 재살로 새 영혼을 받아서 天煞 육체와 결합하였는데 과연 육해와 재살은 어떤 관계일까요?

申子辰 三合	卯木육해, 午火재살이 卯午 破로 연결됩니다.
寅午戌 三合	酉金육해, 子水재살이 酉子 破로 연결됩니다.
亥卯未 三合	午火육해, 酉金재살이 午酉 破로 연결됩니다.
巳酉丑 三合	子水육해, 卯木재살이 子卯刑으로 연결됩니다.

천살의 작용을 철저히 이해하려면 육해, 재살의 각 의미는 물론이고 육해와 재살의 관계, 육해와 천살의 관계, 재살과 천살의 관계를 세분하여 살펴야 합니다. 지살로 탄생하는 과정은 이토록 복잡합니다. 씨종자 육해, 육해를 이어받은 영혼 재살 그리고 육해와 재살이 담긴 천살이 조화를 이루어야 가능한 일입니다. 천살을 옥황상제, 조상이라고 부르는 이유는 육해 씨종자,

전생의 업보를 품었기 때문이며 천살이 두려운 이유는 육체와 영혼을 결합한 상태에서 흔들리면 기묘한 현상이 발생하기 때문입니다. 비록 나는 부모의 사랑으로 탄생하였지만 내 육체에 담긴 영혼은 부모 이전에 존재하였습니다. 부모가 나의 영혼을 결정한 것이 아니라 전생의 업보를 이어받은 영혼이 부모와 육체를 선택합니다. 따라서 부모는 영혼을 담을 육체를 제공하는 역할이며 천살은 영혼과 육체를 통합하는 역할입니다. 이런 이치를 이해한 소강절은 이런 표현을 남겼습니다.

身生天地後: 내 육체는 천지(色界)가 생겨난 후 얻은 것이나,
心在天地前: 내 마음(영혼)은 天地가 생겨나기 전에 얻었노라.

天地를 부모로 바꿔서 살피면 이해가 쉽습니다. 내 육체는 부모의 도움으로 생겨났지만 내 영혼은 부모가 생기기 이전에 얻은 것입니다.

육해는 사망을 상징하며 고독하고 쓸쓸한 성정을 가졌기에 육해가 상하면 정신질환이 발생하므로 그 기운을 품은 천살도 육해와 유사한 특징을 가졌습니다. 천살을 옥황상제, 스승이라는 표현으로만 이해하면 천살이 얼마나 힘든 공간인지 상상하지 못합니다. 새 영혼과 육체가 결합하여 엄마 뱃속에 웅크리고 있기에 굉장히 답답한데 刑沖破害로 흔들리면 이해하기 어려운 현상들이 발생하는 겁니다. 이런 이유로 겁살, 재살, 천살을 지날 때는 주도적으로 행동하지 말고 조용히 때를 기다리라고 하는 이유입니다. 과감하게 욕망을 드러내는 것과 수동적으로 우주어미의 사랑을 기다리는 태도는 크게 다릅니다. 물질과 육체가 없기에 하늘에서 물질, 육체, 영혼을 제공할 때까지 기다려야 함에도 스스로 취하려고 달려들면 사업부도, 육체손상, 불법 행위 등으

로 속박당합니다. 천살을 정신으로 활용하느냐, 물질로 활용하느냐에 따라서 크게 달라집니다. 정신으로 활용하면 전생에 정신을 활용하던 영혼이, 물질을 추구하면 물질을 탐했던 영혼이 접근해서 운명을 결정합니다.

坤命				陰平 1952년 10월 17일 12:00								
時	日	月	年	89	79	69	59	49	39	29	19	9
戊	癸	辛	壬	壬	癸	甲	乙	丙	丁	戊	己	庚
午	未	亥	辰	寅	卯	辰	巳	午	未	申	酉	戌

坤命				陰平 1966년 2월 4일 06:00								
時	日	月	年	86	76	66	56	46	36	26	16	6
乙	癸	庚	丙	辛	壬	癸	甲	乙	丙	丁	戊	己
卯	丑	寅	午	巳	午	未	申	酉	戌	亥	子	丑

원불교 교무님들로 癸未일은 명상수련 등으로 법회를 이끌었고 45세 이후 종교 신문사 사장에 재직했으며 원불교 교당을 맡아서 인지도가 높습니다. 辰年을 기준으로 未土가 천살이고 월간 辛金이 수많은 水氣에 씨종자를 풀어내기에 종교로 활용하였습니다. 癸丑일은 친화력이 뛰어나고 부모님 유산으로 건물 세 채를 소유하였습니다. 시주 乙卯시절 46세 이후에 임대업으로 건물을 관리합니다. 모든 종교계 인사들과 교류하는데 무서운 분도 두려운 분도 없습니다. 아래 사주는 午年을 기준으로 일지 丑土 천살을 종교로 활용하였습니다. 乙庚 합하고 年干 丙午가 열매를 확장하기에 부자입니다. 사주원국에 癸水를 제외하고 모두 밝은 성향의 글자들이기에 종교계에서 활발하게 활동하며 친화력이 뛰어납니다. 일지 丑土가 모든 글자들을 어둡게 만들기

에 결혼하지 않았습니다.

5.天煞의 도둑심보

옥황상제, 스승 정도로만 이해했던 천살의 본성에 도둑심보가 있는 이유를 이해하기 어렵습니다. 천살은 반드시 화개에 담긴 육해를 刑으로 빼앗아야 지살로 넘어가기에 辰未, 未戌, 戌丑, 丑辰의 刑破 작용으로 육해를 탐합니다. 문제는 무리하게 재물을 탐하면 천살이 품은 육해와 재살의 물상대로 사망, 외톨이, 고독, 외로움, 명예추락, 교도소 수감, 해외도피, 강력한 성욕으로 강간, 살인, 변태성욕, 화류계 등과 같은 물상을 만들어냅니다. 천살은 총명하지만 육체와 물질이 없기에 타인의 권력, 이권을 활용하려는 욕망이 강합니다. 천살을 현명하게 활용하려면 오히려 타인의 재산을 관리하고 보호하는 정치, 교육, 종교, 철학, 중개, 유통과 같은 직업이 좋습니다.

천살은 망신, 육해, 천살 三合으로 이어지기에 망신에서 왕을 옹립하고 권력과 이권을 활용하여 재물을 탐하는 속성이 육해와 천살로 이어집니다. 申子辰 三合의 경우, 午火 災煞이 卯木 六害를 卯午 破로 강탈한 후 天煞과 午未 合하기에 씨종자 육해를 훔치려는 욕망이 강합니다. 하지만 申金 지살에서 탄생하려면 반드시 卯木과 申金이 乙庚 合해야 하기에 재살과 천살은 씨종자를 탐할 수밖에 없습니다. 戌土가 화개, 丑土가 천살일 때 丑土가 戌土를 刑해서 戌土의 地藏干 辛金 육해를 강탈하기에 타인의 재물과 육체를 탐하는 것입니다. 이처럼 영혼의 세계인 겁살, 재살, 천살에는 강력한 도둑심보가 있음을 기억해야 합니다. 다만, 도둑심보를 물질로 활용하지 않고 종교, 명리, 철학 교육, 검경, 정치, 의료계에서 활용하면 명석한 두뇌의 지도자가 됩니다. 물론 刑을 활용해서 씨종자를 훔치려는 욕망이 강하면 도둑, 강도, 살인과 같은 문제가 발생합니다. 재살에서 영혼을 제공받고 천살에서 육체와 결합하지만 아직은 실질적인 육체와 물질이 없기에 타인의 소유물을 활용하는 방식을 취할 수밖에 없습니다. 직장에서 법인카드를 적극적으로 활용하는 것도 재살과 천살의 특징입니다. 또 돈을 내지도 않으면서 생색내거나 회사의 자산을 자신의 것처럼 활용하는 경우도 이에 속합니다. 하지만 지나치면 권력남용, 이권남용, 직권남용으로 문제가 발생하기에 주의해야 합니다. 三合의 특징을 부연설명하면, 巳酉丑은 씨종자 모임 망신, 육해, 천살이기에 권력과 이권을 독점하려는 카르텔, 특권계층을 뜻합니다. 일반인들은 조직에 끼지 못하며 끼리끼리 이권, 권력을 누리려는 심리가 강합니다. 현실에 응용하면 망신, 육해, 천살 운에는 자신보다 높은 권력, 이권을 가진 인연을 활용해서 문제를 해결할 수 있지만 지나친 욕망은 경계해야 합니다.

乾命				陰平 1972년 12월 14일 20:00							
時	日	月	年	86	76	66	56	46	36	26	16	6
甲戌	甲寅	癸丑	壬子	壬戌	辛酉	庚申	己未	戊午	丁巳	丙辰	乙卯	甲寅

丙辰대운 癸未년 31세 6월에 친구들과 술을 먹다 남의 카드인지도 모르고 사용해 공범으로 몰려 교도소에 들어갔다 7월에 풀려났습니다. 사주원국에 丑寅으로 음습하기에 도둑심보가 있습니다. 癸未년에는 丑土의 地藏干 癸水가 透干하자 도둑심보가 동했습니다. 특히 未土는 천살인데 丑戌未 三刑으로 불안정해지자 타인 카드를 도용하다 교도소에 들어갔습니다. 천살을 타인의 재산을 강탈하는 사례로 활용했습니다.

乾命				陰平 1971년 8월 13일 20:00								
時	日	月	年	87	77	67	57	47	37	27	17	7
甲	己	丁	辛	戊	己	庚	辛	壬	癸	甲	乙	丙
戌	未	酉	亥	子	丑	寅	卯	辰	巳	午	未	申

스테판 브라이트비저(Stéphane Breitwieser)로 1994년 甲戌년 터 2001년 辛巳년까지 유럽 전역에서 200여 회에 걸쳐 예술 작품 300여 점을 훔쳤는데 가치가 무려 2조원에 달한다고 합니다. 흥미로운 점은 예술품을 팔지 않았고 2005년 1월 7일 법원에서 3년 징역형을 받았으나 26개월 복역하고 석방되었습니다. 亥年을 기준으로 辛酉는 재살, 戌土는 천살이기에 타인의 재물을 강탈하려는 욕망이 강합니다. 특히 재살은 丁辛亥 三字로 지나치게 총명하고 과단성이 있기에 200여회에 걸쳐 범죄행위를 저질렀습니다.

乾命				陰平 1969년 12월 5일 08:00								
時	日	月	年	82	72	62	52	42	32	22	12	2
甲	壬	丁	己	戊	己	庚	辛	壬	癸	甲	乙	丙
辰	辰	丑	酉	辰	巳	午	未	申	酉	戌	亥	子

壬丁己, 壬丁丑 三字로 집중력이 뛰어납니다. 酉丑辰이 순서대로 흐르기에 金대운에 국회의원에 당선되었습니다. 일지가 辰土 천살로 정치 인연도 좋습니다. 년과 시에서 甲己 합하고 壬甲己 三字로 교육, 공직, 정치에 적합합니다. 흥미로운 점은, 酉丑辰 三字의 한탕을 노리지 않고 정치로 활용하였습니다.

乾命				陰干 1944년 6월 17일 18:00								
時	日	月	年	81	71	61	51	41	31	21	11	1
丁	辛	辛	甲	庚	己	戊	丁	丙	乙	甲	癸	壬
酉	丑	未	申	辰	卯	寅	丑	子	亥	戌	酉	申

어려운 가정환경으로 상업 고등학교를 졸업하고 은행에 입사하여 乙亥, 丙子대운에 재물이 늘었고 은행지점장이 되었습니다. 丁丑대운 乙亥年에 거액의 퇴직금을 받고 타 회사 임원으로 이직했지만 丁丑대운 丁丑년에 전원주택을 짓다 전 재산을 날려버렸습니다. 월주 辛未물상을 甲木과 乙木의 움직임을 정리하는 회계로 활용하여 은행을 다녔습니다. 申年을 기준으로 월지 未土가 천살인데 丁丑대운 丁火와 乙亥년의 乙木이 모두 월지 未土 천살에서 透干하였고 未月에 필요한 亥水를 공급해줍니다. 未土 천살과 丁火 재살, 乙木 육해가 동시에 반응하자 재살로 반발심이 생기고 육해로 원래의 시공간에서 멀어지는 물상이 발현되지만 未土에 亥水를 보충하여 좋기에 거액의 퇴직금을 받고 타 회사 임원으로 이직했습니다. 특히 丑未 沖으로 월지가 沖하자 직업변동이 발생하였습니다.

2년 후 丁丑년에 사주원국 구조대로 丑未 沖이 중복으로 반응하자 천살이 극도로 불안정해졌습니다. 직접 물질을 다루기 어려운 천살에서 재물을 탐하자 하늘에서 전 재산을 빼앗아버렸습니다. 천살이 요구하는 중개, 유통, 무역, 종교, 철학, 교육, 직장인 정도에 만족하면 탈이 없는데 未土 천살이 심하게 흔들리고 두 개의 丁火 災煞이 과감하게 일탈을 감행하자 未土의 地藏干 육해 乙木이 상하고 전 재산을 날렸습니다. 丁火는 천살에서 透干한 재살이고 十神으로는 偏官이기에 관재구설, 스트레스, 직업변동, 육체손상으로 발현되는데 탐욕으로 전 재산을 날렸습니다.

乾命				陰平 1950년 8월 15일 02:00								
時	日	月	年	84	74	64	54	44	34	24	14	4
乙丑	甲子	乙酉	庚寅	甲午	癸巳	壬辰	辛卯	庚寅	己丑	戊子	丁亥	丙戌

가정도 사업도 풍파가 많았습니다. 寅年을 기준으로 酉金이 육해, 丑土가 천살입니다. 乙酉로 수확하여 일지 子水에 풀어내려는 욕망이 강하기에 한탕, 도박, 투기 속성인데 子水에 머물지 않고 천살 丑土와 합하고자 時柱로 나가버리고 그 위에 경쟁자 乙木이 있으니 결국 酉金을 소유한 사람은 乙木입니다. 더욱 문제는 庚金과 합하는 과정에 甲庚 沖으로 甲木이 상하기에 일간이 아무리 노력해도 乙木에게 이용만 당하고 관재구설이 발생합니다. 특히 子水는 災煞로 酉金 六害를 破시켜 취하려고 달려들기에 범죄를 저질러서라도 한탕을 취하려는 욕망이 강합니다.

乾命				陰平 1968년 6월 17일 08:00								
時	日	月	年	88	78	68	58	48	38	28	18	8
丙辰	癸未	己未	戊申	戊辰	丁卯	丙寅	乙丑	甲子	癸亥	壬戌	辛酉	庚申

癸亥대운 42세 2009년 己丑년 상황입니다. 사주당사자는 청각장애인인데 64년생 부인이 거짓말을 잘하고 존경심이 없어 불화가 많고 밖에 남자가 있는 것 같아 방황하고 있습니다. 申年을 기준으로 未土가 천살이고 사주전체가 마르고 癸水는 戊癸 合

과 丙火에 증발하기에 장애인이 되었습니다. 청각장애는 己土가 습기를 유지하지 못할 때 발생하는 사례가 많은데 이 사주도 己未 천살이며 너무 말라서 문제입니다. 또 未未로 복음이기에 도플갱어 처럼 누가 진짜 배우자인지 의심하기에 의처증이 생겼습니다.

乾命				陰平 1944년 6월 10일 02:00							
時	日	月	年	83	73	63	53	43	33	23	13	3
乙丑	甲午	辛未	甲申	庚辰	己卯	戊寅	丁丑	丙子	乙亥	甲戌	癸酉	壬申

재살에서 살폈던 사례입니다. 乙亥대운 庚申, 辛酉년에 일을 저지르고 39세 壬戌년에 횡령으로 징역 1년을 살았습니다. 申年을 기준으로 월지 未土가 천살인데 丑未 沖으로 불안정합니다. 일지 午火도 夾字로 끼어서 비틀리기에 日支의 시기에 이르면 문제가 발생할 수 있습니다. 특히 午火는 災煞로 강탈욕망이 강하고 乙亥대운의 乙木은 천살 未土에서 투간한 六害로 사망, 고독의 특징이 천살로부터 시작되었음을 암시합니다. 庚申, 辛酉년에 일을 저지르고 壬戌년에 월지 천살 未土와 丑戌未 三刑으로 불안정해지는 해에 벌을 받고 교도소에 수감되었습니다.

6. 天煞이 음란한 이유

천살의 지장간은 육해와 재살이기에 강력한 성욕과 일탈 조합이며 주로 화류계에서 활동한다고 했습니다. 재살이 육해 씨종자를 풀어내서 영혼을 얻고 천살에서 육체와 결합하기에 육해의 죽음을 불사한 강력한 성욕과 장성을 공격하여 틀을 깨려는 재살의 의지가 결합한 속성이 천살입니다. 또 재살은 우주어미의 사랑과 같아서 천살에서는 탄생, 입양, 남녀의 만남, 결혼상담, 웨딩홀 등과 같은 직업과 연결됩니다. 후대에 씨종자를 남기려는 생명체의 본능이 다양한 직업으로 발현됩니다. 천살을 하느님, 옥황상제처럼 성스러운 존재로 인식하지만 地藏干을 살피면 천살이 음란할 수 있음을 이해합니다.

乾命				陰平 1947년 6월 13일 04:10								
時	日	月	年	87	77	67	57	47	37	27	17	7
戊	庚	丁	丁	戊	己	庚	辛	壬	癸	甲	乙	丙
寅	戌	未	亥	戌	亥	子	丑	寅	卯	辰	巳	午

영화배우, 캘리포니아 주지사를 지냈던 아놀드 슈왈제네거 사주팔자입니다. 월과 일에서 丁未와 庚戌로 부자사주 구조입니다. 흥미로운 점은, 일지에 천살이 있는데 地藏干 丁火 육해가 반응하였기에 가정부와 외도하여 아들을 낳았습니다.

乾命				陰平 1935년 9월 20일 20:00								
時	日	月	年	83	73	63	53	43	33	23	13	3
戊	丙	丙	乙	乙	甲	癸	壬	辛	庚	己	戊	丁
戌	寅	戌	亥	亥	戌	酉	申	未	午	巳	辰	卯

辛巳대운 43세 丁巳년에 식모와 외도하자 부인도 壬戌년에 맞바람을 피웠습니다. 天煞 戌土가 일지 좌우에 있으며 쌍 복음이기에 외도, 이혼하기 쉬운 구조입니다. 辛巳대운에 천살 戌土의 지장간 辛金 재살이 透干하여 일탈을 감행하는 시기에 이르고 두 개의 丙火가 辛金을 合하자 경쟁으로 조급해졌습니다. 丁巳년에 天煞 戌土의 地藏干 육해 丁火가 透干하여 丙火의 색욕을

부추깁니다. 丙丙丁으로 강력한 성욕을 느낀 일간 丙火는 재살과 천살, 육해의 성욕과 일탈로 외도하였습니다. 일지 배우자를 기준으로 살피면, 대운과 세운의 巳火가 寅巳로 刑하기에 부부관계가 불편해지는 시점이었습니다.

坤命				陰平 1955년 11월 2일 14:00								
時	日	月	年	87	77	67	57	47	37	27	17	7
癸未	庚戌	戊子	乙未	丁酉	丙申	乙未	甲午	癸巳	壬辰	辛卯	庚寅	己丑

53세 당시 홍등가, 주색 업에 종사했습니다. 未年을 기준으로 일지 戌土가 천살입니다. 배우자 宮位에 있는 조상신을 엉덩이로 깔고 앉아서 戌未 刑하기에 불안정합니다. 특히 일간 庚金은 未年을 기준으로 겁살로 다양하게 분포되어 있는 乙木들을 合으로 강탈하려는 욕망이 강합니다. 사고방식도 비정상적인 이유는 월지 子水가 戌未사이에 夾字로 끼어 흐름이 막히고 열이 오르고 탁해져 불안정하기에 홍등가, 주색 업에 종사했습니다. 년과 월에서 乙癸戊 三字로 봄날에 피어나는 아지랑이와 같아도 子月이기에 어둠속에서 짝짓기 하는 홍등가 물상으로 활용했습니다.

乾命				陰平 1935년 1월 14일 20:00								
時	日	月	年	83	73	63	53	43	33	23	13	3
壬戌	癸亥	戊寅	乙亥	己巳	庚午	辛未	壬申	癸酉	甲戌	乙亥	丙子	丁丑

亥대운에 사업에 실패하고 평생 주색과 도박으로 패가망신 하였

습니다. 천간에서 乙癸戊 三字로 조합하여 성장을 주도하지만 寅月이고 두 개의 亥水와 合하기에 봄처럼 따사로운 시절이 아닙니다. 대운도 계속 겨울과 가을로 흐르기에 乙癸戊 三字의 가치를 활용하기 어렵습니다. 亥年을 기준으로 戊土가 천살이고 地藏干 辛金 씨종자를 많은 水氣에 풀어내는데 하필 辛金이 재살이기에 방탕하면서 주색과 도박으로 패가망신했습니다.

坤命				陰平 1919년 8월 8일 08:00								
時	日	月	年	82	72	62	52	42	32	22	12	2
壬辰	丙戌	癸酉	己未	壬午	辛巳	庚辰	己卯	戊寅	丁丑	丙子	乙亥	甲戌

평생 음란하여 남편을 배신하고 정부와 놀아나자 己卯대운에 남편이 자살하고 말았습니다. 未年을 기준으로 일지 戊土가 천살인데 戌未 刑하고 辰戌 冲하니 배우자 宮位가 매우 불안정합니다. 특히 戌未 刑 사이에 酉金이 夾字로 비틀리고 辰酉 合 사이에 戌土가 夾字로 비틀리기에 정상적인 사고방식이 아닙니다. 酉戌 재살과 천살로 일탈욕망이 강하고 일지 戊土는 남편이 성적으로도 무능해서 계속 외도하자 남편이 자살했습니다.

坤命				陰平 1958년 4월 11일 12:00								
時	日	月	年	87	77	67	57	47	37	27	17	7
甲午	丙午	丁巳	戊戌	戊申	己酉	庚戌	辛亥	壬子	癸丑	甲寅	乙卯	丙辰

일찍 결혼하여 딸, 아들 낳고 이혼하여 세 번째 결혼생활 중이지만 이혼을 원합니다. 미군상대 술집 종업원으로 미모의 여성

인데 담배와 술로 찌들어 갑니다. 辛巳년 2001년, 44세에 이혼하고 미국인과 결혼을 할 수 있을지 궁금해 합니다. 戌年을 기준으로 천살이 없다가 37세부터 시작하는 癸丑대운에 저승사자와 같은 재살과 천살의 공간을 접하자 자신도 모르게 외국으로 떠나고 싶다는 충동을 느끼고 대안으로 외국인과의 결혼을 원합니다.

坤命				陰平 1927년 9월 15일 14:00							
時	日	月	年	89	79	69	59	49	39	29	19	9
丁	丁	庚	丁	己	戊	丁	丙	乙	甲	癸	壬	辛
未	丑	戌	卯	未	午	巳	辰	卯	寅	丑	子	亥

초, 중년에 기생으로 활동하면서 손녀와 같은 어린 딸을 입양해 키웠고 60세가 넘어서 부자의 재취로 살다 5-6년 후 남편이 사망하자 유산으로 남긴 집 한 채와 조금의 돈으로 70세 넘도록 살고 있습니다. 卯年을 기준으로 丁火가 육해인데 천간에 3개나 있기에 죽음을 불사한 강력한 성욕이고 월지 戌土가 天煞인데 丑戌未 三刑으로 지극히 불안정합니다. 또 庚金은 겁살이기에 육해와 저승사자로 과감하게 일탈을 감행하는 화류계 조합이 분명합니다. 특히 丁火 일간이 丑戌未로 자식을 상징하는 글자들이 많은데 三刑 때문에 자식을 낳으면 불구, 지체장애와 같은 문제가 발생하기에 손녀와 같은 딸을 입양하는 방식으로 문제를 해결하였습니다.

7. 天煞 - 고독

천살에서 고독, 이별, 사망, 자살, 누명, 따돌림 등의 물상으로 발현되는 이유는 천살의 地藏干에 육해와 재살을 품었기 때문입니다. 육해는 사망을 상징하고 재살은 영혼의 세계이기에 육체도 물질도 없는데 刑沖破害로 불안정해지면 주위에서 멀어지거나 식구들과 떨어져 살거나 육친들이 사망할 수 있습니다. 또 억울한 누명을 쓰거나 모함으로 자살하는 경우도 있습니다. 육해의 사망, 재살의 배신행위로 다툼, 마찰이 발생하거나 원인모를 병으로 신음합니다.

坤命				陰平 1960년 6월 28일 20:00								
時	日	月	年	85	75	65	55	45	35	25	15	5
丙	庚	癸	庚	甲	乙	丙	丁	戊	己	庚	辛	壬
戌	戌	未	子	戌	亥	子	丑	寅	卯	辰	巳	午

戊寅대운 丙戌년 47세 남편과 사별하였습니다. 子年을 기준으로 未土가 천살인데 사주원국에서 두 번 戌未 刑하기에 매우 불안정합니다. 戊寅대운을 만나면 일지 戌土의 地藏干 戊土가 透干하여 月干 癸水와 합으로 묶이고 地支에서 戌未 刑하고 戌戌未로 동일한 오행이 겹치기에 배우자 동태가 불안정합니다. 丙戌년에 日支와 복음이고 戌未 刑하면서 천살과 일지가 모두 불안정하자 남편이 사망했습니다.

乾命				陰平 1960년 12월 28일 08:00								
時	日	月	年	83	73	63	53	43	33	23	13	3
甲	丁	庚	辛	辛	壬	癸	甲	乙	丙	丁	戊	己
辰	丑	寅	丑	巳	午	未	申	酉	戌	亥	子	丑

丙戌대운 戊寅년 아들이 교통사고로 사망했습니다. 丙戌대운에 시주 甲辰과 辰戌 沖하고 일지와 丑戌 刑하고, 년지 辛丑과 丙

辛 合하고, 丑戌 刑합니다. 핵심은 時支 辰土가 천살이기에 刑沖破害로 흔들리면 심각한 상황이 발생합니다. 戊寅년 39세에 대운에서 발생한 辰戌 沖의 地藏干 戊土가 透干하여 문제가 현실로 발현되자 아들이 교통사고로 사망했습니다. 가족들도 중상을 입은 이유는 모든 宮位가 丑戌 刑으로 반응했기 때문입니다. 사주원국과 대운, 세운에서 寅戌, 丑戌, 丑戌, 辰戌로 沖刑이 동시에 발생했는데 희한하게 천살 아들만 사망하고 식구들은 중상에 그쳤습니다. 천살이 불안정해지면 흉하다는 이유입니다.

坤命				陰平 1937년 3월 18일 04:00							
時	日	月	年	82	72	62	52	42	32	22	12	2
戊寅	乙酉	甲辰	丁丑	癸丑	壬子	辛亥	庚戌	己酉	戊申	丁未	丙午	乙巳

丁未대운 24세 庚子년에 결혼하여 1녀를 두었는데 戊申대운 36세 壬子년에 남편이 사망하여 과부가 되었습니다. 외롭게 살면서 애인을 두었으나 돈을 모두 빼앗겨 60이 넘도록 고독하게 살고 있습니다. 丑年을 기준으로 辰土가 천살인데 酉辰으로 合하고 酉丑으로 合하기에 남편 酉金이 너덜거립니다. 戊申대운에 申酉로 일지와 동일한 오행이 혼잡하고 壬子년에 申金의 地藏干 壬水가 透干하면서 천살 辰土와 申子辰 三合하는 과정에 酉金이 水氣에 풀어지는 해에 남편이 사망했습니다. 또 酉金이 酉辰과 酉丑으로 변질되기에 애인에게 재산을 빼앗기고 말았습니다. 이 사례는 남편 酉金이 辰土 천살과 직접적인 관련은 없지만 合으로 묶여 반응하자 남편이 사망했습니다.

乾命				陰平 1961년 11월 18일 20:00								
時	日	月	年	86	76	66	56	46	36	26	16	6
庚戌	壬辰	庚子	辛丑	辛卯	壬辰	癸巳	甲午	乙未	丙申	丁酉	戊戌	己亥

戊戌대운 18세 戊午년에 친구들과의 관계에 큰 타격을 입은 후 어두운 생활하고 1999년에서 2001년 사이에는 정신을 잃어서 정신과 치료를 받았고 2004년에는 우울증에 시달렸습니다. 丑年을 기준으로 子水가 육해, 辰土가 천살입니다. 辰戌 沖, 丑戌 刑, 丑辰 破하는 과정에 월지 子水가 夾字로 심각하게 비틀리기에 정신질환이 생겼습니다. 戊戌대운은 辰戌의 地藏干 戊土가 透干하여 辰戌 沖으로 천살이 불안정해집니다. 戊午년에 戊土가 재차 투간하여 辰戌 沖으로 정신질환이 발생하였습니다.

坤命				陰平 1977년 3월 5일 02:00								
時	日	月	年	84	74	64	54	44	34	24	14	4
乙丑	己酉	甲辰	丁巳	癸丑	壬子	辛亥	庚戌	己酉	戊申	丁未	丙午	乙巳

부귀가문 출신으로 미모를 겸비한 여성인데 丁未대운 결혼할 시기에 남자만 사귀면 시름시름 앓다 병원신세를 졌고 결혼했지만 얼마 지나지 않아 이혼하였습니다. 辰月에 水氣가 필요한데 년과 월의 조합이 매우 말라서 時支 丑土에 癸水가 있지만 무기력하고 육해이며 辰土 천살과 丑辰 破하기에 육체적, 정신적으로 불안정합니다. 丁未대운은 사주원국 월주 甲辰을 지나는데 辰酉 合하는 과정에 辰土의 地藏干 乙木이 상하면 丁未와 丁巳로 가는 피의 흐름이 막히기에 정신적, 육체적으로 힘들어집니

다. 발현되는 물상은 심장마비, 뇌출혈, 정신질환인데 하필 辰土
가 천살이고 그 위에 甲木과 己土가 합하기에 남자를 사귀면
시름시름 앓게 됩니다. 또 巳年을 기준으로 三合을 벗어난 寅卯
辰과 甲乙은 겁살, 재살, 천살로 저승사자와 같은데 하필 己土
좌우에서 合하고 훼하기에 일간이 감당하기 힘든 남자, 배우자
입니다. 일지 酉金을 중심으로 살피면, 甲乙 배우자가 안방에
들어오는 것을 거부하기에 남편을 받아들이지 못합니다.

坤命				陰平 1930년 11월 24일 00:00							
時	日	月	年	81	71	61	51	41	31	21	11	1
庚子	丁卯	己丑	庚午	庚辰	辛巳	壬午	癸未	甲申	乙酉	丙戌	丁亥	戊子

丙戌대운에 결혼하여 두 아들을 낳았지만 乙대운에 남편이 사망
했습니다. 재혼하여 아들을 낳았지만 甲대운에 재혼한 남편도
사망했습니다. 午年을 기준으로 월지 丑土는 천살인데 일지 배
우자 宮位 卯木과 卯丑조합으로 卯木을 응결시키고 時支 자식
자리에 있는 子水 재살과 丑土 천살이 子丑 合하는 과정에 卯
木이 夾字로 끼어 응결되고 상합니다. 따라서 남편 卯木이 透干
하는 乙대운에 사망했고, 卯木의 地藏干 甲木이 透干하는 대운
에 재혼한 남편도 사망했습니다.

坤命				陰平 1933년 11월 16일 04:00							
時	日	月	年	81	71	61	51	41	31	21	11	1
壬寅	壬申	甲子	癸酉	癸酉	壬申	辛未	庚午	己巳	戊辰	丁卯	丙寅	乙丑

丁卯대운 26세 戊戌년에 결혼했고 31세 癸卯年에 아들을 낳았지만 己巳대운 43세 丙辰년에 남편이 사망했습니다. 酉年을 기준으로 사주원국에 천살이 없고 배우자를 상징하는 관성도 없지만 戊戌년에 偏官을 만나자 결혼했고 己巳대운에 正官 己土가 드러나자 이혼, 사별하는 운이 분명합니다. 丙辰년에 日支를 포함하여 申子辰 三合하고 寅申 沖하자 남편이 사망했습니다. 특히 辰土가 천살이기에 흉함이 더했습니다. 사주원국에 남편을 상징하는 官星이 없을 때는 운에서 관성이 드러나면 결혼하지만 중년에 官星이 재차 드러나는 운에는 사주구조에 따라 이혼하거나 사별합니다. 특히 이 사주처럼 일간과 동일한 오행이 많고 癸水와 子水는 육해로 사망을 상징하며 辰土가 천살이기에 남편이 사망했습니다.

乾命				陰平 1930년 6월 7일 12:00							
時	日	月	年	81	71	61	51	41	31	21	11	1
戊午	癸丑	壬午	庚午	辛卯	庚寅	己丑	戊子	丁亥	丙戌	乙酉	甲申	癸未

68세 당시에 시모와의 갈등이 심해지자 부인이 음독자살하고 말았습니다. 년지 午火를 기준으로 일지 배우자 丑土가 천살인데 68세 己丑대운에 재차 천살을 만나서 午丑으로 탕화작용이 반응하자 시어머니와 갈등이 심해지고 부인이 자살하고 말았습니다. 사주원국 천살 丑土가 세 개의 午火와 午丑으로 폭발하자 예상하지 못한 사고가 발생했습니다. 또 午年을 기준으로 壬癸와 丑土는 모두 겁살, 재살, 천살이기에 주위 육친이 단명, 사망하는 사례가 많습니다. 바로 고독을 상징하는 천살의 특징 때문입니다.

坤命				陰平 1976년 6월 13일 02:00								
時	日	月	年	81	71	61	51	41	31	21	11	1
辛丑	壬戌	乙未	丙辰	丙戌	丁亥	戊子	己丑	庚寅	辛卯	壬辰	癸巳	甲午

壬辰대운 27세 2003년 癸未년에 자살하고 말았습니다. 지지에 土가 너무 많고 三刑때문에 사망했다고 판단하지만 반드시 세분하여 살펴야 합니다. 辰年을 기준으로 未土가 天煞인데 하필 辰戌 沖 사이에 夾字로 끼어서 심각하고 戌未 刑으로 육체가 상할 수 있습니다. 壬辰대운에 辰戌 沖이 동하자 천살 未土가 불안정해지고 癸未년에 재차 천살이 들어와 丑未 沖하는 과정에 협자 戌土가 흔들리고 사주원국 地支가 모두 불안정해지자 자살하고 말았습니다.

乾命				陰平 1893년 3월 19일 12:00								
時	日	月	年	80	70	60	50	40	30	20	10	0
丙午	壬寅	丙辰	癸巳	丁未	戊申	己酉	庚戌	辛亥	壬子	癸丑	甲寅	乙卯

어려서 부모를 잃자 부유한 숙부 집에서 성장하면서 공부를 잘하여 교육계에서 발전했지만 항상 환경에 불만을 느끼다가 단신으로 외국에 건너가 십여 년 유랑하다 그 뒤로 소식을 모릅니다. 巳年을 기준으로 辰土가 천살로 공부와의 인연이 강합니다. 년간 癸水는 육해이고 대운에서 癸丑과 壬子로 사망을 상징하는 강력한 육해를 만나는데 효율적으로 활용하면 유학, 학업정진이지만 잘못 활용하면 정신적으로 방황하면서 고독해지는 운이기도 합니다. 교육계에서 발전하다가 해외로 떠난 이유로 특

히 巳年을 기준으로 寅卯辰은 겁살, 재살, 천살로 三合을 벗어 났기에 환경에 적응하지 못하면 해외로 떠나는 사례가 많습니다. 그 외에도 壬水가 辰月에 시절을 잃었고 주위에 癸水가 좋아하는 丙午, 寅辰巳가 많아서 경쟁에서 밀린다는 피해의식이 강하고 수많은 火氣에 증발하면서 안정을 취하지 못했습니다.

이처럼 천살도 지극히 양면적입니다. 엄마 배속에서 보호 받지만 움직임이 매우 답답한데 刑沖破害로 흔들리면 위험합니다. 즉, 천살은 모친의 보살핌과 하늘의 벌을 동시에 가졌기에 무조건 흉하거나 무조건 좋은 것이 아닙니다. 刑沖破害로 흔들리지 않으면 무난한데 불안정해지면 갑자기 흉한 현상들이 발생합니다. 의미를 확장하면 국가, 사회, 부모의 지원을 받지 못하는 상황에 처하기에 천살 운이 끝나는 무렵에는 직장에서 좌천되거나 억울한 누명을 쓰거나 주위 도움을 받지 못해 타향, 해외로 떠나는 상황이 발생합니다. 이런 이유로 사주원국 천살이 끝나면 화려했던 과거로 돌아가기 어렵고 상상하지도 못했던 직업에 종사하면서 살아갑니다. 사업체를 운영하다 갑자기 부도나서 공사장에서 노동하며 살아가는 상황입니다. 다만, 종교, 명리, 철학, 교육 계통에 종사하면서 욕심을 부리지 않으면 무탈하게 지나가는 이유는 하늘의 의지에 순응하기 때문입니다.

8.天煞의 刑沖破害가 심각한 이유

```
未土 천살 - 未土 地藏干 乙木은 육해, 丁火는 재살.
戌土 천살 - 戌土 地藏干 丁火는 육해, 辛金은 재살.
丑土 천살 - 丑土 地藏干 辛金은 육해, 癸水는 재살.
辰土 천살 - 辰土 地藏干 癸水는 육해, 乙木은 재살.
```

천살이 刑沖破害를 기피하는 이유를 살펴보겠습니다. 특히 불편

해 하는 것은 刑의 작용으로 戌未, 丑戌, 辰丑, 未辰 조합은 月
煞이 天煞을 刑해버립니다. 물론 月煞은 天煞의 地藏干을 刑해
서 다음 단계 亡身으로 넘어가야 하지만 천살에 담긴 육해와 재
살이 불안정해지면서 황당한 현상이 발생합니다. 육해를 망가뜨
리고 災煞을 무기력하게 만들기에 정신과 육체 모두에 심각한
해를 입는 겁니다. 예로, 戌土가 천살인데 丑土 월살이 刑으로
망가뜨리면 戌土 곡물창고가 털리기에 도둑, 강도, 살인과 같은
문제가 발생합니다. 천살 丑土를 辰土 월살이 刑하면 丑土의 어
둡고 탁한 문제를 일정부분 해소하기에 좋지만 정신이상, 마약,
도둑, 한탕, 접신, 빙의, 정신질환과 같은 흉한 작용을 피하기
어렵습니다.(三刑論 참조)

천살 辰土를 월살 未土가 刑하면 乙木을 지나치게 좌우확산 하
면서 탐욕을 부리기에 다단계, 부동산 떴다방, 성인오락실 등으
로 가치를 부풀리다 교도소에 수감됩니다. 또 천살 未土를 戌土
월살이 刑하면 물질과 육체를 생산하는 丁火가 상하기에 질병,
육체손상이 발생합니다. 지금까지 설명은 천살과 월살의 조합에
국한하였지만 辰戌丑未가 추가되어 辰戌未, 丑戌未, 辰戌丑 등
으로 조합하면 더욱 심각합니다. 천살은 엄마 배속에서 안정적
으로 출산할 날을 기다리는데 답답함을 견디지 못하고 변화를
주는 순간 오랜 세월 노력했던 것들이 수포로 돌아갑니다. 천살
이 刑沖破害에 노출되면 저승사자가 드러나듯 흉한 일들이 발생
하는데 정신장애, 육체장애, 갑작스런 사고 등 예측하기 어려운
사건, 불치 병, 원인 모를 질병으로 신음합니다. 사망을 상징하
는 육해까지 품었기에 좌천, 자격박탈, 누명, 지위상실, 자살,
뇌물수수, 권력남용과 같은 문제가 발생합니다. 천살이 안정적
일 때는 조상의 도움을 받지만 불안정해지면 난동을 부리는 겁
니다. 육해, 천살방위를 잘 모시고 종교, 명리, 철학으로 조상신

을 달래야 합니다. 제사를 지내면 탈이 없거나 꼬인 일도 풀어지는 이유는 모두 조상신을 위로하고 안녕을 빌었기 때문입니다. 산소에 다녀왔는데 정신병에 걸리는 것도 천살, 육해 조상신이 탈이 난 것입니다. 갑자기 몸이 아프거나 빙의에 걸리는 현상은 묘지의 상태가 잘못 되었음을 내 육체를 통하여 알려주고 고쳐달라는 요구입니다. 천살 운에 자꾸 몸이 아파 조상 묘를 이장했더니 갑자기 건강을 회복하고 막혔던 일들이 풀어졌다는 사연도 조상의 불만을 해소해드렸기에 가능한 것입니다. 日時에 辰戌 沖이 있는데 戌土나 辰土가 천살이면 자식을 낳지 못하거나 낳아도 단명할 수 있습니다. 辰土는 水庫로 생명을 잉태하는데 沖刑을 맞으면 地藏干 癸水와 乙木이 상하고 육체, 정신에 문제가 발생하기 때문입니다.

<u>천살의 핵심은 바로 刑沖破害로 흔들리면 문제가 심각하다</u>는 것입니다. 이때는 반드시 천살의 영혼과 육체를 안정시켜주어야 하는데 가장 현실적인 방법은 영가 옷을 태우고 술을 따라서 영혼과 육체를 달래주어야 탈이 없거나 흉을 최소화시킵니다. 실례로 공장에서 근무하는 아주머니가 두통이 심하고 자주 꿈을 꾼다고 해서 술 따르고 영가 옷을 태우라고 조언했고 실천하자 두통이 사라졌습니다. 그 외에도 다양한 임상사례들이 많은데 직접 경험해보면 저렴한 비용으로 엄청난 효과를 볼 수 있음에 놀랍니다. 동생에게 귀신이 붙었다고 해서 동일한 방법으로 영혼을 위로했더니 점점 호전되었습니다. 또 산소에 갔다가 신체 한쪽이 마비되어 한의원에서 한 달 넘도록 침 맞으며 치료했으나 차도가 없자 무당의 조언대로 침대 밑에 지푸라기를 깔고 잤는데 바로 다음 날 멀쩡해졌습니다. 육체에 붙은 귀신을 위로하는 행위를 해주자 즉시 효과를 본 것입니다. 필자도 甲戌대운 辛未년 戌未 刑으로 천살 未土가 흔들릴 때 갑자기 코피가 터

지고 병원에서 한 달 동안 피를 흘려 사망할 정도로 위독했는데 동일 무당의 비방대로 실행했더니 한 달 동안 멈추지 않던 피가 한순간 멈추었습니다. 피가 멈추지 않으면 전문의가 도와줄 법도 한데 모른 척하더니 귀신을 위로하는 행위를 하자 바로 다음날 도움의 손길을 내밀고 단 한 번의 치료로 피가 멈추는 놀라운 경험을 했습니다. 직접 경험하지 않으면 "전설 따라 삼천리"에 불과하지만 직접 경험하면 그 효과에 깜짝 놀랍니다. 우리는 조상신이나 전생의 자신을 달래는 방법에 익숙해져야 합니다. 자신의 年支를 기준으로 천살대운, 세운, 월운, 일운에 종이 영가 옷을 태우고 술을 따르고 영혼을 달래는 행위로도 충분한 효과를 볼 수 있습니다. 참고로 귀신의 접근을 막고자 팥, 소금 등을 활용하는 것은 몰아내는 방식이지만 영가 옷을 태우고 술을 따르고 위로하는 행위는 조상신과 전생의 나와 대화를 통하여 소통하고 위로하는 것입니다. 어느 방식이 좋은지는 개인이 선택하지만 강제로 쫓아내는 것보다 위로하는 방식으로 원한을 풀어내는 것이 더욱 효과적이고 탈이 없습니다. 귀신, 접신, 빙의, 불치병, 정신질환 등 <u>불가사의한 현상의 중심에 육해와 천살</u>이 있음을 기억해야 합니다. 특히 천살 운에는 질병에 시달리거나 육체가 상할 수 있으니 조상 묘지를 살펴서 이장하거나 화장하거나 위로해야 탈이 없습니다. 영혼이 원한을 풀어달라는 부탁해도 그 의도를 모르기에 도와줄 방법이 없지만 이런 이치를 이해하면 귀신들이 투정을 부리면서 자신을 위로해달라는 것임을 깨우칩니다.

乾命				陰平 1923년 6월 11일 04:00							
時	日	月	年	85	75	65	55	45	35	25	15	5
甲寅	戊戌	己未	癸亥	庚戌	辛亥	壬子	癸丑	甲寅	乙卯	丙辰	丁巳	戊午

乙卯, 甲寅대운에는 국회의원을 역임했습니다. 甲寅대운 庚戌년 48세에 부인이 교통사고로 사망했습니다. 亥年을 기준으로 일지 戌土가 천살인데 戌未로 刑하여 불안정합니다. 戊午, 丁巳, 丙辰, 乙卯, 甲寅대운으로 흐르기에 癸亥를 활용해서 己未의 마른 땅을 적시고 乙卯, 甲寅 生氣를 드넓은 己未와 戊戌의 땅에 심기에 국회의원을 역임했습니다. 다만 甲寅대운에 이르면 사주원국의 구조대로 甲己 合 과정에 戊土가 夾字로 끼어 고통 받습니다. 地支에서는 寅木이 未土를 향하는데 夾字 戌土가 비틀리고 戌未로 刑하기에 배우자 宮位가 지극히 불안정해집니다. 庚戌년에 庚金이 甲己 合을 沖해버리자 生氣가 상하면 자식이나 육친이 상할 수 있는데 戌土는 일지 배우자와 복음이고 戌未로 刑하기에 배우자가 사망했습니다.

乾命				陰平 1942년 12월 13일 09:00								
時	日	月	年	86	76	66	56	46	36	26	16	6
壬辰	丙子	癸丑	壬午	丙戌	乙酉	甲申	癸未	壬午	丁巳	丙辰	乙卯	甲寅

24세 乙巳년 대학졸업과 동시에 학사장교로 입대하고, 28세 己酉년 월남에 파병되어 갔다가 30세 辛亥년에 대위로 진급되고 乙酉年生 여인과 결혼했으며 군단 특수부대 행정과장이 되었고 31세 壬子年에 득남하고 32세 癸丑年에 허벅지에 총을 맞고 귀국했으며 33세 甲寅年에 둘째 아들을 낳았습니다. 37세 戊午年에 부인의 유방암으로 돈의 지출이 많았고 제대하고 이사했습니다. 40세 辛酉年에 市의 동장이 되었으며 43세 甲子年에 부인이 사망했고 자신도 몸이 아파 병원에 다녔습니다. <u>44세 乙丑年</u>에 부인을 간호하고 살림해주던 가정부를 맞았는데 악처로 자신

의 집을 팔아서 인천의 아파트와 점포를 부인 명의로 계약하고 2~3년 같이 살다가 남편이 나가고 없는 사이에 돈을 빼돌려 도주해 버렸습니다. 저녁에 돌아와 보니 다른 사람이 자신의 집에 이사 짐을 옮겨 놓았고 모든 사실을 알고서 쓰러져 뇌일혈로 사망하고 말았습니다. 午年을 기준으로 저승사자를 상징하는 壬癸와 亥子丑 겁살, 재살, 천살이 사주원국에 가득하기에 반드시 지켜야할 육체, 물질을 상징하는 장성 午火가 위험합니다. 특히 丑土 천살은 午丑으로 午火를 망가뜨리고 丑辰 破로 불안정하며 일지 子水도 夾字로 비틀리기에 배우자 복도 없습니다. 하필 44세 乙丑년 천살 세운에 부인을 맞았는데 사주원국 구조대로 午火를 빼앗는 저승사자이기에 단명하고 말았습니다.

坤命			
時	日	月	年
丙	戊	乙	己
辰	戌	亥	酉

坤命			
時	日	月	年
壬	丙	癸	丁
辰	戌	丑	未

두 사주는 일시에서 辰戌 沖하기에 자식 얻기가 힘듭니다. 왼쪽 사주는 辰土가 천살이고 오른쪽은 戌土가 천살로 모두 자궁 외 임신으로 어렵게 자식 하나를 얻었습니다.

乾命			
時	日	月	年
乙	壬	庚	丁
巳	申	戌	未

陰平 1967년 10월 3일 10:00								
89	79	69	59	49	39	29	19	9
辛	壬	癸	甲	乙	丙	丁	戊	己
丑	寅	卯	辰	巳	午	未	申	酉

대만인으로 戊申대운 24세 90년 庚午년 戊子월 庚午일 乙酉시

교통사고로 심하게 쇄골이 골절되었습니다. 丁未대운 33세 己卯년 丙子월 己未일 己巳시에 직장에서 위험한 화학물질을 다루다 배에 묻어서 2개월간 치료하였습니다. 未年을 기준으로 丁火 육해가 천간에 노출되고 천살 戌土와 戌未로 刑하기에 육체가 상할 수 있습니다. 24세와 33세는 모두 사주원국의 戌未 刑이 반응하여 발생한 사건입니다.

乾命				陰平 1896년 6월 10일 22:00								
時	日	月	年	86	76	66	56	46	36	26	16	6
乙	甲	乙	丙	甲	癸	壬	辛	庚	己	戊	丁	丙
亥	戌	未	申	戌	卯	寅	丑	子	亥	戌	酉	申

申대운에 총명함이 절정에 이르렀지만 14세 己酉년에 사망하고 말았습니다. 申年을 기준으로 월지 未土가 천살인데 戌未 刑으로 불안정합니다. 丙火는 三合을 벗어난 겁살이요 乙木 두 개는 사망을 상징하는 육해이고 未土는 천살이기에 단명할 수 있습니다. 대운도 丙申, 丁酉 겁살, 재살로 흐르자 저승사자와 같은 흉한 작용을 해소하지 못하고 단명했습니다.

乾命				陰平 1967년 10월 5일 06:00								
時	日	月	年	89	79	69	59	49	39	29	19	9
丁	甲	庚	丁	辛	壬	癸	甲	乙	丙	丁	戊	己
卯	戌	戌	未	丑	寅	卯	辰	巳	午	未	申	酉

중국인으로 丁未대운 1998년 戊寅년 甲子월 폭죽사고로 본인과 아내와 아이가 모두 사망했습니다. 未年을 기준으로 천간에 드러난 두 개의 丁火는 사망을 상징하는 육해입니다. 또 두 개의

戌戌은 천살인데 卯戌로 合하여 자식 宮位 卯木 생기를 제거하고 未土와 두 번 刑하기에 육체가 상합니다. 육해와 천살이 매우 불안정해지자 온 식구가 동시에 사망하고 말았습니다.

乾命				陰平 1889년 3월 6일 20:00								
時	日	月	年	90	80	70	60	50	40	30	20	10
戊戌	辛亥	戊辰	己丑	己未	庚申	辛酉	壬戌	癸亥	甲子	乙丑	丙寅	丁卯

어려서 부모덕이 많았고 寅대운에 아들을 얻었으나 丑대운으로 들어서자 요절하였습니다. 丑年을 기준으로 辰土가 천살인데 辰戌 沖하는 과정에 夾字로 끼어있는 일지 亥水가 비틀리기에 자식을 얻기 어려운 구조가 분명합니다. 비록 자식을 얻었지만 진술 충의 흉함을 견디지 못하고 자식이 요절했습니다. 일시의 辰戌 沖은 기본적으로 자식에게 좋지 않은 영향을 마치는데 자식을 낳지 못하거나 단명하거나 지체장애와 같은 문제가 발생할 수 있습니다.

乾命				陰平 1925년 8월 12일 06:00								
時	日	月	年	87	77	67	57	47	37	27	17	7
辛卯	丙辰	乙酉	乙丑	丙子	丁丑	戊寅	己卯	庚辰	辛巳	壬午	癸未	甲申

壬午대운에 아들을 얻었으나 辛巳대운에 젊은 부부가 모두 사망했습니다. 이 사주는 다양한 방식으로 生氣가 상합니다. 천간에서 乙辛 沖하기에 乙木이 丙火로 가는 피의 흐름이 막힙니다. 地支에서 酉辰으로 辰土의 地藏干 乙木이 상하고 卯酉 沖 사이

에 辰土가 夾字로 끼어서 좋지 않습니다. 신살로 살피면, 丑年을 기준으로 일지 辰土가 天煞이고 丑辰 破로 생기가 상하자 부부가 단명했습니다.

乾命				陰平 1974년 12월 21일 20:00								
時	日	月	年	81	71	61	51	41	31	21	11	1
壬戌	戊寅	丁丑	甲寅	丙戌	乙酉	甲申	癸未	壬午	辛巳	庚辰	己卯	戊寅

庚辰대운 1997년 丁丑년 7월 19일 丁未月, 壬戌日, 戊申 時에 수영하다 익사하였습니다. 寅年을 기준으로 월지 丑土가 天煞이고 丑戌 刑하는데 일지 寅木이 夾字로 비틀리기에 天煞도 일지도 불안정합니다. 時干 壬水는 겁살인데 丁火 장성과 합하고 있습니다. 庚辰대운에 천살과 丑辰 破하고 辰戌 沖하기에 地支가 매우 불안정합니다. 丁丑년에 사주원국 구조대로 將星 丁火와 겁살 壬水와 합하자 丁火가 어둠 속으로 사라졌습니다. 丁未 월 壬戌일에 익사한 이유입니다.

乾命				陰平 1934년 3월 4일 08:00								
時	日	月	年	86	76	66	56	46	36	26	16	6
丙辰	戊午	戊辰	甲戌	丁丑	丙子	乙亥	甲戌	癸酉	壬申	辛未	庚午	己巳

癸酉대운 1983年 壬戌년 1월 13일 癸丑月 辛丑 日에 고속도로에서 충돌로 즉사하였습니다. 戌年을 기준으로 丑土가 天煞인데 사주원국에는 없습니다. 癸酉대운 천간에서 癸甲戌 三字로 육체가 상할 것임을 암시합니다. 地支 酉金은 육해로 사망을 암시하

고 辰酉로 교통사고 물상입니다. 壬戌년에 대운과 세운에서 사망을 상징하는 酉金 육해와 壬癸 겁살과 재살 저승사자의 기운이 강해지고 癸丑월, 辛丑일에 천살까지 겹치자 교통사고로 사망하고 말았습니다.

乾命				陰平 1973년 3월 3일 10:00								
時	日	月	年	81	71	61	51	41	31	21	11	1
癸	辛	丙	癸	丁	戊	己	庚	辛	壬	癸	甲	乙
巳	未	辰	丑	未	申	酉	戌	亥	子	丑	寅	卯

대학생으로 지내던 1997년 6월 22일 丁丑年 丙午月 乙未日 丑時에 학업부진을 이유로 자살했습니다. 丑年을 기준으로 사망을 상징하는 두 개의 육해 癸水가 천간에 드러났고 천살 辰土가 丑辰 破로 불안정하고 丑未 沖 사이에 夾字로 끼어서 비틀립니다. 癸丑대운 丁丑년에 천살 辰土와 재차 破하고 丑未 沖하자 자살하고 말았습니다. 천살이 刑沖破害로 불안정해지면 흉한 이유입니다.

坤命				陰平 1968년 5월 23일 12:00								
時	日	月	年	84	74	64	54	44	34	24	14	4
庚	己	戊	戊	己	庚	辛	壬	癸	甲	乙	丙	丁
午	未	午	申	酉	戌	亥	子	丑	寅	卯	辰	巳

1995년 乙亥년에 포장마차를 운영하여 자식 둘을 기르느라 고생하다가 97년 丁丑년에 교통사고로 사망했는데 동승했던 사람들은 모두 무사했다고 합니다. 申年을 기준으로 일지 未土가 천살이고 午未로 열기가 가득하기에 庚申이 火氣에 날카로워져

甲乙 생기를 자르면 위험해집니다. 丁丑년에 재살과 천살 午未의 地藏干 丁火가 透干하고 丑土가 천살 未土와 沖하자 사망하고 말았습니다. 사주원국의 천살은 刑沖破害로 흔들리면 좋을 것이 없습니다. 천살과 육해가 불안정한 운을 만나면 반드시 조상신과 전생의 나를 위로하는 행위를 해주는 것이 좋습니다. 예로 未土가 천살인데 丑土 혹은 戌土가 沖하거나 刑하는 운을 만나면 미리 육해와 천살 방위에 술을 따르고 영가 옷을 태워서 위험을 예방해야 합니다. 천살은 나의 미래를 결정하기에 지극히 조심히 다루어야 합니다. 천살에서 지살로 넘어오는 과정이 이토록 어렵습니다. 저승과 이승의 경계가 천살로 요단강을 건너는 것처럼 강이나 다리가 천살 방위에 있기도 합니다. 이쪽과 저쪽의 경계를 결정하는 철도나 전철이 경계를 지나갑니다.

乾命				陰平 1933년 10월 17일 02:00							
時	日	月	年	88	78	68	58	48	38	28	18	8
乙丑	甲辰	癸亥	癸酉	甲寅	乙卯	丙辰	丁巳	戊午	己未	庚申	辛酉	壬戌

辛酉대운 癸巳년에 간첩혐의로 구속되어 15년 형을 받았습니다. 년지 酉金을 기준으로 辰土가 천살이고 酉亥辰. 酉丑辰 三字조합으로 교도소 물상입니다. 사주원국 천간 癸水와 丑土와 辰土의 地藏干 癸水는 모두 육해로 사망, 고독을 상징하고 년지를 기준으로 巳酉丑 三合을 벗어난 甲乙, 寅卯辰은 저승사자와 같아서 단명을 암시하는 글자들이 가득합니다. 辛酉대운에 이르면 乙木이 상하지만 다행한 점은 辛酉가 火氣에 자극받지 않았고 水氣에 풀어지기에 乙木이 상하는 정도가 심하지 않습니다. 癸巳년 천간에 육해가 드러나고 巳酉丑 三合 沖으로 夾字로 끼어

있는 辰土 천살이 불안정해지자 불가사의한 사건이 발생했습니다. 전생의 업보가 무거워 하늘에서 일찍 데려갈 운명인데 교도소에 수감되는 방식으로 죽음은 면했습니다.

乾命				陰平 1939년 9월 3일 00:00								
時	日	月	年	82	72	62	52	42	32	22	12	2
戊	丙	甲	己	乙	丙	丁	戊	己	庚	辛	壬	癸
子	戌	戌	卯	丑	寅	卯	辰	巳	午	未	申	酉

辛未대운 丁未년 1967년 12월 12일 대학생 두 명을 납치하여 텍사스 수도로 데려가 달라고 강압적으로 요구하였고 庚午대운 1974년 1월 26일 癸丑년, 乙丑월, 丁卯일에 살충제를 마시고 자살했습니다.

甲戌월에는 火氣가 필요한데 卯戌 合하고 甲己 合하며 丙火가 있기에 무난하고 子水가 약간의 水氣를 보충해주기에 좋습니다. 문제는 卯年을 기준으로 戌戌 천살이 복음이고 卯戌 合으로 卯木 生氣가 상합니다. 27세 辛未대운 丁未년에 天煞 戌土의 地藏干 丁火육해와 辛金재살이 동시에 透干하자 사망과 일탈의 의미가 발현되고 대운과 세운에서 쌍으로 戌未 刑하기에 천살이 극도로 불안정해지면서 유괴행위를 저질렀습니다. 庚午대운 천간에서 甲己 合하고 甲庚 沖하자 丙火로 가는 피의 흐름이 막히고 심장마비, 뇌출혈, 정신질환이 발생할 수 있습니다. 癸丑년, 乙丑월에 월살 丑土가 천살을 쌍으로 刑하자 자살하고 말았습니다. 두 사건은 모두 천살이 불안정해지던 시기였습니다.

乾命				陰平 1975년 12월 9일 06:00								
時	日	月	年	81	71	61	51	41	31	21	11	1
己卯	庚申	己丑	乙卯	庚辰	辛巳	壬午	癸未	甲申	乙酉	丙戌	丁亥	戊子

乙酉대운 33세 2007년 6월 丁亥년 상황입니다. 구두 닦기, 신문배달 등 고생 끝에 늦게나마 대학에서 공부하고 있지만 알 수 없는 병마에 시달리며 심한 갈등으로 고민합니다. 사주원국 乙卯가 丑土에 응결되기에 피의 흐름이 바르지 않습니다. 또 卯申 암합 과정에 夾字 丑土 때문에 乙木이 더욱 응결됩니다. 33세 乙酉대운에 이르면 卯丑으로 응결된 乙木이 투간하여 生氣에 문제가 발생했음을 알립니다. 특히 재살 酉金이 卯木을 沖하기에 더욱 불편합니다. 丁亥년에 사주원국에 없던 丁火가 들어오자 卯木과 丁火가 연결되고 피의 흐름이 막히면서 다양한 문제가 발생합니다. 특히 丁火는 사망을 상징하는 육해이기에 심장마비, 뇌출혈, 정신질환과 같은 문제가 발생합니다. 이런 이유로 이유도 모르는 병마에 시달렸습니다.

坤命				陰平 1980년 8월 30일 10:00								
時	日	月	年	90	80	70	60	50	40	30	20	10
己巳	甲寅	乙酉	庚申	丙子	丁丑	戊寅	己卯	庚辰	辛巳	壬午	癸未	甲申

28세 癸未대운 2007년 丁亥년 12월 상황으로 신혼중인데 아내가 간질환자임을 알고 괴로운 나날을 보내고 있다는 사연입니다. 월간 乙木이 육해요 천살은 없는데 일지 寅木의 상황이 좋지 않습니다. 寅酉와 寅申 沖으로 生氣가 상하고 寅巳申 三刑

으로 더욱 심하게 상하기에 자신이나 배우자의 육체가 상할 수 있습니다. 癸未대운에 이르면 酉月에 수확해야할 대상이던 乙木을 갑자기 癸水로 키우려고 시도하지만 그 가치가 없습니다. 대운 未土는 천살인데 水氣를 말리기에 불편합니다. 丁亥년에 이르면 未土 천살의 地藏干 丁火가 透干하여 金氣들을 자극하면 날카로워진 庚申과 酉金이 寅木을 공격합니다. 亥水가 金木 사이에 끼어들어 쌍방을 조절해줄 것처럼 보이지만 날카로운 庚申과 酉金을 자극하여 총알처럼 튀어나가기에 배우자의 간질이 더욱 심해졌습니다. 왜 하필 천살대운에 이런 일이 발생할까요? 하늘에서 내리는 형벌을 천살이라고 부르는 이유입니다.

坤命				陰平 1965년 3월 28일 10:00								
時	日	月	年	82	72	62	52	42	32	22	12	2
丁	癸	庚	乙	己	戊	丁	丙	乙	甲	癸	壬	辛
巳	丑	辰	巳	丑	子	亥	戌	酉	申	未	午	巳

甲申대운 42세 2006년 丙戌년 상황입니다. 남편이 사고로 하반신 불구가 되었습니다. 남자를 알았는데 양심의 가책과 죄책감으로 고민합니다. 월지 辰土가 천살, 일간이 육해인데 丑辰 破하기에 육해와 천살이 불안정합니다. 癸水입장에서 남편은 일지 丑土이지만 월지 辰土를 더욱 좋아합니다. 癸水는 辰月에 乙癸戊 三字로 목기의 성장을 촉진하기에 丑土의 음습한 기운을 좋아하지 않습니다. 따라서 남편에게 만족하지 못하고 밖에서 남자를 만날 수밖에 없습니다. 丑土에서 乙木이 성장하지 못하니 남편 복이 약한 겁니다. 癸水는 年干 乙木을 향하지만 地支에서는 巳丑으로 연결되어 丑土의 집착으로 남편을 벗어날 수도 없습니다. 丑辰 물상은 교통사고, 도박, 투기인데 하필 辰土 천살

과 연결되어 남편이 사고로 하반신 불구가 되었습니다.

乾命				陰平 1958년 10월 26일 02:00								
時	日	月	年	81	71	61	51	41	31	21	11	1
辛	丁	癸	戊	壬	辛	庚	己	戊	丁	丙	乙	甲
丑	巳	亥	戌	申	未	午	巳	辰	卯	寅	丑	子

戊辰대운 癸未년 46세까지 슈퍼를 운영하며 평범하게 살다가 甲申년 부동산으로 직종을 바꾸었으나 乙酉년에 재산을 탕진하고 구속되었습니다. 戌年을 기준으로 時柱 辛丑은 육해와 천살에 해당합니다. 따라서 46세 이후에는 사망을 상징하는 육해의 의미대로 고독해지고 존재를 드러내기 어렵기에 멀리 떠나는 운입니다. 47세 甲申년에 月支 亥水의 地藏干 甲木이 透干하자 직업을 바꾸었지만 실질적으로는 癸未년부터 변화를 준비하였습니다. 그 이유는 丑土가 천살인데 癸未년에 地藏干 癸水가 透干하여 사주원국 구조대로 丑戌 刑하면서 巳亥 沖하기에 근본적인 변화를 요구하고 특히 未土가 천살 丑土를 충하고 戌土와 刑하기에 甲申년에 직종을 바꾼 것입니다. 결국 문제가 발생한 이유는 조용히 내부에서 기다려야 하는 천살에서 견디지 못하고 변화를 주었기 때문입니다.

乙酉년에 이르자 대운과 세운에서 酉亥辰 三字로 조합하고 巳酉丑 三合과 刑하는 과정에 巳亥 沖까지 어지럽게 반응하자 교도소에 수감되었습니다. 특히 酉金은 육해로 사망, 고독, 홀로 떠나는 운이기에 사회에서 활동하지 못하고 교도소에 들어가 고독하게 보내야 합니다. 이처럼 천살에서 자리를 이동하면 다시는 화려했던 과거로 돌아갈 수 없습니다. 천살에서 변화를 주려면 현재까지 일구었던 모든 것을 포기한다는 마음가짐으로 임해야 합니다. 특히 천살이 月支에 있는데 沖刑으로 불안정해지면 직장, 집안, 가족들의 문제가 동시에 발생하기에 조용히 수양하고 자숙하면서 지나가야 탈이 없습니다.

坤命				陰平 1933년 4월 28일 08:00								
時	日	月	年	85	75	65	55	45	35	25	15	5
丙辰	戊子	丁巳	癸酉	丙寅	乙丑	甲子	癸亥	壬戌	辛酉	庚申	己未	戊午

壬戌대운에 아들이 도박하여 많은 빚을 지고 모친의 부동산을 위조하여 날려버렸습니다. 자식 宮位 辰土가 천살이기에 자식을 하늘처럼 모셔야 하는 상황이고 천살이 불안정해지면 문제가 발생합니다. 酉年을 기준으로 癸水와 子水는 六害인데 辰土 천살과 合으로 연결되어 조상이 자식 宮位로 들어오기에 내 자식을 조상 모시듯 해야 합니다. 문제는 年干 癸水 육해가 丁癸 沖으로 불안정한 상태에서 천살과 이어집니다. 壬戌대운에 丙辰 자식과 干支가 沖하므로 천살이 매우 불안정합니다. 자식 辰土는 년지 酉金을 子水에 풀어서 辰酉로 合하고 한탕을 노리기에 도박으로 모친의 재산을 날려버렸습니다. 천살의 흉한 기운이 자식에 의해서 발현되었습니다.

坤命				陰平 1971년 9월 10일 14:00								
時	日	月	年	84	74	64	54	44	34	24	14	4
乙未	丙戌	戊戌	辛亥	丁未	丙午	乙巳	甲辰	癸卯	壬寅	辛丑	庚子	己亥

1991년 辛未년 우수한 성적으로 대학에 합격하였지만 1997년 丁丑년에 실연으로 손목을 그어 자살을 시도했습니다. 2000년 庚辰년에 공무원을 그만두고 대학동기와 창업했습니다. 亥年을 기준으로 戌戌이 천살 복음인데 未土와 두 번 刑하기에 불안정합니다. 辛丑대운에 천살의 地藏干 辛金 災煞이 透干하므로 일탈을 감행할 수 있습니다. 丁丑년에 이르자 戌未의 地藏干 六害 丁火가 透干하자 재살과 육해가 반응하면서 죽음을 불사한 성욕, 과감한 일탈로 애정문제가 발생합니다. 丑土가 가세하여 戌未를 沖刑하자 실연으로 자살을 시도했습니다. 이 사주도 월지 천살이 세 번째 대운에서 丑土를 만나 刑하자 의외의 행동을 하였습니다.

坤命				陰平 1964년 10월 4일 16:00								
時	日	月	年	90	80	70	60	50	40	30	20	10
甲	庚	甲	甲	乙	丙	丁	戊	己	庚	辛	壬	癸
申	申	戌	辰	丑	寅	卯	辰	巳	午	未	申	酉

미군부대 군무원, 예산분석가로 11년 근무하였고 미 국방성 초청을 받고 2000년 8월 5일 21시경 미국 워싱턴 델라스 공항에서 시내로 들어가던 도로에서 달리는 차에서 문을 열고 떨어져 사망하였습니다. 37세 辛未대운 庚辰년으로 자살로 판정이 났지만 가족들은 타살로 의문을 제기하였습니다. 사주원국에는 未土 천살이 없는데 세 번째 대운 辛未에서 천살을 만나 辰戌未 三字가 반응하면서 불안정해집니다. 庚辰년에 沖刑이 동시에 반응하자 더욱 불안정해지고 癸未월 乙未일 丙戌시에 천살이 난동을 부리자 사망했습니다. 천살이 극도로 불안정해지면 예측불허의 사건이 발생합니다.

乾命				陰平 1967년 10월 10일 20:00								
時	日	月	年	81	71	61	51	41	31	21	11	1
甲戌	己卯	辛亥	丁未	壬寅	癸卯	甲辰	乙巳	丙午	丁未	戊申	己酉	庚戌

甲戌년에 태어난 딸이 丁未대운 36세 2002년 壬午년에 죽어서 딸을 입양했습니다. 사주원국 時支 戌土가 천살인데 甲戌년 천살 세운에 딸을 낳았습니다. 丁未대운에 이르자 사주원국에 정해진 구조대로 丁未와 甲戌이 戌未 刑하자 천살이 불안정해지고 亥水가 사주원국의 조열함을 해소하고 일지 卯木과 合하지만 戌未 刑 사이에 夾字로 비틀리다 천간에 드러난 壬午년에 딸이 사망하고 부인도 교통사고 당했습니다. 사주원국에서 亥水나 子水가 생명수를 공급하는데 운에서 천간으로 노출하면 좋을 것이 없습니다. 丁未대운은 천살과 戌未로 刑하는 것도 흉하지만 未土가 亥水의 흐름을 막고 탁하게 만들기에 육친에게 흉한 일들이 발생했습니다.

乾命				陰平 1980년 12월 12일 20:00								
時	日	月	年	86	76	66	56	46	36	26	16	6
丙戌	乙未	己丑	庚申	戊戌	丁酉	丙申	乙未	甲午	癸巳	壬辰	辛卯	庚寅

청화대 석사학위자입니다. 어려서 머리에 중상을 입었고 죽을 뻔 했습니다. 일지에 未土 천살이 있는데 丑戌未 三刑으로 지극히 불안정하기에 결혼하면 부인이 사망할 가능성도 있습니다. 결혼하자마자 이혼했다고 합니다. 부인 입장에서는 결혼생활을 유지하다가는 자신이 사망할 수도 있겠다는 것을 눈치 채고 도

망간 것입니다. 일지를 기준으로 동일한 土 오행이 4개나 있으니 결혼이 지극히 불안정합니다.

乾命				陰平 1940년 3월 4일 14:00								
時	日	月	年	88	78	68	58	48	38	28	18	8
辛	甲	庚	庚	己	戊	丁	丙	乙	甲	癸	壬	辛
未	申	辰	辰	丑	子	亥	戌	酉	申	未	午	巳

丙戌대운 59세 1998년 戊寅년 巳월에 교통사고로 사망하였습니다. 壬대운에 결혼하였지만 경제적으로 어려워 자식을 몇 차례 유산하였습니다. 辰年을 기준으로 時支 未土가 천살인데 丙戌대운에 月煞 戌土가 천살 未土를 刑하기에 육체가 상하는 대운입니다. 辰戌 沖으로 더욱 불안정한데 戊寅년에 辰戌의 地藏干 戊土가 透干하여 대운에서 암시했던 辰戌 沖, 戌未 刑으로 천살이 흔들리자 교통사고로 사망했습니다.

9. 天煞은 하늘의 경고

김영삼 대통령 재임기간에 다양한 사건, 사고가 발생했습니다. 경부선 구포역 열차전복, 아시아나 항공기 추락, 서해 페리 호 침몰, 성수대교 붕괴, 도시가스 폭발, 삼풍백화점 붕괴, 사고에 이어 결국에 IMF라는 외환위기로 국가부도에 몰렸습니다. 다양한 사건을 통하여 국가에 위험이 닥칠 것임을 경고하였는지도 모를 일입니다. 천살 운을 만나면 하늘에서 내리는 경고를 무시하지 않아야 합니다. 사건이 발생하기 전에는 반드시 먼저 경미한 사건들이 발생하는데 이를 무시하고 적절하게 조처하지 않으면 큰 문제가 발생합니다. 교회에 다니는데 계시를 받았다거나 조상이 꿈에서 나타나 알려주었다거나 꿈에 예시를 받는 일들은 모두 하늘에서 내리는 경고에 속합니다. 辰戌丑未가 천살인데 천살 일의 꿈은 조상의 경고일 수 있습니다.

乾命				陰平 1928년 12월 4일 20:00									
時	日	月	年	87	77	67	57	47	37	27	17	7	
甲戌	己未	乙丑	戊辰	甲戌	癸酉	壬申	辛未	庚午	己巳	戊辰	丁卯	丙寅	

김영삼 전 대통령 사주라고 합니다. 戊辰년을 기준으로 未土가 天煞입니다. 甲戌시에 이르면 천간에서 甲己 合하고 地支에서 戌未 刑하는데 未土가 천살이기에 흉을 암시하고 일종의 천벌을 받을 수 있습니다. 58세에서 67세에 辛未대운을 만나면 戌中 地藏干 辛金, 丑中 지장간 辛金이 透干하여 丑戌 刑 사이에 夾字로 끼어있는 천살 未土가 심하게 비틀립니다. 甲戌년에 이르자 戌未 刑이 동하고 乙亥년에는 未土 천살이 透干하고 夾字로 비틀립니다. 甲戌년 1994년 10월 21일 성수대교 상부 트러스가 무너져 32명이 사망하고 17명이 부상당하는 등 총 49명의 사상자를 냈습니다. 乙亥년 1995년 6월 29일 오후 5시 52분 서초동 소재 삼풍백화점이 부실공사 등의 원인으로 갑자기 붕괴되어 1천여 명의 종업원과 고객들이 사망하거나 부상당한 대형 사고가 발생했습니다. 天煞에 天이라는 한문을 붙인 이유입니다.

乾命				陰平 1935년 5월 15일 00:00									
時	日	月	年	82	72	62	52	42	32	22	12	2	
庚子	壬戌	壬午	乙亥	癸酉	甲戌	乙亥	丙子	丁丑	戊寅	己卯	庚辰	辛巳	

미국인 남자로 수위, 무덤 파는 일, 경비원 등으로 일했습니다. 희생자들을 살해한 뒤 시체를 잘라서 버리고 함께 자기도 했습니다. 1979년 1월에 손녀딸을 추행하려 했다고 경찰에 신고하였고 경찰에게 많은 살인을 저질렀다고 자백했습니다. 1969년에 볼티모어에서 21세의 여성을 살해하였고 81세 노파를 살해하여 시체를 성적으로 훼손하였으며 두 소녀를 살해 하는 등 총 7명의 여성들을 살해하였으며 1980년 중반에 기소되었습니다. 저승사자와 같은 속성을 가진 壬, 亥子가 많고 午戌과 전쟁을 벌입니다. 寅午戌 色界와 申子辰 空界가 전쟁하는 구도입니다. 하필 午火가 육해요 子午 沖하기에 정신이 멀쩡하지 않습니다. 또 戌土가 천살이며 亥年을 기준으로 申酉戌과 庚辛은 저승사자와 같으니 남들이 할 수 없는 이상한 행위를 과감하게 저지릅니다. 壬壬亥 저승사자들이 육체, 물질을 상징하는 午火와 여러 번 合합니다. 神煞로 살피면, 육해 午火를 지살 壬亥가 합하지만 절대적 기준점에서 壬亥는 저승사자가 분명합니다. 여러 명의 저승사자들이 午火 하나를 차지하려고 다투기에 상상도 못할 짓을 했습니다. 생기를 상징하는 乙木도 응결되고 乙庚 合하는 과정에 두 개의 블랙홀과 같은 壬水에 빨려 들어갑니다.

建命				陰平 1944년 9월 7일 18:00								
時	日	月	年	85	75	65	55	45	35	25	15	5
乙酉	庚申	甲戌	甲申	癸未	壬午	辛巳	庚辰	己卯	戊寅	丁丑	丙子	乙亥

부인이 1967년 丁未年에 6개월 지난 딸을 이불로 덮어서 죽였습니다. 자식을 十神으로 살피면 戌中 丁火로 드러나지 않았기에 甲乙을 공격하는 수많은 金氣들을 통제하기 어렵습니다. 자

식 궁위는 乙酉로 乙木 자식이 申酉戌 金氣에 상하고 있습니다. 부인의 상황은 日支를 기준으로 申酉戌申으로 복음, 혼잡하기에 결혼이 불미하고 十神으로 甲木 재성이 년과 월에 있고 甲乙로 혼잡하였기에 첫 부인과 이혼, 사별하는 구조가 분명합니다. 특히 강력한 金氣에 甲乙이 상하기에 부인이 바라보는 庚金 남편은 자신을 괴롭힌다고 느낍니다. 丁未년에 이르자 자식을 상징하는 丁火가 戌土의 地藏干에서 透干하고 戌未 刑으로 殺氣가 강해지자 자식에게 변고가 생겼습니다. 丙子대운 丁未년은 겁살, 재살, 천살 저승사자가 모두 동했고 丙子대운의 子水와 세운의 未土가 子未로 소송, 육체손상과 같은 물상을 만들어냈습니다.

乾命				陰平 1970년 12월 26일 10:00							
時	日	月	年	84	74	64	54	44	34	24	14	4
乙	丁	己	庚	戊	丁	丙	乙	甲	癸	壬	辛	庚
巳	未	丑	戌	戌	酉	申	未	午	巳	辰	卯	寅

壬辰대운 2002년 壬午년에 관재가 동해서 31세에 집행유예를 받았고 甲申년에는 사업하다 사기로 구속되고 2005년에 출소했습니다. 癸巳대운 乙酉년 34세 2005년 8월에 이혼했습니다. 戌年을 기준으로 丑土가 天煞인데 丑戌 刑하고 丑未 沖하기에 정신적, 육체적으로 불안정합니다. 壬辰대운에 이르면 겁살 壬水가 천살 丑土와 함께 강탈욕망을 드러내기에 탐욕을 부리면 문제가 발생할 수 있습니다. 특히 일간 將星과 劫煞이 합하기에 육체, 물질이 상할 수 있는데 壬午년에 재차 壬水 劫煞과 午火 장성이 조합하자 관재가 동했으며 甲申년까지 겁살과 천살의 강탈행위가 이어졌습니다. 癸巳대운 乙酉년에는 일지 좌우에서 巳

酉丑 三合하고 협자로 끼어있는 未土 배우자를 沖하자 이혼했습니다.

坤命				陰平 1967년 6월 2일 00:00								
時	日	月	年	90	80	70	60	50	40	30	20	10
甲	甲	丁	丁	丙	乙	甲	癸	壬	辛	庚	己	戊
子	戌	未	未	辰	卯	寅	丑	子	亥	戌	酉	申

특수직 공무원입니다. 92년에 결혼해서 아들 둘로 남편과 갈등이 많았지만 버티고 살다가 2006년에 이혼했습니다. 건강하던 친정엄마가 신장투석으로 매우 힘들었고 8월에 수술까지 했습니다. 음력 10월 11일 감기로 병원에 갔던 부친은 혈관수술을 하자는 의사의 제안으로 수술한 후 삼일 만에 사망했고 남편의 승진 확률이 100%라 믿고 이사준비까지 하다가 탈락 되었습니다. 아이들 과외를 시켰지만 성적은 하위권에서 벗어나지 못했습니다. 사주당사자는 중책을 맡았는데 사건, 사고가 많아 감사를 받았고 사무실에 화재까지 발생하여 다른 부서로 옮겼습니다. 중책을 맡아서 사건, 사고가 많았던 것으로 느낍니다. 丙戌년에 왜 그토록 많은 사건, 사고가 발생했을까요? 庚戌대운과 辛亥대운의 교접기에 丙戌년을 만났습니다. 사주원국에서 未年을 기준으로 일지 戌土는 천살인데 戌未 刑을 두 번 하므로 불안정한데 丙戌 년에 쌍으로 戌未 刑하면 더욱 불안정해집니다. 년주, 월주, 일주가 모두 반응기에 부친과 모친이 건강에 문제가 발생하고 사망했으며 직업 궁에서는 다양한 사건, 사고로 부서를 옮겼으며 천살 일지 남편은 승진하지 못했고 이혼하였습니다. 戌未 刑에서 약간 벗어난 자식들은 학업성적이 추락하는 정도로 끝났습니다. 사주원국 년과 월의 丁火는 육해인데 천살까지 불

안정해지자 상상하기 어려운 일들이 동시다발적으로 발생하였습니다. 천살을 두렵다고 표현하는 이유입니다.

10. 天煞의 질병

천살의 질병은 갑작스럽고 예측하지 못했던 것들이기에 천살 운을 만나면 갑작스런 사고, 질병에 대비하여 보험에 가입하는 것이 좋습니다. 육체질병 외에도 화재, 자동차 사고, 정신질환 등 어디로 튈지 모르는 질병도 포함합니다. 물론 무조건 흉한 것은 아니며 천살이 원하는 행위를 적절하게 실행하면 대부분 문제가 없습니다. 천살은 엄마 배속의 아이와 같아서 주위에서 도움의 손길을 내밀 때까지 조용히 기다려야 합니다. 무리하게 욕심을 부리거나 설치면 문제가 발생하고 심지어 도둑, 강도로 오해를 받고 교도소에 수감될 수 있습니다. 겁살, 재살, 천살은 조용히 때를 기다려야 하는데 태어나지도 않은 상황에서 적극적으로 욕망을 표출하면 이상한 문제들이 발생합니다.

乾命				陰平 1952년 2월 2일 18:00								
時	日	月	年	82	72	62	52	42	32	22	12	2
己	壬	壬	壬	辛	庚	己	戊	丁	丙	乙	甲	癸
酉	寅	寅	辰	亥	戌	酉	申	未	午	巳	辰	卯

프랑스-이태리인으로 의류 패션디자이너인데 1990년 49세 丁未대운 庚午년에 많은 비즈니스를 뒤로 하고 뇌졸중으로 사망했습니다. 辰年을 기준으로 未土가 천살인데 사주원국에 없지만 42세부터 재살, 천살에 해당하는 丁未대운이 들어옵니다. 다만 사주원국과 丁未는 별다른 문제점은 없고 未土가 두 개의 寅木을 墓地에 담지만 세 개의 壬水가 있기에 탈이 없습니다. 庚午년에

이르면 時支 酉金의 地藏干 庚金이 透干하였기에 사주원국 구조대로 酉金이 辰土와 합하고자 年支를 향하는 과정에 반드시 寅木 두개를 지나면서 피의 흐름을 방해하기에 寅酉조합 물상에 해당하는 뇌졸중으로 사망했습니다. 이처럼 피의 흐름이 갑자기 막히면 심장마비, 뇌출혈, 정신질환이 발생하는데 특히 丁未대운의 丁火와 木火로 연결되고 未土 천살까지 개입되자 갑자기 사망하고 말았습니다.

乾命				陰平 1974년 9월 12일 16:00								
時	日	月	年	84	74	64	54	44	34	24	14	4
甲	庚	甲	甲	癸	壬	辛	庚	己	戊	丁	丙	乙
申	子	戌	寅	未	午	巳	辰	卯	寅	丑	子	亥

丁丑대운 31세 2005년 乙酉년 상황으로, 변호사에 뜻을 두고 열심히 공부하지만 원인 모를 병으로 병원 생활에 지쳐 있습니다. 진로와 건강 모두 중요하여 갈등이 심합니다. 寅年을 기준으로 사주원국에 천살 丑土가 없는데 丁丑대운에 丑土 천살을 만나서 子丑 合하고 丑戌 刑하기에 갑자기 불안정해집니다.

乙酉년에는 사망을 상징하는 酉金 六害가 들어와 무기력해지고 酉子丑 三字로 퍽치기 조합을 이루자 갑작스런 사건, 사고가 발생할 수 있습니다. 천살이 개입되자 원인도 모르는 병에 걸려 병원신세로 지쳤습니다. 천살에서는 예측 불가한 현상들이 발생할 수 있기에 욕심을 버리고 건강을 유지하는데 집중해야 합니다. 진로와 건강을 모두 놓지 않으려고 갈등하기에 오히려 치료가 더딥니다.

乾命				陰平 1979년 12월 14일 06:00								
時	日	月	年	88	78	68	58	48	38	28	18	8
乙卯	癸卯	丁丑	己未	戊辰	己巳	庚午	辛未	壬申	癸酉	甲戌	乙亥	丙子

乙亥대운과 甲戌대운 교접기 28세 2006년 丙戌년에 사법고시 1차 시험에 합격한 후 갑자기 신장질환으로 병원에서 안타까운 시간을 보내고 있습니다. 건강에 자신을 잃어 모든 것을 체념한 상태입니다. 乙亥대운에는 地支에서 亥卯未 三合을 이루는 과정에 夾字 丑土와 三合 沖하기에 극도로 불안정해지는데 특히 卯木이 丑土와 亥水에 응결되고 沖으로 흔들리기에 生氣가 상합니다. 丙戌년에 이르자 戌土 천살이 들어와 丑戌未 三刑으로 불안정해지자 갑자기 신장질환으로 시달립니다.

坤命				陰平 1964년 10월 15일 16:00								
時	日	月	年	84	74	64	54	44	34	24	14	4
丙申	辛未	乙亥	甲辰	丙寅	丁卯	戊辰	己巳	庚午	辛未	壬申	癸酉	甲戌

38세 辛巳년 아산병원에서 대장암 판정을 받고 42세 辛未대운 乙酉년 대장암으로 사망하였습니다. 乙辛 沖하기에 乙木이 丙火로 가는 피의 흐름이 막히니 심장마비, 뇌출혈, 정신질환, 기타 질병에 걸리기 쉽습니다. 또 未土 천살이 亥水의 흐름을 막아버리기에 물이 탁해지고 열이 오르자 대장암으로 사망하였습니다. 천살을 만나서 해외로 유학하거나 대장암으로 사망하여 떠나는 물상은 모두 육해와 재살, 천살의 고독함 때문입니다.

乾命				陰平 1972년 2월 27일 20:00								
時	日	月	年	88	78	68	58	48	38	28	18	8
戊戌	辛未	甲辰	壬子	癸丑	壬子	辛亥	庚戌	己酉	戊申	丁未	丙午	乙巳

28세부터 시작되는 丁未대운에 丁火 재살과 未土 천살을 만납니다. 안타깝게도 庚辰년에 자살한 총각인데 가족들도 어떤 연유인지 모른다고 합니다. 丁未대운에 이르면 甲辰에 담기는 순수한 영혼과 같은 壬子가 丁壬 합과 子未로 열이 오르고 탁해집니다. 이에 따라서 辛金은 火氣에 더욱 날카로워지면서 甲辰 生氣를 공격하는 강도가 더욱 강해집니다. 庚辰년에 이르면 재차 甲木을 沖하기에 生氣가 삶의 의욕을 상실합니다. 대운 丁火는 未土와 戌土의 地藏干이 透干하였는데 未土가 천살인데 戌未 刑하자 지극히 불안정해지고 육체가 상합니다. 水氣가 줄어들고 火氣에 자극 받은 辛金이 甲木을 괴롭히자 生氣를 상실하고 자살하고 말았습니다.

乾命				陰平 1938년 6월 1일 08:00								
時	日	月	年	83	73	63	53	43	33	23	13	3
壬辰	辛卯	戊午	戊寅	丁卯	丙寅	乙丑	甲子	癸亥	壬戌	辛酉	庚申	己未

乙丑대운 丙戌년 69세 戊戌월 甲戌일 급성 간암으로 사망했습니다. 사주원국에는 특별히 문제가 보이지 않습니다. 午月에 필요한 壬水가 적절하지만 년이나 월에 있어야 하는데 時干에 있습니다. 乙丑대운에 寅午戌 三合을 기준으로 丑土가 천살이지만 丑辰 破정도이기에 특별한 문제는 없습니다. 다만, 천간에서는

辛戌乙 三字로 심장마비, 뇌출혈과 같은 갑작스런 사건이 발생할 수 있습니다. 丙戌년에 년과 월에서 寅午戌 三合이 이루어지면서 辰戌 沖하겠다는 의도를 드러냅니다. 戊戌월, 甲戌일에 寅午戌 삼합 상태에서 辰戌 沖은 물론이고 대운에서 들어온 丑土 天煞까지 복잡하게 얽히면서 급성 간암으로 사망했습니다. 사건의 핵심은 천살의 질병은 예측이 어렵고 갑작스럽게 발생한다는 것입니다.

坤命				陰平 1967년 10월 29일 10:00							
時	日	月	年	83	73	63	53	43	33	23	13	3
丁	戊	辛	丁	丙	乙	甲	癸	壬	辛	庚	癸	壬
巳	戌	亥	未	申	未	午	巳	辰	卯	寅	丑	子

甲寅대운 乙亥년에 뇌신경에 문제가 생겨 정신장애가 발생하자 이혼하고 丙子년에 음독자살했습니다. 년과 월에서 丁辛亥 흐름은 좋습니다. 未戌도 크게 나쁠 것은 없는데 亥水가 夾字로 끼어서 비틀리고 탁해지면서 열이 오릅니다. 23세에서 32세까지 甲寅대운을 지나기에 亥水의 地藏干 甲木이 透干하여 戌未 刑 사이에 시달려 힘들다는 것을 알립니다. 乙亥년을 만나면 未中 乙木이 透干하여 戌未 刑으로 亥水를 탁하게 만들겠다는 의지를 드러냅니다. 亥水가 戌未에 탁해지고 寅亥 合으로 말라가면 火氣는 상대적으로 강해지면서 辛金이 날카로워지고 乙亥년 천간에 드러난 乙木과 辛戌乙 三字로 상하고 丙丁으로 흐르는 피가 갑자기 막히기에 심장마비, 뇌출혈, 정신질환과 같은 문제가 발생합니다. 이처럼 사망이라는 물상을 만드는 과정에는 다양하고 복잡한 에너지들이 얽히고설키는데 자살한 근본원인은 戌未 刑 사이에 亥水가 夾字로 끼어서 문제입니다. 또, 未년을 기준

으로 丁丁이 육해, 일지 戌土는 천살로 단명의 원인입니다.

乾命				陰平 1966년 7월 8일 14:00								
時	日	月	年	85	75	65	55	45	35	25	15	5
丁	甲	丙	丙	乙	甲	癸	壬	辛	庚	己	戊	丁
卯	寅	申	午	巳	辰	卯	寅	丑	子	亥	戌	酉

庚子대운 己丑년 44세 戊辰월 심장마비로 급사하였습니다. 년과 월에서 申金을 자극하면 열기를 가득 품은 申金은 날카로워져 寅木을 沖하려는 확률과 가능성을 품고 있다가 庚子대운에 庚金이라는 시간이 도래하면 寅木을 沖합니다. 己丑년에 午年을 기준으로 丑土 天煞이 오자 갑작스런 사건, 사고가 발생할 수 있습니다. 천간에서 甲己 合하지만 대운 庚金이 甲木을 沖하면 丙丁으로 흐르던 피가 막혀버립니다. 地支에서도 寅申 沖하기에 寅木이 丙丁으로 가는 흐름이 막힙니다. 또 卯丑으로 卯木이 응결되고 丙丁으로 가는 피가 막히자 심장마비로 사망했습니다.

피의 흐름이 막히는 정도에 따라서 심장마비, 뇌출혈, 정신질환, 접신, 빙의, 동성애, 변태성욕 등 다양한 물상으로 발현됩니다. 육해에서도 유사한 현상이 발생하는데 육체가 상하거나 이에 상응하는 물리현상이 발생하기도 합니다. 물의 흐름이 막히고 화장실이나 하수구가 터지면 질병에 시달리거나 심각한 문제가 발생합니다. 윗집 화장실이 터져도 자신에게 영향을 미칩니다. 하늘에서 위험한 상황이기에 조심하라는 경고를 보내는 겁니다.

乾命				陰 윤달 1960년 6월 2일 18:00								
時	日	月	年	84	74	64	54	44	34	24	14	4
癸酉	甲寅	癸未	庚子	壬辰	辛卯	庚寅	己丑	戊子	丁亥	丙戌	乙酉	甲申

乙未년에 六害 乙木과 天煞 未土가 반응하였기에 사업을 확장하지 말고 현상유지하면서 六害의 경고에 귀를 기울여야 한다고 조언하였는데 윗집 화장실이 터지고 자신의 집까지 영향을 미쳤습니다. 하늘의 경고이기에 조상과 전생의 나에게 제사를 지내서 흉한 문제에 대비하라고 했습니다. 계속 천도 재를 지내면서 국가와의 소송을 잘 이겨내고 사업을 확장했습니다.

乾命				陰平 1964년 6월 20일 00:00								
時	日	月	年	83	73	63	53	43	33	23	13	3
壬子	戊寅	辛未	甲辰	庚辰	己卯	戊寅	丁丑	丙子	乙亥	甲戌	癸酉	壬申

戊戌년에 화장실이 터져 즉시 수리했는데 지인의 부인이 사망했다는 소식이 들려왔습니다. 화장실이 막히는 방식으로 심각한 사건이 발생하였음을 알리는 것입니다.

坤命				陰平 1970년 9월 17일 22:00								
時	日	月	年	83	73	63	53	43	33	23	13	3
乙亥	己巳	丙戌	庚戌	丁丑	戊寅	己卯	庚辰	辛巳	壬午	癸未	甲申	乙酉

辛巳대운에 辛金 육해가 透干하자 아파트 윗집 화장실이 터져 집에 영향을 끼쳤는데 윗집에서 공사를 해주었습니다. 또 10년을 살아도 문제가 없던 싱크대가 갑자기 막히고 세탁기가 반복적으로 고장 났습니다. 육해에서 경고를 하는 겁니다. 丙辛 합은 세탁기, 냉장고와 같은 전기, 전자제품에 하자가 발생하여 교체를 원하는 운입니다.

坤命				陰平 1963년 9월 14일 22:00								
時	日	月	年	83	73	63	53	43	33	23	13	3
己	丙	壬	癸	辛	庚	己	戊	丁	丙	乙	甲	癸
亥	午	戌	卯	未	午	巳	辰	卯	寅	丑	子	亥

乙丑대운 94년 甲戌년 壬申월 壬辰일에 투신자살하였습니다. 년지 亥卯未 三合을 기준으로 월지 戌土가 천살입니다. 戌月에는 강력한 火氣가 필요한데 卯戌 합하고 丙午로 무난합니다. 다만, 壬癸, 亥로 水氣가 지나친데 대운도 亥子丑으로 흐르면서 戌土 화로를 꺼트리려고 합니다. 乙丑대운에 월지 戌土와 刑하고 卯丑으로 卯木이 응결되면 우울증, 접신, 빙의와 같은 이상한 현상들이 발생할 수 있습니다. 또 卯戌 합으로 卯木이 답답해지면 丙午로 가는 피가 막히기에 심장마비, 뇌출혈, 정신질환이 발생할 수 있습니다. 甲戌년에 이르자 卯戌 합, 丑戌 刑, 卯丑조합으로 천살이 지극히 불안정해지고 壬申월, 壬辰일에 水氣가 빛을 가리자 투신자살하였습니다. 월지가 천살일 경우에는 20대 즈음에 대운에서 辰戌丑未와 刑하기에 과거에 이루었던 결과물들을 포기하는 상황이 발생하는데 현명하게 대처해야 나머지 30년 과정이 순탄해집니다. 필자도 월지 未土 천살이 대운에서 들어온 戌土에 刑당하자 육체가 상했고 대기업을 그만두었

으며 중국 유학을 떠나 고독해졌습니다.

乾命				陰平 1941년 3월 23일 14:00								
時	日	月	年	84	74	64	54	44	34	24	14	4
丁未	丁酉	壬辰	辛巳	癸未	甲申	乙酉	丙戌	丁亥	戊子	己丑	庚寅	辛卯

미국인으로 마약중독자입니다. 1966년 26세 己丑대운 丙午년 3월 17일과 18일 사이에 총으로 자살했습니다. 천살의 흉함은 매우 광범위하게 발현됩니다. 사망, 사고, 질병에 그치는 것이 아니라 정신병, 연쇄살인, 시체간음 등 이해하기 어려울 정도의 사건배후에 천살의 그림자가 있습니다. 년지 巳火를 기준으로 辰土가 천살이며 月支에 있습니다. 월지의 연령 24세에서 30세 사이에 만나는 대운은 己丑으로 巳酉丑 三合하고 酉丑辰, 丑辰 破로 辰土 속의 癸水 六害가 흔들리고 불안정해지자 丑辰 破의 물상대로 마약중독에 빠지고 자살했습니다. 유사한 사례를 보겠습니다.

乾命				陰平 1934년 2월 29일 14:00								
時	日	月	年	88	78	68	58	48	38	28	18	8
丁巳	癸丑	戊辰	甲戌	丁丑	丙子	乙亥	甲戌	癸酉	壬申	辛未	庚午	己巳

알코올 중독으로 간이 상해서 사망했습니다. 戌年을 기준으로 일지 丑土가 천살인데 丑辰戌로 지극히 불안정합니다. 甲戌, 戊辰, 丁巳로 일간 癸水가 증발하면 자신도 모르게 술을 찾고 갈증을 해소합니다. 천간에서는 癸甲戊 三字로 조합하기에 육체가

상하는데 火氣가 탱천하면 甲木이 戊土를 뚫는 정도가 심각합니다. 이 사주도 丑辰 破로 천살이 불안정해지자 자신을 통제하지 못하고 알코올 중독에 빠졌습니다. 마약중독, 알코올 중독은 모두 丑辰 破의 파동으로 정신을 통제하지 못해서 발생하는 문제입니다.

乾命				陰平 1958년 11월 4일 04:00								
時	日	月	年	88	78	68	58	48	38	28	18	8
戊	乙	甲	戊	癸	壬	辛	庚	己	戊	丁	丙	乙
寅	丑	子	戌	未	午	巳	辰	卯	寅	卯	寅	丑

평소 내성적이고 용기가 없지만 술만 먹으면 속내를 드러내며 난동을 부립니다. 술을 마시지 않으면 상상하지 못할 정도로 얌전합니다. 도벽이 있고 식탐이 있으며 술주정뱅이입니다. 戌年을 기준으로 丑土가 천살인데 중간에 子水 재살이 夾字로 끼어서 丑戌 刑으로 비틀리기에 영혼을 상징하는 子水에 문제가 발생합니다. 술만 먹으면 난동을 부리는 이유는 甲子, 戊로(癸甲戊 三字) 조합하여 거칠어지기 때문입니다. 평소에는 소심하여 용기가 없기에 술을 매개로 난동을 부리는데 심지어 경찰서에서도 난리를 칩니다. 월지에 亥水나 子水가 있는데 좌우에서 丑戌, 丑未, 戌未에 막히고 탁해지면 정신이상이 발생합니다.

乾命				陰平 1966년 5월 5일 08:00								
時	日	月	年	84	74	64	54	44	34	24	14	4
丙	癸	甲	丙	癸	壬	辛	庚	己	戊	丁	丙	乙
辰	丑	午	午	卯	寅	丑	子	亥	戌	酉	申	未

마약과 도박으로 甲申년에 구속되었습니다. 부인과 자식을 폭행하고 정신병 증세를 보입니다. 乙酉년에 석방되었지만 부인은 자식을 남겨두고 도망갔습니다. 위에서 살폈던 사례와 유사합니다. 첫째 년과 월의 丙午, 甲午 강력한 火氣로 일간 癸水가 증발하기에 정신이 불안정하고 갈증을 해소하고자 술, 마약을 찾기에 스스로를 통제하지 못하고 도박에 빠지고 부인과 자식을 구타합니다. 또 丑辰 破로 丑土 천살이 파동을 일으키고 丑辰의 地藏干 癸水 재살이 난동을 부리자 정신병 증세를 보입니다. 년과 월에서 火氣가 강렬하면 반드시 庚金을 보충해야 癸水가 안정을 취하는데 시주도 丙辰으로 다중영혼과 같은 증세를 드러냅니다. 38세 甲申년은 戊戌대운으로 천간에서 癸甲戊 三字로 조합하자 폭력적으로 변했고 地支에서 丑戌辰이 요동치는 시점이었습니다. 午丑귀문 때문에 마약, 도박이라고 판단하지만 일지 천살의 시기에 사주원국 구조대로 丑辰 破로 불안정해지고 대운과 丑戌 刑하자 난동 부리는 천살 때문에 더욱 심각해졌습니다.

坤命				陰平 1979년 1월 16일 14:00								
時	日	月	年	87	77	67	57	47	37	27	17	7
癸未	庚戌	丙寅	己未	乙亥	甲戌	癸酉	壬申	辛未	庚午	己巳	戊辰	丁卯

2007년 丁亥년 상담하였는데 전문대를 다니다가 98戊寅년에 재시험으로 2002년 壬午년에 졸업했고 인문계 교사로 재직하였습니다. 2003년 癸未년에 애인을 만났지만 부친이 근무하다 갑자기 사망했습니다. 2004년 甲申년에 결혼하여 丁亥 년까지 자식이 없습니다. 남편에게 병이 있어 치료 중이라 임신하지 못합니다. 천살 戌土가 일지에 있는데 하필 양쪽에서 戌未 刑하기에

자식을 낳지 못하고 남편이 병에 시달립니다. 寅月에 水氣가 필요한데 대운이 丁卯, 戊辰, 己巳, 庚午, 辛未로 寅木 생기가 심하게 상하기에 주위 육친들이 질병에 신음합니다.

乾命				陰平 1950년 6월 9일 20:00								
時	日	月	年	85	75	65	55	45	35	25	15	5
甲	己	癸	庚	壬	辛	庚	己	戊	丁	丙	乙	甲
戌	未	未	寅	辰	卯	寅	丑	子	亥	戌	酉	申

己丑대운 2008년 59세 戊子年 6월경에 심근경색으로 수술하였습니다. 사주원국에 戌未로 土가 많지만 寅年을 기준으로 천살은 아닙니다. 다만, 일과 시에서 甲己 합하고 戌未 刑하기에 육체가 상할 수 있습니다. 己丑대운이 55세에 시작되었는데 축토가 천살이고 丑戌未 三刑으로 반응합니다. 戊子년에 戌土의 地藏干 戊土가 透干하여 丑戌未 三刑이 반응하고 천간에서 癸甲戊 三字로 육체가 상하자 심근경색으로 수술을 했습니다.

乾命				陰平 1971년 1월 15일 12:00								
時	日	月	年	81	71	61	51	41	31	21	11	1
甲	丙	庚	辛	辛	壬	癸	甲	乙	丙	丁	戊	己
午	寅	寅	亥	巳	午	未	申	酉	戌	亥	子	丑

丙戌대운 36세 2006년 丙戌년 5월 상황입니다. 일류대학을 나와 대기업에 근무하다 과거의 일을 천기 누설하여 갑자기 뇌신경 계통에 중병을 얻었다고 주장하면서 종교인, 스님이 될 운명인가를 물었습니다. 亥卯未 三合을 기준으로 庚辛은 겁살과 재살이기에 총명하여 일류대를 졸업하였습니다. 또 亥寅丙(壬甲

丙) 三字조합으로 장기교육, 박사급 물상입니다. 丙戌대운에 이르면 戌土 천살을 만나고 寅午戌 三合으로 묶여 답답해집니다. 丙戌년에 천살이 겹치자 갑자기 정신병에 걸렸습니다. 乙酉년에 증상이 시작되었을 것인데 천간에서 乙木이 乙庚 合, 乙辛 沖하므로 丙火로 가던 피의 흐름이 막히고 地支에서도 寅酉로 피의 흐름이 막히면서 정신병 증세가 발생하였습니다. 천살 두 개와 피의 흐름이 막히자 스스로 뇌신경에 문제가 있다는 것을 인지하였습니다.

坤命				陰平 1963년 8월 23일 18:00								
時	日	月	年	90	80	70	60	50	40	30	20	10
丁酉	丙戌	壬戌	癸卯	辛未	庚午	己巳	戊辰	丁卯	丙寅	乙丑	甲子	癸亥

丙寅대운에 41세 癸未년에 자궁경부암으로 사망하였습니다. 卯年을 기준으로 월과 일의 戌土가 천살이고 卯戌 合으로 卯木의 움직임이 답답하고 酉金으로 卯木을 沖하자 丙丁으로 가는 피가 막히기에 만병의 원인이 됩니다. 癸未년에 천살 戌土와 刑하자 사망하고 말았습니다.

坤命				陰平 1958년 12월 7일 02:00								
時	日	月	年	83	73	63	53	43	33	23	13	3
辛丑	丁酉	乙丑	戊戌	丙辰	丁巳	戊午	己未	庚申	辛酉	壬戌	癸亥	甲子

남편과 의류판매업을 하는데 2013년 癸巳년 양력 12월 26일 영업과 건강에 대해 상담하였습니다. 자궁, 유방에 질병검사를 조

언했는데 3개월 전에 성모병원에서 문제가 없다고 하였답니다. 재차 검사해보라고 조언하여 10일 후 유방암 2기로 밝혀졌습니다. 戌年을 기준으로 丑土가 천살인데 두 개나 있으며 56세 당시는 時支 丑土 천살의 시기입니다. 대운은 己未로 丑土의 地藏干 己土가 透干하고 未土와 함께 丑戌未 三刑을 이루어 천살이 매우 불안정해지기에 문제가 발생하였습니다. 丑土의 질병은 주로 자궁에 해당하는데 戌戌과 己未가 개입되어 유방암으로 발현되었습니다.

乾命				陰平 1987년 9월 6일 14:00								
時	日	月	年	86	76	66	56	46	36	26	16	6
癸	庚	庚	丁	辛	壬	癸	甲	乙	丙	丁	戊	己
未	戌	戌	卯	丑	寅	卯	辰	巳	午	未	申	酉

己酉대운 2003년 17세 癸未년 7월 庚子일에 노래방에서 놀다가 갑자기 심장마비로 사망했습니다. 卯年을 기준으로 두 개의 戌土가 천살이고 卯戌 슴으로 卯木이 답답한데 丁火로 연결되어 있기에 언제라도 심장마비, 뇌출혈, 정신질환과 같은 문제가 발생할 수 있습니다. 己酉대운에 酉金이 卯木을 沖하면 丁火로 가는 피가 막히는데 癸未년에 戌未 刑으로 천살이 불안정해지자 갑자기 사망했습니다.

11. 天煞의 공간상황

천살은 色界로 나가고자 준비하기에 탄생과 깊은 관련이 있습니다. 12신살 중에서 유일하게 탄생을 돕기에 천살을 적극적으로 활용해야 조상의 음덕으로 발전의 기회를 잡고 삶의 질을 높일 수 있습니다. 천살을 적절하게 다루지 못하면 탄생과정에 문제가 발생하고 육체와 정신이 비정상적일 수 있습니다. 천살의 공간은 엄마 배속과 같아서 매우 답답하고 오래도록 갇혀있어야 합니다. 이것이 바로 하늘에서 원하는 공간 환경으로 비좁고 답답하고 고독하고 외롭게 지내야 합니다. 엄마 뱃속에서 옴짝달싹 못하는 상황을 상상하면 이해가 쉽습니다. 답답한 상황을 견디기 어려우면 타향, 해외로 떠나는 것도 천살의 개운방법입니다. 일이 풀리지 않고 꼬이면 협소한 공간에서 탈출해서 해외로 떠나는 것입니다. 모친의 배 속에서 웅크린 자세로 10개월을 버틴다면 어떤 현상들이 발생할까요? 육체, 특히 손발을 제대로 펴지 못하기에 하늘에 무릎 꿇고 고개를 들지 못하고 말을 못하는 상황과 다를 바 없습니다. 육체를 움직일 수 있는 범위가 매우 좁아서 육체마비, 입을 열지 못하고 손과 발이 오그라드는 현상들이 발생하는 이유로 天厄이라 표현하며 인간의 능력으로는 어찌할 수 없고 고칠 수도 없는 병이라고 합니다.

乾命				陰平 1917년 7월 25일 08:00							
時	日	月	年	81	71	61	51	41	31	21	11	1
辛卯	丙辰	己酉	丁巳	庚子	辛丑	壬寅	癸卯	甲辰	乙巳	丙午	丁未	戊申

필리핀 독재자였던 전 마르코스 대통령입니다. 巳年을 기준으로 辰土가 천살입니다. 부인이었던 이멜다는 "사치의 여왕"으로 불리며 12조 이상을 부정으로 축재하였습니다. 이 사주의 독특한 특징은 강력한 火氣에 자극받은 酉金이 日支를 향하여 들어오고 동시에 卯木을 자르기에 生氣를 제거하는 독재자입니다. 癸卯대운에 육해가 透干하고 卯酉 沖하자 독재자의 길을 걸었습니다. 辰酉 合으로 엄청난 권력과 재물을 탐하였는데 酉丑辰,

巳丑辰, 酉辰, 酉丑 丑辰 조합은 하늘에서 돈벼락을 맞는 에너지가 분명합니다. 특히 丁巳년과 대운에서 강력한 火氣가 酉金을 자극하고 辰土의 地藏干 癸水가 천간에 드러나자 丁辛癸 三字조합으로 하늘에서 돈벼락을 맞았습니다.

乾命				陰平 1969년 8월 3일 08:00								
時	日	月	年	82	72	62	52	42	32	22	12	2
甲辰	壬辰	癸酉	己酉	甲子	乙丑	丙寅	丁卯	戊辰	己巳	庚午	辛未	壬申

일지 辰土가 부인인데 辰辰, 酉酉로 복음입니다. 사주원국에서 동일한 글자가 겹치는 것이 흉한 이유는 계속 동일한 시공간이 이어지면서 답보상태에 머물기 때문입니다. 연월일시가 순차적 흐름이면 순탄하게 발전하지만 복음, 혼잡하면 번데기에서 나비로 날아오르지 못하기에 장애가 많습니다. 특히 辰辰과 戌戌이 복음이면 辰巳 지망과 戌亥 천라로 저승에서 이승으로, 이승에서 저승으로 넘어가지 못하고 자살, 사망하는 사례도 많습니다. 酉年을 기준으로 三合을 벗어난 寅卯辰과 甲乙은 저승사자인데 甲木과 辰辰으로 日時에 몰렸기에 저승사자처럼 따돌림 당하거나 아웃사이더로 살아갑니다. 또 己酉와 甲辰이 干支 합하기에 癸酉와 壬辰이 중간에 夾字로 끼어 강제적으로 辰酉 합하면 辰土의 地藏干 乙木이 답답해지고 편협한 사고방식, 정신질환에 시달립니다. 壬水까지 개입되면 酉亥辰 三字조합으로 정신질환 증세가 심해집니다. 戊辰대운에 이르자 辰酉 합으로 숨이 막힌 辰土 배우자가 透干하여 선전포고를 합니다. 辛卯년을 지나 壬辰년에 사주원국 구조대로 辰辰과 辰酉, 酉亥辰의 문제가 발동하고 4개의 辰土 천살이 겹치자 더욱 흉해집니다. 또 戊癸 합하

고 甲木이 癸甲戊 三字로 더욱 좋지 않습니다. 실제상황은 일마다 이루지 못했고 깡 술로 나날을 보냈으며 戊辰대운 44세 壬辰년에 부인을 살해했습니다. 결혼상대를 고를 때 일지를 기준으로 동일한 글자가 많으면 깊이 고려해야 합니다.

乾命				陰平 1952년 5월 26일 10:00								
時	日	月	年	86	76	66	56	46	36	26	16	6
辛巳	乙未	丙午	壬辰	乙卯	甲寅	癸丑	壬子	辛亥	庚戌	己酉	戊申	丁未

신문기자인데 己酉대운 乙丑년 부인이 돈을 탕진하고 도망가 버렸습니다. 年의 壬水가 午月에 필요한 水氣를 적절하게 제공합니다. 丙午 月이기에 壬水가 무기력해야 쓰임이 좋습니다만 심하게 증발하면 탈이 나기에 庚金, 辛金을 보충해야 안정적입니다. 辰年을 기준으로 未土는 천살이고 辰未로 조합하기에 한탕 욕망이 강합니다.(三刑論 참조) 己酉대운에 배우자가 능력을 벗어난 행위를 과감하게 벌이는 이유는 천살 未土의 地藏干 己土가 투간하여 未辰으로 반응했기 때문입니다. 未土 천살은 재물을 탐하지 않아야 하는데 대운과 세운에서 酉丑辰 三字로 조합하자 부인이 한탕을 노렸지만 수습이 어려워지자 도망가고 말았습니다. 천살을 사치, 낭비에 활용한 사례입니다.

坤命				陰平 1989년 5월 10일 08:00								
時	日	月	年	88	78	68	58	48	38	28	18	8
戊辰	甲辰	庚午	己巳	己卯	戊寅	丁丑	丙子	乙亥	甲戌	癸酉	壬申	辛未

출생 하루 만에 자식 없는 부자 집으로 입양되어 사랑받고 자랐으며 무용특기로 여고에 입학하였는데 공부에는 전혀 취미가 없습니다. 특이한 점은, 중 3때 교보문고에서 책을 훔치다 걸렸으며 乙酉년 편의점에서 물건을 훔치다 CCTV에 찍혀 경찰에 연행되고 학교에서 체육시간에 학생들의 물건을 훔치다 발각되었습니다. 부자 집에 살면서도 대운에서 未土가 辰土와 조합하자 탐욕을 부리고 좀도둑 행위를 합니다. 특히 乙酉년은 酉辰으로 조합하자 한탕욕망이 더욱 강해졌습니다. 巳年을 기준으로 寅卯辰과 甲乙은 저승사자와 같아서 강탈, 한탕욕망이 강한데 辰辰으로 천살이 복음이며 乙酉년의 乙木도 天煞에서 투간한 재살이기에 자신도 모르게 도둑질하는 겁니다.

천살이 <u>사치, 낭비, 한탕 욕망이 강한 이유</u>는 망신, 육해, 천살로 이어져 권력과 이권을 남용하려는 성향이 강하고 辰土가 천살일 때 地藏干 癸水는 六害이고 乙木은 災煞이기에 육해와 재살이 가진 욕망을 드러내기 때문입니다. 육해는 사망, 고독, 외로움을 상징하고 씨종자를 후대에 남기려는 죽음을 불사한 성욕이라고 했습니다. 災煞은 육체와 물질이 없기에 장성을 충해서 강탈을 시도하면 수옥이라 부르며 교도소에 수감됩니다. 결국 물질과 육체를 탐할 수 없는 육해와 재살을 품은 천살 때문에 물질을 탐하고 사치하거나 범죄를 저지릅니다.

乾命				陰/윤달 1930년 6월 2일 20:00							
時	日	月	年	84	74	64	54	44	34	24	14	4
壬	戊	癸	庚	壬	辛	庚	己	戊	丁	丙	乙	甲
戌	寅	未	午	辰	卯	寅	丑	子	亥	戌	酉	申

1930년생으로 乙酉대운 이공 대에서 학업성적이 좋았고 취직하여 丁亥대운 丁대운에 제약회사 간부가 되어 승진하고 발전했습니다. 하지만 44세 癸丑년 癸丑월에 모함으로 자살하고 말았습니다. 사주원국에서 癸未월에 癸水가 午未에 증발하는데 다행하게 화기를 품은 庚金이 癸水를 보호하기에 조합이 좋습니다. 戊 일간이 未月에 태어나 무역, 유통, 중개 혹은 未土의 地藏干 乙木이 生氣를 잃어가기에 한의, 의료, 제약에도 적합합니다. 亥대운에 水氣를 보충하기에 쓰임이 좋아졌지만 癸丑년 癸丑월을 만나자 壬癸丁 三字로 대운에서 들어온 장성 丁火가 壬癸 겁살과 재살에 合하고 沖당하여 심하게 상합니다. 地支는 戌未 刑하는 과정에 일지 寅木이 夾字로 비틀리고 천살 丑土까지 가세하여 丑戌未 三刑으로 어지러워졌습니다. 하필 월주에서 발생하고 丑土의 속성대로 어두운 그림자가 깔리자 모함으로 자살하고 말았습니다. 결국 午年을 기준으로 寅午戌 三合을 벗어난 壬癸, 亥子丑 저승사자들이 난동을 부리는 시기에 재살과 천살의 의미대로 영혼의 세계로 떠났습니다.

癸丑과 壬戌 干支는 인간이 활용하기에 불편합니다. 壬戌은 戌亥천문으로 멀리 떠나고 癸丑도 子丑으로 탄생과정과 같아서 적응하기 힘들어 해외로 떠나는 사례가 많고 고독함을 극복하고자 종교, 명리, 철학에 흥미를 갖습니다. 癸丑년은 44세로 일지 寅木을 지나는데 癸丑과 壬戌이 丑戌 刑합니다. 씨종자를 담은 창고 戌土를 丑土가 刑하자 씨종자를 훔친 것으로 오해 받았습니다. 도둑이 들어와 금고를 털었는데 경리직원이 억울하게 누명을 쓰는 경우입니다. 사주원국에 戌土가 있을 때 운에서 丑土가 들어오면 오해받지 않도록 주의를 기울여야 합니다. 가을에 수확한 곡식창고 戌土를 丑土가 刑해버리면 도둑 취급을 받는 것입니다. 천살에서 누명, 따돌림, 고독, 좌천 물상이 나오는 이유입니다.

12. 天煞방위 -미래결정 공간 /조상 묘

의미를 확장해보겠습니다. 천살은 탄생을 주관하고 조상의 음덕과 같아서 개운에 적극적으로 활용해야 합니다. 현재의 집을 기준으로 천살방위에 조상 묘가 있으면 천살이 제공하는 혜택을 받지만 없다면 이사하거나 묘를 이장하는 방법으로 방위를 맞추는 것이 좋습니다. 평시에 제사 지내는 방위도 천살을 활용해야 효과적입니다. 전쟁으로 북한에 조상 묘를 두었는데 내 사주 年支를 기준으로 천살이 남쪽이라면 조상의 음덕을 기대하기 어렵습니다. 후에 조부나 부친의 묘지를 천살 방위에 모셨다면 비록 북한의 증조부 음덕은 기대할 수 없지만 조부와 부친의 음덕은 기대할 수 있습니다. 묘지의 방향을 맞추면 조상은 물론이고 전생의 나와 소통이 원활해지면서 운이 트일 수 있습니다. 만약 천살방위가 공터였는데 길이 나고 건물이 들어서면 운이 좋아지기 시작합니다. 천살방위에 관공서가 들어서면 공무원이 될 수 있는 미래를 암시입니다.

천살방위가 점점 발전하는 상황이면 미래가 밝기에 그 집을 떠나지 않는 것이 좋습니다. 동사무소, 시청과 같은 관공서가 있거나 생기면 나의 존재가치가 높아질 것임을 암시합니다. 천살은 나의 미래가치를 표현하기에 호적등본, 주민등록 등본을 처리하는 관공서가 있으면 매우 적절합니다. 응용하면, 신용불량자가 되어 자신의 신분을 적절하게 활용하지 못하면 동사무소와 같은 공공기관이 있는 천살 방위로 이사해야 새로운 신분으로 바뀔 수 있기 때문입니다. 우리는 천살방위를 기반으로 태어났기에 미래를 암시하는 물건, 건물, 인물이 있습니다. 만약 노래방이 있다면 가수가 될지도 모릅니다. 장애인 재활센터가 있다면 장애인의 재활을 돕는 직업을 가질 수 있습니다. 교회가 있다면 종교, 명리, 철학의 직업을 갖게 됩니다. 만약 천살방위의 건물들이 허물어지고 폐허처럼 바뀌면 이사 가는 것이 좋습니다. 이처럼 천살방위를 어떻게 대하느냐에 따라 나의 미래가 달라집니다. 천살은 내 능력을 벗어나기에 간절히 소원을 비는 방식으로 원하는 것을 얻어야 합니다. 일상에서는 공공기관을 상대로 탄원서를 제출하거나 방송국에 억울한 사연을 보내는 행위도 유사합니다. 신문고처럼 억울함을 고하는 행위였는데 현재는 동사무소에 민원을 넣는 행위가 바로 천살입니다. 법적으로 처리하기 어렵기에 민원을 통해서 억울함을 호소하고 문제를 해결하려는 것입니다.

13. 가정의 天煞 방위

재살과 천살에서 영혼과 육체를 결합하지만 아직 탄생하지는 못했기에 천살방위에는 미래를 설계하거나 영혼을 치료하거나 영혼의 부활에 도움이 되는 책이나 약이 있습니다. 필자의 경우, 장애인 재활센터와 교회가 재살과 천살방위에 있으며 책을 쓰고 공부하는 방위로 활용합니다. 정신과 육체를 재활하는 천살방위에 종교물품이 있음은 자연스럽지만 잘못을 빌거나 애원하는 일이 발생할 수 있기에 종교물품을 두지 말라는 의견도 있습니다. 하지만 종교행위를 통하여 정신을 추구하기에 나쁠 이유도 없습니다. 결국 어떻게 활용하느냐에 따라 달라지기에 천살방위에 종교물품을 두면 무조건 흉하다는 주장은 합리적이지 않습니다. 부연하면, 천살방위에 종교관련 건물, 물품, 인물이 없다면 하느님, 부처님, 조상님이 필요 없고 내 멋대로 하겠다는 태도와 다를 바 없기에 오히려 하늘에서 벌을 받기 쉽습니다. 필자는 재살과 천살 방위에 약과 책, 조부와 부친의 영정사진을 걸어두었습니다.

14. 天煞 - 공부하는 방위

학습과정에 깊고 빠르게 깨우침을 얻으려면 재살과 천살방위를 적극적으로 활용해야 합니다. 아이들 띠를 기준으로 재살이나 천살방위를 향해 공부하도록 책상을 배치하면 집중력이 크게 향상됩니다. 천살은 엄마 배속에서 웅크린 모습이기에 활동 범위가 좁지만 집중력은 뛰어납니다. 재살, 천살 방위를 향해 공부하면 전생에 학문이 깊은 조상신이 들어와 도와줍니다. 장성 방위를 향하면 집중력이 현저히 떨어지는 이유는 물질을 추구하는 방향이기 때문입니다. 육해와 천살은 三合으로 연결되기에 육해방위도 가능하지만 재살, 천살 방위가 훨씬 더 효과적입니다. 내가 어떤 영혼과 조우하는지를 살피려면 천살 방위에 있는 물건들을 관찰하면 됩니다. 천살의 가장 적절한 활용은 학문과 교육입니다. 대학전공에 따라 활용방위가 달라지는데 예로, 경영, 경제, 금융처럼 물질지향적인 학과라면 장성, 반안 방위를 활용하는 것이 바람직합니다. 경영대학을 원하면 내 띠를 기준으로 장성, 반안 방위에 있는 대학에 지원하는 겁니다. 寅午戌 三合의 將星은 午火이기에 집을 기준으로 남쪽 방위 대학을 선택하는 겁니다. 종교, 명리, 철학을 공부하고 싶다면 천살방위 대학을 선택하는 것이 좋습니다. 천살방위는 모친이 나를 잉태한 상태이기에 안정을 요하고 청결해야 합니다.

특히 육해는 물이 흐르는 방위이기에 하수구, 화장실이 막히지 않아야 하고 화개 정화조, 천살방위의 공간을 청결하게 유지해야 합니다. 천살 방위에 이상한 물건이 있으면 길한 조상이 내려오지 못하고 잡귀들이 모여듭니다. 특히 천살이 刑沖破害로 불안정하면 성실하게 청소하고 술을 따르고 위로해야 합니다. 오래된 물품도 버리고 지저분한 잡화들을 버려야 운이 풀립니다. 천살방위는 저승과 이승을 연결하기에 경계를 정하는 무언가가 있습니다. 하천, 강물, 다리, 나루터 등입니다. 내가 미래에 무엇을 하는 것이 좋은지 모르면 천살방위를 살펴서 조상이 원하는 것을 알아채고 따라야 합니다.

乾命				陰平 1968년 6월 14일 08:00							
時	日	月	年	90	80	70	60	50	40	30	20	10
庚	庚	己	戊	戊	丁	丙	乙	甲	癸	壬	辛	庚
辰	辰	未	申	辰	卯	寅	丑	子	亥	戌	酉	申

북경대학교 철학과 우등생으로 석사를 졸업하고 95년 출가하여 스님이 되었으며 현재 불교계의 저명인사입니다. 천살을 종교, 철학으로 활용하였습니다. 辰辰은 地藏干 乙木이 좌우로 펼치지 못하고 탁한데 종교, 철학으로 탁기를 제거하는 종교인의 길을 걷습니다. 1995년 사망을 상징하는 乙木 육해가 未土천살과 辰土 화개에서 透干하자 스스로 사회에서 분리되는 방식으로 출가하여 고독해졌습니다. 사주원국 특징은 未土 辰土의 지장간 乙木과 庚庚申이 다양하게 乙庚 合하기에 저명인사가 되었습니다.

乾命				陰平 1955년 9월 15일 20:00							
時	日	月	年	87	77	67	57	47	37	27	17	7
甲	甲	丙	乙	丁	戊	己	庚	辛	壬	癸	甲	乙
戌	子	戌	未	丑	寅	卯	辰	巳	午	未	申	酉

박사학위를 받고 癸未대운에 교수로 활동하다가 1988년 戊辰년에 법원 행정업무를 맡았습니다. 壬午대운 甲戌년에 구법원장에 오르고 巳대운에 丁亥년에 고법원 부원장에 올랐으며 戊子년에 省의 고법원장에 올랐습니다. 未年을 기준으로 월지 戌土가 천

살이며 戌土에 필요한 火氣를 乙丙으로 보충하기에 좋습니다. 일지 子水는 戌月에 필요한 약간의 水氣를 제공하기에 戌土의 쓰임이 더욱 좋아졌습니다. 대운도 巳午未 火氣를 戌土에 보충하여 법조계에서 발전하였습니다. 하늘의 명령에 따라 천살을 법의 집행으로 활용하였습니다.

乾命				陰平 1968년 6월 28일 16:00								
時	日	月	年	85	75	65	55	45	35	25	15	5
壬申	甲午	己未	戊申	戊辰	丁卯	丙寅	乙丑	甲子	癸亥	壬戌	辛酉	庚申

대졸이후 석사학위를 취득하고 계속 은행에 종사하여 은행장에 올랐습니다. 월지 未土가 천살일 때 학문에 관심이 많고 끊임없이 책을 읽습니다. 공부를 많이 하는 것이 천살의 개운법이기도 합니다. 未土에 은행물상이 많이 보이는데 특히 辛未, 己未간지 그리고 이 사례처럼 未申으로 乙庚 합하면 은행과의 인연이 강합니다. 표면적으로 은행과 학문추구는 상이하지만 未申의 물질추구 물상을 은행장으로 활용하고 未土 천살을 학문추구로 활용하는 이중성을 드러내는 것입니다.

15. 天煞 宮位
천살의 의미가 연월일시 宮位에 따라서 상이하게 발현될 수 있습니다. 다만, 시공명리는 오로지 년지를 기준으로 12신살을 살피기에 년지에는 천살이 올 수 없습니다. 월지, 일지, 시지에 천살이 있을 때 어떤 물상으로 발현되는지 살펴보겠습니다.

<u>월지 천살</u>은 하늘의 명령을 수행하는 것처럼 사회활동 과정에

권력이나 이권을 활용할 수 있습니다. 천살은 공부를 많이 하는 것이 좋으며 특히 未土가 천살이면 평생 책을 가까이하거나 공부하면서 사회에서 요구하는 직무를 수행해야 합니다. 월지 천살의 나쁜 점은 공부를 싫어해도 계속 책을 읽어야 무탈합니다.

乾命				陰平 1980년 6월 10일 16:00								
時	日	月	年	85	75	65	55	45	35	25	15	5
甲	乙	癸	庚	壬	辛	庚	己	戊	丁	丙	乙	甲
申	未	未	申	辰	卯	寅	丑	子	亥	戌	酉	申

丙戌대운 27세 2006년 丙戌년 상황입니다. 소방공무원인데 다른 길이 없는지 갈등하고 전립선염으로 고생하는데 결혼하면 2세에는 지장이 없는지 불안합니다. 申年을 기준으로 월과 일에 천살 未土가 있습니다. 문제는 癸未로 癸水가 이곳저곳에 생명수를 공급하느라 증발됩니다. 다행한 점은 庚申이 癸水가 마르지 않도록 도움을 주지만 한계가 있기에 전립선염으로 고생합니다. 丙戌대운에 이르면 천살과 戌未 刑하기에 과거의 직업, 경험, 관계를 모두 버려야하는 상황에 처하자 진로를 갈등합니다.

坤命				陰平 1969년 2월 23일 02:00								
時	日	月	年	89	79	69	59	49	39	29	19	9
乙	甲	戊	己	辛	丙	乙	甲	癸	壬	辛	庚	己
丑	寅	辰	酉	丑	子	亥	戌	酉	申	未	午	巳

酉年을 기준으로 월지 辰土가 천살입니다. 이상한 점은 辰土에 담긴 癸水 육해를 만나는 운에는 이상하리만큼 미친 듯 공부한다고 합니다. 학문 탐구는 하늘에서 내리는 일종의 사랑이자 혜

택입니다. 학문으로 활용하지 못하면 이상한 현상들에 휘둘릴 수 있습니다. 전생의 기운으로 학문을 탐구하며 神을 믿는 행위와 다를 바 없습니다. 부처님을 모시니 먹거리는 주신다는 표현은 모두 천살의 기운을 활용한 것입니다. 월지 천살의 경우, 세 번째 대운에서 천살과 刑하는 과정에 과거에 이루었던 업적, 인연, 직업 등을 포기하기 갑자기 외톨이가 되어 멀리 떠나는 상황이 발생하는 사례가 많습니다. 만약 자신의 성격이 사업, 장사에 적합하지 않는다면 가능한 직장을 유지하거나 직장을 바꿔서 천살이 지날 때까지 현명하게 행동하는 것이 좋습니다. 장사, 사업을 할 수 있다는 생각에 회사를 그만두면 힘들게 살아갈 수 있기에 특별히 주의해야 합니다.

乾命				陰平 1967년 9월 20일 06:00							
時	日	月	年	84	74	64	54	44	34	24	14	4
己卯	庚申	庚戌	丁未	辛丑	壬寅	癸卯	甲辰	乙巳	丙午	丁未	戊申	己酉

丙午대운 39세 2005년 乙酉년 3월 상황입니다. 몇 년째 일 없이 지내니 살기 싫습니다. 부인의 도움으로 겨우 생계를 유지하지만 한계에 이르렀습니다. 사주원국 未年을 기준으로 월지 戌土는 천살이고 戌未 刑으로 불안정합니다. 세 번째 대운에서 丁未를 만나자 사주원국 구조대로 戌未 刑으로 천살이 불안정해지기에 이루었던 것들을 포기하는 상황에 처합니다. 그 방식은 다양한데 유학 가거나 과거와 상이한 직업으로 전환하거나 아이템이 전혀 다른 직장으로 이직합니다. 이 사주는 未年을 기준으로 戌土는 천살, 庚申은 겁살이기에 三合을 벗어나 아웃사이더 성향이 강해 사회에서 멀어지면 오랜 세월 방황할 수 있습니다.

乙酉년에 이르자 時支 卯木이 透干하여 卯申, 卯戌로 生氣가 상하자 의욕을 상실하고 酉金 재살까지 가세하여 저승사자들이 가득해지는 세운에 버티기 힘들다고 느낍니다.

일지 천살은 배우자 宮位에 조상님을 모시는 상황이거나 조상님을 깔고 앉아서 부려먹다가 하늘에서 벌을 내리고 육체장애가 발생하거나 놀고먹는 사례가 있습니다. 일지 천살을 적절하게 활용하려면 종교, 철학, 명리, 교육 등의 직업을 갖는 것이 바람직합니다.

乾命				陰平 1963년 11월 6일 18:00								
時	日	月	年	84	74	64	54	44	34	24	14	4
辛酉	戊戌	甲子	癸卯	乙卯	丙辰	丁巳	戊午	己未	庚申	辛酉	壬戌	癸亥

일지에 천살에 있습니다. 젊어서 방황하고 사업하다 크게 부도 났으며 己未대운 2007년 45세 丁亥년에 부인이 교통사고로 사망하였습니다. 己丑년에 대장암 수술을 받았으며 완치는 되었으나 술을 하루도 빠짐없이 마십니다. 명리에 흥미가 많고 재혼하여 안정적으로 살고 있습니다. 결혼이 불미한 이유는 일주가 戊戌로 동일한 오행이고 배우자를 상징하는 癸水가 年干에 있기에 첫 결혼은 사별하는 사례가 많습니다. 또 월지에 子水까지 있으니 재혼은 필연적입니다. 癸水 아래에 卯木 자식이 있고 卯戌로 일지와 合하여 들어오는데 그 과정에 子水와 刑하기에 첫 부인의 자식을 둘째 부인이 키우지만 사이가 좋아 보이지 않습니다. 己未대운에 이르면 사주원국에서 다양한 반응이 일어납니다. 일지 천살과 戌未 刑하기에 배우자 宮位가 흉하고 戌己가

癸水를 경쟁하고 未土가 子水의 흐름을 막아버립니다. 丁亥년에 일지 戌土의 地藏干 丁火 육해가 透干하고 대운 未土의 地藏干 丁火도 함께 透干하여 戌未 刑이 반응합니다. 亥水와 亥卯未 三合한 후 재차 戌未 刑하자 부인이 사망했습니다. 젊어서 방황을 많이 한 이유는 월주 甲子의 시기에 대운도 壬戌로 고독해졌기 때문입니다.

시지 천살은 조상님이 안방에 들어간 상황입니다. 자식을 왕처럼 모시거나 평생 보호할 일이 있습니다. 예로, 육체나 정신이 불편한 자식을 보호하는 행위입니다. 시주는 개인 공간인데 천살을 두었기에 사적 행위에 조상님을 부려먹는 꼴입니다. 거만하고 허세를 부리면 주위로부터 따돌림 당하기에 주의해야 합니다. 흉한 경우에는 부모의 재산을 탕진하는 자식이 될 수 있습니다. 사주구조가 좋으면 천살 자식이 학문과 인연이 깊고 해외 유학하여 교육으로 발전하거나 종교, 명리, 철학과 인연이 강합니다.

16. 辰戌丑未가 月支 天煞일 때

辰未戌丑이 월지에 있고 천살이면 어떤 반응을 보이는지 살펴보겠습니다. 辰土가 천살이면 모내기 공간이 영혼의 세계처럼 변하여 모내기해도 키울 수 없습니다. 혹은 타인의 논을 활용하는 소작농을 하거나 타인을 위해 봉사해야 합니다. 자신이 직접 모내기하고 기르지 못하기에 교육, 종교, 명리, 철학과 같은 정신을 추구해야 합니다. 辰月에 새싹이 성장해야 하는데 영혼의 세계와 같은 천살은 직접 물질을 다루기 어렵습니다. 예로, 서울에 거주하면서 매일 일산으로 출근하여 가게를 운영하는 상황도 서울이 천살에 해당하여 물질을 추구하지 못하기에 일산(현실세계)으로 이동하여 물질을 추구합니다.

未土가 천살이면 열매가 성장을 끝내야 申月에 열매를 완성하는데 취할 수 없습니다. 따라서 물질을 추구하려면 그 땅을 버리고 이동해야 합니다. 사는 곳과 일하는 곳이 다르거나 교육, 정치, 종교와 같은 직업을 택해야 합니다. 특히 未土는 수족 장애, 신경장애가 많아서 치료행위, 종교행위가 바람직합니다.

戌土가 천살이면 生氣를 제거한 후 亥月에 저승사자를 만나러 가야 합니다. 戌土는 태양 빛이 들지 않는 블랙홀처럼 어둡습니다. 중앙으로 나가기 어렵기에 귀향 살이라고 표현했습니다. 공직자라면 주로 변방의 군인, 경찰과 같은 직종입니다. 수위, 보디가드, 세콤, 자물쇠로 창고를 지키는 역할입니다.

丑土가 천살이면 뿌리내리지 못합니다. 丑月에 내부에서 보호하고 키우는 보육, 식당과 같은 직종에 어울리는데 어둡고 춥기에 서민들을 위한 설렁탕, 해장국 등이 적합합니다. 丑土 천살은 癸水육해를 품었기에 귀신, 영혼, 빙의, 혼백이 남아있습니다. 丑土는 자신이 희생당한다는 피해의식과 불만이 많고 卯丑으로 조합하면 탁해지기에 조상을 달래주는 행위가 필요합니다.

17. 天煞 干支 - 乙丑, 辛未, 甲戌, 庚辰

천살은 地藏干에 육해와 재살을 품었기에 종교, 교육, 정치, 의료, 무역, 유통, 중개, 철학 등 두뇌를 활용하는 직업에 적합하고 시공간을 크게 이동하는 것이 바람직합니다. 특히 甲子. 乙丑은 과거를 버리고 새롭게 출발하라는 요구이며 辛未는 亥卯未 三合을 마감하므로 더 이상의 성장노력은 어렵습니다. 종교색채가 강하며 해외귀신이라고 했습니다. 甲戌은 미래를 위해 꿈을 키우기에 교육, 정치에 적합하고 젊어서 해외유학을 떠나는 사례가 많습니다. 庚辰은 주로 식당, 장사인데 귀신을 보고 느끼는 경우도 많으며 결혼하지 않고 노처녀로 살아가는 사례도 많습니다. 申子辰 三合을 마감하고 새 출발하므로 경제적, 심리적으로 불편합니다. 4개 干支는 모두 달라도 유사한 의미들이 많습니다. 天煞간지는 과거에 이루었던 일, 물질, 인연을 버리고 새 출발하라는 암시가 강합니다.

제 4부 地煞 -
　　　色界로의 첫걸음

제 1장 地煞 - 탄생

《十宮圖2(인간의 일생)》

재탄생	윤회	시주	일주	월주	년주
甲(1)	壬(9)	庚(7)	戊(5)	丙(3)	甲(1)
	癸(10)	辛(8)	己(6)	丁(4)	乙(2)

직선의 시간흐름 ←----------------------------

十宮圖 2에는 열 개의 宮位가 있고 각 宮位에 모든 이론을 적용할 수 있습니다. 예로, 甲寅은 神煞로 지살, 12운성으로 장생, 十神으로 비견에 해당합니다. 과거에는 시공간 개념을 활용하지 못했기에 지살은 지살대로, 12운성은 12운성대로, 天干과 地支도 별도로 외워야 하는 비합리적인 학습방식으로 시간을 낭비하였습니다. 十宮圖2의 중앙에 戊己가 있는데 寅午戌 三合을 기준으로 戊辰은 월살, 戊戌은 화개입니다. 또 己未는 반안, 己丑은 천살로 辛酉 육해, 壬亥 겁살, 癸子 재살, 己丑 천살을 거쳐 甲寅 지살로 탄생합니다.

甲寅을 따로 잘라서 지살이며 타향, 외국으로 떠난다고 외우지만 시공간은 절대로 끊어지지 않기에 단편적으로 외우는 학습방법은 지양해야 합니다. 色界로의 탄생을 알리는 지살 甲寅에 이르기까지 반드시 씨종자 육해, 화개, 겁살, 재살, 천살로 이어지므로 각 과정을 세부적으로 살펴야 지살의 의미를 자세히 이해합니다. 지살 甲寅의 연령은 대략 1세에서 7세 즈음으로 탄생해서 전생과 이생이 연결되어 사리분별이 명확하지 않습니다. 7세까지의 성장과정에는 자신의 존재를 명확하게 인지하지 못하기에 지살 의미를 규정하는 것은 쉽지 않습니다. 甲寅 지살과 沖의 관계인 庚申 역마의 상황은 상이합니다. 지살에서 출발하여 반안까지 과정을 경험한 역마는 色界의 맛을 경험한 후 중심에서 멀어지지만 지살은 막 탄생하여 경험이 없으므로 불분명한 의식 상태로 지나갑니다. 거의 모든 신살 책에서 地煞을 해외를 돌아다닌다고 설명하지만 지살의 다양한 물상 중 하나에 불과하며 탄생하여 전생과 이생이 명확하게 구분되지 않기에 정체성이 모호합니다. 우리가 성장하던 과정을 되돌아보면 태어나서 7세까지의 과정은 기억나는 것이 별로 없습니다. 심지어 年煞에 해당하는 15세까지도 무엇을 하며 지냈는지 기억나는 것들이 많지도 않으며 16세 이후에서야 비로소 자신의 존재를 명확하게 인식하기 시작합니다. 이처럼 지살은 불분명하고 모호한 시공간입니다. 전생과 이생이 연결되면서 영혼의 세계인지 色界인지 혼란스럽고 사고방식, 행동방식에 기준이 없기에 지살 세운을 만나도 명확한 목표를 설정하지 못하고 무엇을 해야 하는지 모른 채로 지나갑니다.

무언가를 시도하려는 의지는 있지만 모호한 상태로 있다가 일정 시점에 되돌아보면 그 결과물이 지살에서 시작되었음을 깨닫습니다. 시간을 좀 더 되돌리면 지살의 행동을 결정한 원인은 재살에서 시작되었음을 기억해냅니다. 재살에서 촉발된 요인이 천살과 지살로 이어지고 망신에 이르면 명확하게 실체를 드러냅니다. 재살에서 지살로 이어지는 방식에는 두 가지가 있습니다. 첫째, 재살에서 우연히 경험한 일을 지살에서 계속 활용하면 9년 동안의 三合운동에 계속 활용합니다. 둘째, 재살에서 과거와 다른 엉뚱한 행위를 하다가 지살에서 완전히 포기하고 겁살, 재살, 천살 이전의 직업을 다시 활용합니다. 비유하면, 직장 생활하다 재살에서 우연히 사업을 시작하고 계속 사업을 유지하는 경우가 있고 재살과 천살 2년 동안 사업하다 자신에게 적절하지 않다는 생각에 포기하고 과거에 근무하던 직장으로 돌아가는 경우입니다. 어떤 것을 선택하는지는 연령과 환경에 따라 달라지는데 젊어서는 두 번째를 택하는 경우가 많지만 46세 이후에는 時于 宮位에 이르러 과거의 직업을 포기하고 제 2의 직업을 택하는 경우가 많습니다. 결국 지살의 출발과정을 이해하려면 재살을 지날 때 경험했던 과정을 자세히 살펴야합니다. <u>역마, 재살, 월살의 키워드는 전송</u>이기에 재살의 상황이 좋지 않으면 새로운 길을 모색하지만 재살의 상황이 좋으면 새로운 도전을 할 필요가 없기에 어떤 선택을 하느냐에 따라 지살의 상황이 달라집니다.

다만, 역마, 재살, 월살로 이어지는 三合의 목적은 어려운 백성들에게 하늘의 은덕을 내리려는 신의 의지와 같아서 국가, 사회, 가족의 도움을 받는데 그 방식이 너무 다양해서 느끼지 못하거나 당연한 것으로 지나치는 경우가 많고 지살, 년살에 가서야 하늘이 내린 사랑을 깨닫습니다. 이처럼 지살의 출발은 재살의 도움이 있었기에 가능했던 것임을 기억해야 합니다. 재살에서 새 영혼을 얻고 천살에서 육체와 결합하여 지살에서 탄생하기에 실질적인 출발점은 재살입니다. 지살은 탄생하고 출발하기에 명확한 움직임이라고 인식하지만 그렇지 않습니다. 엄마 뱃속과 같은 천살이 있었기에 세상에 태어나 독립적으로 호흡하며 살아갑니다. 이 의미는 매우 중요한데 지살부터는 더 이상 엄마의 도움을 받기 어렵고 홀로서기를 해야 합니다. 천살에서 주위의 도움으로 살아왔지만 지살부터는 스스로 생명을 유지해야하기 때문입니다. 또 육해 재살 천살 지살로 이어지는 과정에 씨종자 辛金이 甲木으로 바뀌었기에 지살은 육해를 기반으로 출발한 것이 분명합니다. 지살에서 독립한 후에 도움을 받을 수 없는 상황과 있는 상황이 겹치는데 판단의 기준은 겁살, 재살, 천살에서 어떤 행위를 했느냐에 달렸습니다. 만약 겁살 재살 천살에서 辛金 씨종자를 미리 활용해버렸다면 지살에서 힘들어집니다. 특히 재살에서 한탕을 노리면 문제가 발생하고 지살에서 육해의 음덕을 활용하지 못하기에 힘난한 여정을 시작해야 합니다. 재살에서 국가, 사회의 도움을 받아야 지살에서 순탄하게 출발하지만 재살에서 함부로 행동하거나 투자하다 망하면 힘들어집니다. 봄에 파종할 씨종자를 보리 고개를 지날 때 배고픔을 견디지 못하고 까먹은 상황과 다를 바 없습니다. 만약 지살에서 힘든 상황에 처했다면 재살, 천살에서 투자나 행동을 적절하게 하지 못했음을 반증합니다.

지살에서 순탄한 출발을 원한다면 재살, 천살에서 경거망동하지 않아야 하며 겸손한 태도로 국가, 사회, 가족의 도움을 받아야 안정적으로 출발합니다. 寅午戌 三合의 경우, 戌土 화개의 地藏干 辛金이 亥子丑을 지나 寅木으로 나오는 과정에 겁살 亥水, 재살 子水가 무리하게 辛金을 탕진해버리면 지살에서 힘들어지고 년살, 월살까지 힘든 상황이 이어집니다. 역마, 재살, 월살에서 이루어지는 하늘의 사랑, 조상의 음덕은 일방적인 사랑이기에 적절하게 활용해야 합니다. 불쌍한 처지를 국가, 사회. 주위에서 도와주려는 것입니다. 일상에서는 역마, 재살, 월살 띠를 적절하게 활용하면 도움을 받고 혜택을 누립니다. 예로 년주가 亥卯未 三合이면 역마 巳火, 재살 酉金, 월살 丑土의 시기, 인연, 방위를 적절히 활용해야 합니다. 또 역마, 재살, 월살의 키워드는 色界에서 空界로의 전달이기에 시공간을 넓게 활용하여 해외, 외국관련 업종이나 인연을 찾는 것이 좋습니다. 정리하면, 지살의 출발상황은 극명하게 갈리는데 육해, 화개의 씨종자를 전달받아 안정적으로 출발하거나 재살에서 다 털리고 지살에서 맨손으로 힘들게 출발해야 합니다. 또 다른 지살의 특징 하나는 엄마 배속과 같은 丑土 천살에서 사회구성원으로 인정받지 못하다가 탄생하면 세상과 접촉하고 존재를 인정받기에 지살은 <u>존재의 有無를 결정하는 공간</u>입니다. 다만, 천살에서는 엄마가 제공하는 영양분으로 성장했지만 지살부터는 자발적으로 호흡하고 생명을 유지해야 하므로 천살 운을 지나면 국가, 사회, 모친의 도움을 받지 못한다고 하는 것입니다.

1. 六害와 地煞의 관계
지살을 이해하려면 육해에서 지살까지의 시공간흐름을 자세히 살펴야 합니다. 특히 육해와 지살, 화개와 지살, 천살과 지살 조합이 주는 의미를 자세히 살펴야 합니다. 辛酉 씨종자가 亥子丑을 지나는 과정에 재살 子水에서 새 영혼을 얻고 천살 丑土에서 육체와 결합하여 甲寅에서 탄생하기에 지살은 갑자기 하늘에서 떨어진 생명체가 아니라 전생과 이생이 얽히고설키면서 이어진 존재입니다. 먼저 酉金 六害와 寅木 地煞의 관계를 이해하려면 육해, 천살, 지살이 품은 地藏干을 살펴야 합니다.

```
육해  酉金(庚,辛)   - 역마, 육해
천살  丑土(癸辛己) - 재살, 육해
지살  寅木(戊丙甲) - 망신, 지살
```

寅午戌 三合을 기준으로 酉金은 육해, 子水는 재살, 丑土는 천살, 寅木은 지살이기에 천살의 地藏干 재살과 육해가 지살 戊土와 戊癸 합하고 丙火와 丙辛 합하는 방식으로 전생과 이생이 이어집니다. 현대 물리학에서 주장하는 정보 전달과정이 지살의 탄생입니다. 申子辰 三合은 卯木 육해가 辰土 화개에 들어간 후

재살 午火에 破당하는 방식으로 이어지고 천살 未土와 합하여 영혼과 육체가 결합하고 지살 申金과 乙庚으로 암합하여 탄생합니다. 亥卯未 三合은, 午火 육해가 未土 화개에 들어가고 酉金 재살에 破당한 후 천살 戌土와 합하고 지살 亥水와 丁壬으로 합하여 탄생합니다. 巳酉丑 三合은 육해 子水가 화개 丑土에 들어가 재살 卯木에 刑 당하는 방식으로 연결되고 천살 辰土와 합한 후 지살 巳火와 戊癸로 암합하여 탄생합니다. 이처럼 지살이 탄생하려면 반드시 六害 씨종자가 개입되고 전생의 업보를 전달받습니다. 죽음이라는 방식으로 씨종자를 후대에 남겨서 세대를 이어가기에 六害와 地煞이 조합하면 강력한 욕망, 탐욕, 집착, 죽음을 불사한 성욕이 강합니다. 정리하면 아래와 같은 조합입니다.

```
寅午戌 삼합 - 寅酉조합
巳酉丑 삼합 - 巳子조합
申子辰 삼합 - 申卯조합
亥卯未 삼합 - 亥午조합
```

육해와 지살 조합에서 심각한 사건, 문제가 발생하는 이유는 육해의 사망과 지살의 탄생 사이의 인과 때문입니다. 육해는 죽음을 불사한 성욕, 집착을 품었고 지살은 탄생과정에 生死가 교차합니다. 이런 이유로 사주팔자에 육해가 많으면 접대부, 화류계로 빠질 가능성이 높아집니다. 육해가 품은 地藏干이 透干하면 성욕이 강해지고 외도하는데 예로, 申子辰 三合은 卯辰未에 담긴 地藏干 乙木이 透干하거나 刑沖破害로 흔들리면 성욕이 강해지고 결혼, 외도합니다. 지살은 三合을 출발하기 위해서 반드시 육해를 끌어와야 하므로 육해를 향한 욕망이 강할 수밖에 없습니다. 육해도 사망하고 윤회를 출발하려면 반드시 <u>지살을 제</u>

<u>거해야</u> 하므로 殺氣가 강합니다. 특히 酉金 육해와 寅木 지살 조합은 강한 집착과 미움을 동시에 드러내기에 살인, 강도, 학대, 집착, 성욕, 탐욕과 같은 물상을 양산합니다. 酉寅, 卯申, 午亥, 子巳 암합이 오묘한 이유는 사망과 탄생사이에서 갈등하기 때문입니다. 또 강력한 성욕과 집착을 품었기에 표현하기 어려운 심리가 숨어있습니다. 寅木은 酉金을 당겨오고자 강한 집착을 보이지만 酉金 殺氣에 상하기에 이러지도 저러지도 못하는 사이입니다. 결국 지살과 육해는 추구하는 방향이 상반되면서도 얽혀서 헤어나지 못합니다. 지살은 육해를 활용해야 탄생하고 육해는 지살의 출발을 막아야 사망하기에 피할 수도 없고 함께 윤회해야 합니다. 사망을 상징하는 六害가 운에서 透干하거나 地支에 들어오면 일을 그만두거나 일이 꼬이고 심하면 사망할 수도 있습니다. 결국 육해가 원하는 것은 정리하고 쉬어가라는 겁니다.

육해에서 심각한 상황에 몰리면 화장실, 하수구가 터지는 현상으로 경고장을 날립니다. 밖으로 나가지 못하고 출발할 수도 없기에 존재감을 드러내지도 못합니다. 유사한 조합이 지살과 화개로 寅戌, 亥未, 巳丑, 申辰입니다. 또 墓地조합은 巳戌, 寅未, 申丑, 亥辰으로 원진 귀문이라 부르며 모두 답답한 상황을 연출합니다. 지살의 존재에 문제가 발생하는 것으로 巳火가 戌土 墓地에 들어가면 편협한 사고방식으로 집착합니다. 寅년생이 未土에 걸리거나 酉金 육해에 걸려도 유사한 문제가 발생합니다. 사주원국 어디에서라도 寅巳申亥가 墓地와 六害로 연결되면 유사한 특징을 드러냅니다. 의미를 확장하면, 墓地는 사물을 분별하는 판단력이 협소해지고 육해는 조상신에 해당하기에 부모, 형제, 친인척과의 거래는 결합이 잘 되지만 집착, 편협한 사고방식의 문제가 생깁니다. 특히 망신, 육해, 천살 三合 씨종자들 조

합이기에 권력, 이권을 남용하는 문제로 불법을 저지를 수 있습니다. 지살은 먼 길을 출발하는 첫걸음인데 墓地와 六害가 발걸음을 내딛지 못하게 막아버리기에 육체장애가 발생하거나 사망할 수도 있습니다. 결국 이런 조합들은 활동을 중단하고 무리하지 말라는 암시입니다. 지살과 육해는 조합에 따라 다양한 물상으로 발현되는데 卯申은 정신병, 육체가 상하고 酉寅은 살상, 살인의 문제, 午亥는 갑작스런 사망, 子巳는 정신병이 발생할 수 있습니다. 물론 구조에 따라서 관재구설, 교통사고. 화재도 발생하고 근친상간과 같은 문제도 발생합니다. 지살은 어린아이, 육해는 노년이기에 이를 기준으로 다양한 물상들을 추론할 수 있습니다. 지살은 새 건물, 육해는 낡은 건물이고 젊은이와 늙은이가 함께 합니다.

이 문제를 해결하려면 지살을 沖하는 역마가 필요합니다. 예로, 巳火가 戌土 墓地에 들어갔는데 亥水가 沖하면 정지된 상태에서 교통사고가 발생하지만 戌土에서 탈출하는 효과는 있습니다. 寅未 조합은 申金, 申丑조합은 寅木, 亥辰 조합은 巳火가 沖으로 답답한 상황을 해소하지만 불안정한 것은 피하기 어렵습니다. 정리하면, 지살은 새로운 길을 열고 역마는 지살이 막히는 문제를 해결합니다. 또 지살과 육해가 조합하면 답답해지기에 해외, 타향으로 이동해서 막힘을 뚫어야 합니다. 육해는 사망을 상징하기에 현재 공간에서 활동이 어려워 떠날 수밖에 없는 겁니다. 육해나 천살 운을 만나면 해외유학을 많이 가는 이유입니다. 육해를 만나면 관재구설, 배신, 고독, 활동 중단 등으로 답답한데 酉寅 육해와 지살, 丑寅 천살과 지살이 조합하여 이러지도 저러지도 못하는 상황입니다. 巳酉丑 삼합은 子巳와 辰巳로 연결되고 申子辰은 卯申과 未申, 亥卯未는 午亥와 戌亥로 조합합니다. 남녀사이에서 육해가 지살로 연결되기에 첫 눈에 반합니다. 육해가 많으면 화류계로 빠진다고 주장하는 이유는 전생에 만났던 인연처럼 느끼기 때문입니다. 日支에 육해가 있으면 첫눈에 반해서 결혼하는 사례가 많다고 했습니다. 문제는 집착과 살기가 개입되면서 애증의 문제도 발생합니다. 子水가 巳火에 증발되면 정신을 못 차립니다. 卯申은 卯木이 상하고 午火는 亥水 블랙홀로 빨려 들어가 육체와 물질을 빼앗깁니다. 지살의 출발점이 육해이기에 둘 중 하나는 제거되어야 합니다. 육해의 죽음과 지살의 탄생으로 발생하는 필연적인 결과입니다. 辛酉가 甲寅으로 탄생하려면 먼저 사망해야만 가능합니다. 辰巳, 戌亥는 삶과 죽음의 경계로 위험이 도사리지만 시간이 순차적이기에 육해와 지살처럼 으스스한 느낌은 없습니다. 육해와 지살조합 중에서 특히 殺氣가 강한 것은 寅酉입니다. 子巳, 卯申, 午亥도 모두 살기를 품었는데 午亥는 블랙홀에 빠지듯 갑자기 사망하는 사례가 많습니다. 저승사자를 만나 갑자기 사라지는 것입니다.

坤命				陰平 1947년 2월 24일 16:00								
時	日	月	年	87	77	67	57	47	37	27	17	7
壬	甲	癸	丁	壬	辛	庚	己	戊	丁	丙	乙	甲
申	午	卯	亥	子	亥	戌	酉	申	未	午	巳	辰

丙午대운에 남편이 사망했고 현재도 식당에서 고생하고 있습니다. 年支가 亥水 지살이고 日支 午火는 육해로 암합합니다. 중간에 卯木 夾字가 있으나 심각한 조합은 아니지만 재차 卯申으로 암합하기에 午火가 협자로 끼어서 불편한 것은 사실입니다. 문제는 卯木과 午火가 답답해지면 木火의 흐름에 문제가 발생하고 午火 남편이 심장마비, 뇌출혈 혹은 갑작스런 사고로 사망할 수 있습니다. 특히 년간 丁火가 일지 午火와 동일한 오행이

기에 첫 남편을 상징하며 가까이 하기에 너무 멀어서 이혼이나 사별하는 사례가 많습니다. 丙午대운에 천간에서 丙丁이 혼잡하고 日支와 동일한 午火가 亥水와 암합하자 갑자기 남편이 사망했습니다. 겉으로는 크게 흉해보이지 않지만 亥午 지살과 육해로 합하자 남편 사망이라는 심각한 물상을 만들었습니다.

乾命				陰乎 1898년 9월 1일 12:00							
時	日	月	年	88	78	68	58	48	38	28	18	8
甲午	辛亥	壬戌	戊戌	辛未	庚午	己巳	戊辰	丁卯	丙寅	乙丑	甲子	癸亥

하 중기 사례집 예문으로 정식으로 일곱 번 결혼하고 여자들이 스스로 찾아온다는 남자입니다. 일시에 午亥로 합하는데 午火는 장성, 亥水는 겁살입니다. 戊辰대운 60세 즈음에 잡혀서 사형당했는데 바로 사주원국에서 午亥 암합하는 시기였습니다.

乾命				陰乎 1963년 4월 12일 00:00							
時	日	月	年	90	80	70	60	50	40	30	20	10
甲子	戊申	丙辰	癸卯	丁未	戊申	己酉	庚戌	辛亥	壬子	癸丑	甲寅	乙卯

丙辰과 申金이 乙丙庚 三字조합을 이루지만 천간과 지지로 나뉘었습니다. 三字조합은 天干과 地支를 모두 포함하며 대운, 세운에서 乙丙庚 三字로 조합하면 일시에 10억, 백억을 벌어들일 수 있는 에너지입니다. 또 卯木과 申金이 암합하고 丙火가 열매를 확장하기에 능력이 뛰어난 대기업 사장입니다. 일지 申金이 성장한 木氣들을 수확하고 丙火로 확장하기에 재물 복이 두텁습

니다. 이 사주는 왜 卯申의 문제가 발생하지 않았을까요? 卯木이 癸水와 子水에 적절하게 성장하고 卯辰申子로 흐름도 바르기 때문입니다.

坤命				陰平 1966년 2월 2일 00:00							
時	日	月	年	86	76	66	56	46	36	26	16	6
戊子	辛亥	庚寅	丙午	辛巳	壬午	癸未	甲申	乙酉	丙戌	丁亥	戊子	己丑

은행차장인데 25-34세 丁亥대운에 午火의 地藏干 丁火가 透干하여 일지 亥水 겁살과 암합합니다. 丙午는 年에 있기에 가까이 하기에는 너무 먼 남편입니다. 일지 亥水와 복음이 되고 午亥로 암합하자 교사였던 남편이 물에 빠진 학생을 구하려다 사망하고 말았습니다. 午亥 암합의 심각성을 알아차리기 힘들지만 갑자기 사망하는 사례도 많습니다. 남편 입장에서는 丙辛 合하기에 국가, 공직 인연인데 너무 멀리 있기에 함께 하기 힘들고 일지 남편은 傷官, 겁살로 육체, 물질을 상징하는 午火 장성을 합하는 시기에 사망하고 말았습니다.

坤命				陰平 1978년 8월 3일 22:00							
時	日	月	年	89	79	69	59	49	39	29	19	9
丁亥	庚午	庚申	戊午	辛亥	壬子	癸丑	甲寅	乙卯	丙辰	丁巳	戊午	己未

午亥가 日時에 있는데 접대부로 유부남들 아이를 생산했다고 합니다. 亥水 겁살을 활용해서 장성 丁火, 午火를 암합하기에 화류계로 활동했습니다. 육친으로 살피면, 亥水는 이 여인의 자식

으로 겁살의 특징을 가졌고 년지, 일지의 午火와 時干 丁火 배우자와 암합하기에 유부남들에게 아이를 낳아주는 방식으로 한 탕을 노리는 구조가 분명합니다.

坤命				陰平 1981년 2월 26일 19:40								
時	日	月	年	81	71	61	51	41	31	21	11	1
壬戌	戊申	辛卯	辛酉	庚子	己亥	戊戌	丁酉	丙申	乙未	甲午	癸巳	壬辰

미국 플로리다 출생 미인 연구원입니다. 학업 성적이 뛰어났고 여러 방면에 관심이 많고 성격은 까칠하지 않고 원만하고 털털한 편입니다. 30세 甲午대운 庚寅年에 좋은 연구직 직장에 입사했고 미혼입니다. 31세까지의 기록이기에 乙未대운의 상황을 모르지만 巳午未로 흐르는 과정에 날카로운 金氣들이 난동을 부리지 않고 壬水에 풀어지기에 무탈하였습니다. 다만, 결혼하면 일지 배우자 오행과 동일한 글자들이 4개이고 또 남편을 상징하는 십신 卯木이 날카로운 金氣에 상하기에 문제가 발생할 수 있습니다. 연구원으로 활동하는 이유는 강력한 씨종자들의 이치를 壬水에 풀어내려는 욕망이 강하고 글자들 속성이 모두 무겁기 때문입니다.

乾命				陰平 1963년 7월 16일 06:00								
時	日	月	年	89	79	69	59	49	39	29	19	9
丁卯	己酉	庚申	癸卯	辛亥	壬子	癸丑	甲寅	乙卯	丙辰	丁巳	戊午	己未

국문학을 전공하고 교육자로 활동하였습니다. 년과 월에서 卯木

장성과 庚申 겁살이 합하지만 申月이기에 卯木을 수확하는 작용입니다. 대운도 巳午未로 흘러 乙丙庚 三字조합을 이루기에 효율이 높습니다. 다만, 庚申과 酉金은 겁살과 재살로 삼합을 벗어났기에 사고방식이 독특하여 사회성이 뛰어나지 않지만 대운에서 들어온 火氣와 木氣는 적극적으로 사회에 참여하기에 교육자로 활동하였습니다. 다만, 배우자를 상징하는 癸水가 년간에 있고 일지와 동일한 오행이 많아서 결혼생활이 평탄하지 않을 것임을 암시합니다.

乾命				陰平 1945년 8월 13일 20:00								
時	日	月	年	83	73	63	53	43	33	23	13	3
丙	庚	乙	乙	丙	丁	戊	己	庚	辛	壬	癸	甲
戌	寅	酉	酉	子	丑	寅	卯	辰	巳	午	未	申

중국 심양 "3.8"사건의 주범으로 경찰이었습니다. 己卯대운 己卯년 1999년 55세에 20여명을 살해하였습니다. 대운과 세운에서 卯酉戌 三字로 조합하여 殺氣가 강해지자 5명이 작당하여 살인하고 차를 훔쳐 강도짓을 했는데 잡힐 때까지 12년이 걸렸으며 강도와 살인행위를 했던 이유가 먹고 마시고 유흥을 즐기려는 것이었으며 21명을 살인했고 25명이 상해를 당했습니다. 훔친 돈은 약 6억 가까이로 당시의 물가를 감안하면 엄청난 액수였습니다. 사주원국에 두 개의 寅酉조합이 있기에 집착과 성욕, 살기가 강합니다. 특히 己卯대운과 세운에 卯木 재살을 만나자 과감하게 일탈행위를 감행하였습니다. 살해동기가 유흥을 즐기려는 것이었기에 잔인함을 느낄 수 있습니다. 수많은 金氣들이 木氣들을 장난하듯 가지고 노는 것입니다. 경찰로 재직하면서도 저런 행위를 하는 것이 놀라울 뿐입니다.

乾命				陰平 1953년 11월 28일 22:00								
時	日	月	年	88	78	68	58	48	38	28	18	8
癸亥	戊午	甲子	癸巳	乙卯	丙辰	丁巳	戊午	己未	庚申	辛酉	壬戌	癸亥

경신대운에 재무국장에 올라 권력을 잡았습니다. 하지만 己土대운 49세 壬午년에 수뢰혐의로 자리를 잃었습니다. 년과 월에 지살 巳火와 子水 육해가 조합하였는데 천간에 두 개의 癸水 육해가 있고 子午 沖까지 하므로 조합이 좋지 않습니다. 천간에서 癸甲戊 三字로 조합하였지만 水氣가 넉넉하기에 탈은 없습니다. 辛酉, 庚申대운에 子月에 필요한 미네랄을 공급하자 공직자로 크게 발전하였지만 육해의 어두운 그림자를 해결하지 못했습니다. 己未대운에 子水의 흐름이 막히자 탁해졌고 壬午년에 이르자 子水의 地藏干, 亥水의 地藏干 壬水가 透干하여 子午 沖, 午亥로 암합하자 뇌물죄로 낙마하였습니다.

乾命				陰平 1971년 5월 15일 22:00								
時	日	月	年	81	71	61	51	41	31	21	11	1
癸亥	癸亥	甲午	辛亥	乙酉	丙戌	丁亥	戊子	己丑	庚寅	辛卯	壬辰	癸巳

1995년 乙亥년 25세 壬午월 甲戌일에 결혼하였지만 동일한 달 己丑일 乙亥시에 교통사고로 사망했습니다. 년과 월에서 지살과 육해가 午亥 암합하고 있습니다. 문제는 일과 시에서도 午火를 암합하기에 午火의 상황이 심각합니다. 육체와 물질을 생산하는 중력에너지 丁火, 午火가 상하면 문제가 발생합니다. 일지 亥水와 동일한 五行이 5개나 있기에 평탄한 결혼생활은 기대하기

어렵고 배우자를 상징하는 午火 財星이 月支에 있지만 블랙홀과 같은 亥水에 들어오는 것을 꺼리기에 결혼생활의 불행을 암시합니다. 乙亥년에 이르러 일지 亥水가 午火를 블랙홀로 빨아들이는데 마침 壬午월에 午亥 암합하자 결혼 한 달을 넘기지 못하고 사망하고 말았습니다. 결국 일지 亥水 배우자는 저승사자와 같은 작용을 한 것입니다.

坤命				陰平 1983년 5월 13일 10:00								
時	日	月	年	84	74	64	54	44	34	24	14	4
乙	壬	戊	癸	丁	丙	乙	甲	癸	壬	辛	庚	己
巳	午	午	亥	卯	寅	丑	子	亥	戌	酉	申	未

丙寅년 1986년 甲午월 4세에 교통사고로 사망하였습니다. 년과 월에서 午亥 암합하는데 午火는 사망을 상징하는 六害이기에 문제가 발생할 수 있습니다. 다행히 저승사자를 상징하는 申酉戌은 없지만 육해 午火를 합하려는 癸亥와 壬水가 혼잡하고 午火의 地藏干이 투간한 丙寅년과 亥水의 地藏干 甲木이 투간한 甲午월에 午亥암합을 이루자 교통사고로 사망했습니다.

乾命				陰平 1983년 10월 10일 02:00								
時	日	月	年	82	72	62	52	42	32	22	12	2
己	丙	癸	癸	甲	乙	丙	丁	戊	己	庚	辛	壬
丑	午	亥	亥	寅	卯	辰	巳	午	未	申	酉	戌

어릴 때부터 죽을 뻔 한 경험도 많고 일이 풀리지 않아서 문제가 많았습니다. 木火가 들어오는 세운도 좋은 적이 없었습니다. 부친은 재혼하였는데 허리를 다치고 교통사고 등 사건, 사고가

많이 발생합니다. 본인도 사고가 발생하는 경우가 많았고 부친을 도와주면서 월급 받지만 장사가 갑자기 어려워져 월급도 밀리면서 불편해졌습니다. 회사에 다닐 때는 대기업과 연결되어 발전할 수 있었음에도 실패하고 회사가 망했습니다. 그 후 건강이 급격히 나빠져 부친을 돕고 있습니다. 왜 주위는 물론이고 회사까지 불편한 상황에 처할까요? 사주원국에서 亥水 지살과 午火 육해가 암합하는데 癸亥가 지나치게 많아서 午火를 블랙홀로 빨려들게 만듭니다. 따라서 자신의 육체, 재물을 강탈하는 宮位가 년주와 월주이기에 사회활동이 어렵고 부친을 돕자 부친의 일도 풀리지 않습니다. 사주원국 구조의 문제로 부친과 떨어져 살아야함에도 함께 일하기에 불편한 일들이 발생합니다. 午亥로 암합하면 블랙홀로 빨려 들어가듯 갑작스러운 사건, 사고가 많습니다. 만약 운에서 甲寅이 들어오면 통관용신으로 좋은 작용을 할 것처럼 보이지만 亥水의 地藏干 甲木이 透干하여 午亥 암합하기에 불편한 일들이 발생합니다.

坤命				陰平 1942년 3월 14일 22:00								
時	日	月	年	88	78	68	58	48	38	28	18	8
己	辛	甲	壬	乙	丙	丁	戊	己	庚	辛	壬	癸
亥	亥	辰	午	未	申	酉	戌	亥	子	丑	寅	卯

남편이 辛丑대운 壬子년 사고를 당했고 불구가 되었습니다. 위 사주들과 유사한 구조입니다. 년지 午火 장성과 겁살 亥水가 午亥 암합을 세 번 하므로 상할 수밖에 없습니다. 일지 亥水는 배우자인데 복음이고 壬水까지 있으니 여러 번 결혼하는 구조가 분명합니다. 특히 남편을 상징하는 十神 午火는 年支에 있기에 가까이하기 힘들고 블랙홀과 같은 일지 亥水에 들어오는 것을

꺼리면서도 암합의 얽힘에서 벗어나지 못하고 불구가 되었습니다. 辛金일간 여성은 사주팔자에 壬水나 癸水가 많을수록 남편이 불행해집니다. 남편이 불구가 된 것은 표면적으로는 남편의 문제이지만 결국 일간이 감당해야할 업보와 같습니다.

坤命				陰平 1971년 8월 24일 04:00							
時	日	月	年	89	79	69	59	49	39	29	19	9
戊寅	庚午	戊戌	辛亥	丁未	丙午	乙巳	甲辰	癸卯	壬寅	辛丑	庚子	己亥

선천적으로 아기를 낳을 수 없고 세 번 결혼했지만 첫 남편은 교통사고로 사망했고 둘째 남편은 탄광에서 목숨을 잃고 셋째 남편은 장애인이며 매우 가난합니다. 도대체 무슨 이유로 남편들이 모두 죽어나갈까요? 표면적으로는 이상한 점이 보이지 않습니다만 亥水 지살과 육해 午火가 암합하여 日支 배우자가 年支로 나가버리는데 그 위에 辛金이 있으니 다른 여인이 남편을 강탈하는 구조가 분명합니다. 또 다른 요인으로는 사주원국에 印星 戊土가 세 개나 됩니다. 여성의 사주팔자에서 印星은 여인의 성욕은 물론이고 남성들이 여인을 향한 성욕을 암시하기에 외도, 이혼사례가 많습니다.

坤命				陰平 1986년 2월 19일 00:00							
時	日	月	年	87	77	67	57	47	37	27	17	7
庚子	壬申	辛卯	丙寅	壬午	癸未	甲申	乙酉	丙戌	丁亥	戊子	己丑	庚寅

레이디 가가 사주구조에서 그녀가 겪었던 성폭행, 만성 근육통

의 문제에 대해 살펴보겠습니다. 과거에 사주구조를 분석하는 방법으로 살피면, 月支 卯木에 천간에 드러난 것이 없으니 傷官格인데 金氣에 둘러싸여 印星이 강하고 子水 양인까지 있으니 신강한 사주라고 판단합니다. 균형을 맞추려면 官星으로 일간을 극하거나 食傷으로 설기해야 합니다. 조후 용신은 丙火인데 年干에 있습니다. 하지만 이런 분석방법으로는 실제로 발생한 사건, 현상들을 설명하지 못합니다. 사주구조를 분석한다는 의미는 사주원국에 결정된 구조, 조합, 관계, 시간방향을 살피는 겁니다. 예로, 년과 월에 丙辛 合이 있으니 그 의미와 물상을 고민해야 합니다. 월과 일에서 卯申 암합하는 이유와 물상이 무엇인지 고민해야 합니다.

丙卯申, 丙卯庚으로 乙庚 合하고 丙火로 열매를 확장하기에 재물 복이 좋습니다만 卯申암합으로 卯木의 움직임이 답답합니다. 월주 辛卯는 辛金이 卯木을 찍기에 卯木의 움직임이 답답해지면 피의 흐름에 문제가 발생할 수 있습니다. 년과 월에 寅卯가 있기에 순수하지만 38세 즈음에 申金으로 수확하기에 卯木과 申金과 庚金이 乙庚 合하고 年干 丙火가 열매를 확장합니다. 년과 월의 丙辛 合은 종교, 명리, 철학 물상이며 부모의 애정이 좋지 않고 인연이 박합니다. 년지 寅午戌 三合을 기준으로 壬子가 저승사자이기에 사고방식, 행동방식이 독특합니다. 火金水 조합은 공명작용을 활용하여 아름다운 소리를 내기에 가수로 활동하고 卯申 合을 작곡으로 활용합니다. 이런 방식이 사주구조를 분석하는 행위이며 대운과 세운에서 어떤 물형을 결정하는지 읽어내야 합니다. 예로, 일지 申金의 시기 38세에서 45세 사이에는 卯木이 암합으로 묶여서 답답해집니다. 월주 16세에서 23세 사이에도 辛金이 卯木을 찌르기에 답답합니다. 년월의 丙辛 合으로 부모와 떨어져 살거나 사고방식이 굉장히 독특하여 부모와 전혀 다른 성향을 가졌다고 읽고서 대운, 세운을 살핍니다. 대운이 庚寅, 己丑, 戊子로 흐르고 세운을 살펴서 상응하는 의미와 물상을 읽어내야 합니다. 레이디 가가에게 실제로 발생했던 일들을 살펴보겠습니다.

己丑대운 乙酉년에 성폭행 당했다.
己丑대운은 正官 운이기에 공직, 관직, 직장 운운해도 무의미합니다. 己丑은 사주원국 卯木과 조합하여 卯木을 응결시키고 乙酉년에 傷官見官이라 표현하는 운을 만납니다. 乙木이 己土를 공격해서 상한다는 의미를 표현하였지만 현실에서는 壬水가 己土에게 강제적으로 당했습니다. 이런 반작용의 이치를 이해해야 傷官이 正官을 공격하면 무조건 正官이 상한다는 오해에서 벗어납니다. 왜 하필 乙木이 드러난 乙酉년에 문제가 발생했을까요? 대운에서 卯丑으로 조합하고 있다가 卯의 地藏干 乙木이 透干하여 응결된 문제의 물상을 결정하기 때문입니다. 즉, 壬水의 움직임을 결정하는 卯木이 己丑에 응결되어 옴짝달싹 못하다가 乙酉년에 透干하여 그 물상을 결정한 것인데 그렇게 만든 당사자는 바로 도둑, 강도와 같은 己丑 남자이며 세운의 酉金까지 합세하여 卯木을 沖으로 위협했습니다. 만약 생극 논리로 살피면 乙木이 己土를 공격하기에 己土 남자, 남편은 일간으로부터 멀어져야 함에도 불구하지만 오히려 壬水를 공격했습니다.

무엇을 오해한 것일까요? 바로 "<u>尅하면 멀어진다</u>"는 논리를 합리적인 것으로 인식합니다. 관점을 바꾸면, 방탕, 방랑을 상징하는 壬乙이 己土를 자극합니다. 남녀 관계는 반드시 접촉해야 이루어지며 접촉하지 않으면 아무런 일도 발생하지 않습니다. 이처럼 尅은 무조건 멀어지는 작용이라고 판단하지 않아야 합니다. 傷官見官의 움직임을 "접촉하다"로 읽어야 비로소 성폭행 상황을 이해합니다.

남자와 접촉하는 사건이 발생한 이유는?
원하던 원하지 않던 壬乙조합의 시간이 도래하면 자신도 모르게 방탕의 에너지를 발산하고 己土 남자는 여성의 끼에 대해서 다양하게 반응합니다.

첫째, 여인이 남성을 유혹한다고 느낍니다.
둘째, 남자를 도발, 공격한다고 느낍니다.
셋째, 나를 공격하였기에 보복하려는 심리가 동합니다.

己丑대운 乙酉년에 느끼는 己丑의 입장은 乙木이 己丑에게 도발했다고 느끼고 난폭해지면서 폭행하였습니다. 이런 반작용의 이치를 이해해야 합니다. 乙木이 己土를 극해서 도망간다고 판단하지만 실제로 발생한 상황과 다릅니다. 남자를 공격한다고 느끼고 보복심리가 동해서 구타, 폭행하는 현상도 유사한 반응입니다. 20세 연상의 프로듀서에게 성폭행 당하고 정신착란에 빠졌다고 합니다.

정신착란, 만성통증 섬유근육통
정신착란은 辛卯와 乙酉로 피가 적절하게 돌지 않기에 丙火로 가는 피가 막히면서 정신질환이 발생합니다. 특히 己丑대운에는 卯丑으로 정신병에 걸리기 쉽습니다. 사주원국에서 辛卯로 卯木이 상하고 己丑대운에 卯丑으로 辛金과 丑土가 강압적으로 卯木을 억압하자 生氣가 상하면서 丙火로 가는 피의 흐름이 막히자 정신착란, 만성통증으로 고생했으며 근육통도 유사한 이치입니다. 피가 적절하게 회전하지 않기에 움직임이 불편해지는 겁니다. 壬子가 辛金의 날카로움을 완화하기에 사망하지는 않았습니다만 살기가 강했다면 단명할 수도 있었습니다.

乾命				陰平 1915년 10월 17일 08:00								
時	日	月	年	84	74	64	54	44	34	24	14	4
丙辰	戊午	丁亥	乙卯	戊寅	己卯	庚辰	辛巳	壬午	癸未	甲申	乙酉	丙戌

84세 상황으로 부유한 가정에서 출생하여 초년에 교직 생활하였고 84세 당시까지 평생 흉함이 없었고 부모의 유산으로 풍족하게 살았습니다. 사주원국에는 金氣가 전혀 없기에 殺氣, 물질추구 욕망도 약하며 오로지 木의 성장을 촉진하는데 목적을 두기에 교직 생활하였고 평생 순탄하였습니다. 비록 월과 일에 午亥 암합이 있어도 사주전체의 조합이 탁하지 않기에 탈이 없었습니다. 이처럼 午亥 암합은 무조건 흉한 것이 아닙니다.

坤命				陰平 1971년 5월 21일 08:00								
時	日	月	年	88	78	68	58	48	38	28	18	8
戊辰	己巳	甲午	辛亥	癸卯	壬寅	辛丑	庚子	己亥	戊戌	丁酉	丙申	乙未

46세 2016년 丙申년 상황입니다. 40세 초반부터 남편이 사람들을 믿고서 돈을 끌어다 일을 벌였는데 모두 사기였고 돈을 뜯겼습니다. 친구들이 미심쩍어 충고를 해도 타박하더니 결국 사기 당했습니다. 이 여인이 직접 대출 받아서 남편에게 제공한 돈인데 남편은 여전히 정신 못 차리고 돈을 끌어오라고 독촉합니다. 최근에도 친정 엄마에게 돈을 빌려서 빚 갚는데 썼으며 이혼을 고려중입니다. 사주원국 년과 월에 午亥로 조합하는데 戊戌대운

이 오면 일지 巳火의 地藏干 戊土, 辰土의 地藏干 戊土가 透干하여 반응합니다. 己巳가 戊戌과 조합하면 시기, 질투, 경쟁, 도박, 투기, 한탕 심리가 반응합니다. 사주원국에서 己巳와 戊辰이 조합하기에 더욱 명확합니다. 문제는 己土가 소유한 巳火가 대운 戊土 墓地를 향하기에 이 여인이 품은 재산이 타인에게 이동합니다. 일지는 배우자이기에 그 행위의 주체는 남편이며 사기 당한 원인에 해당합니다. 사주원국 地支에 있는 亥水는 辰土 墓地를 향하는 과정에 夾字 午火와 암합하여 증발하고 일지 巳火와 沖한 후에서야 비로소 辰土 墓地에 담기니 돈은 사라지고 남편과 관계가 틀어지고 戊辰 경쟁자 좋은 일만 시키고 말았습니다.

乾命				陰平 1971년 2월 16일 06:00							
時	日	月	年	81	71	61	51	41	31	21	11	1
辛卯	丙申	辛卯	辛亥	壬午	癸未	甲申	乙酉	丙戌	丁亥	戊子	己丑	庚寅

丙戌대운 45세 2015년 乙未년 상황입니다. 무역회사에 다니므로 외국출장을 자주 다닙니다. 가정에 충실하고 배우자에게 잘하는데 아이 둘을 낳은 후에는 출장을 다녀올 때마다 부인의 일상을 확인하고 출장을 안가면 하루에 서너 번씩 전화해서 따지는 바람에 부인이 우울증에 걸려 약까지 먹었습니다. 부인은 결혼 전이나 후에도 남편 외에는 남자를 만난 적이 없는데 의처증으로 이혼할지 고민하지만 아이들을 걱정합니다. 일반적으로 일지와 동일한 오행이 많으면 본인이나 배우자가 성욕이 강해서 외도하거나 여러 번 결혼할 수 있는데 이 구조도 일지 申金과 동일한 오행인 辛金이 세 개나 있습니다. 문제는 일간 丙火가

세 개의 辛金과 합하는데 마침 부인을 상징하기에 여러 개의 부인을 동시에 바라보는 환상에 빠집니다. 특히 일지 申金의 시기에 이르면 卯申으로 암합하여 卯木의 움직임이 느려지면서 丙火로 가는 피가 막히기에 의처증으로 발현되었습니다. 특히 丙戌대운 乙未년에 亥卯未 三合하고 戌未 刑하기에 피의 흐름이 불안정해지면서 일종의 정신질환이 발생한 것입니다.

乾命				陰平 1956년 2월 18일 16:00								
時	日	月	年	82	72	62	52	42	32	22	12	2
甲申	乙未	辛卯	丙申	庚子	己亥	戊戌	丁酉	丙申	乙未	甲午	癸巳	壬辰

乙未대운 壬申년 37세에 페인트상회를 운영하였는데 어음이 부도나 큰 피해를 입었습니다. 사주원국에 지살과 육해 卯申이 암합하고 未土와 申金도 乙庚 암합하다 乙未대운에 모든 乙木이 투간하여 申金을 향하는데 하필 申金 위에 甲木이 있기에 나의 소유물이 甲木에게 가버립니다. 특히 月干 辛金은 乙木의 움직임을 극도로 불편하게 만들기에 어음 부도로 큰 피해를 입었습니다. 이 구조는 피의 흐름이 아니라 돈의 흐름이 막히는 물상으로 발현되었습니다.

乾命				陰平 1987년 6월 25일 08:00								
時	日	月	年	83	73	63	53	43	33	23	13	3
庚辰	庚子	戊申	丁卯	己亥	庚子	辛丑	壬寅	癸卯	甲辰	乙巳	丙午	丁未

14세에 모친을 따라 제지공장에서 놀다 부주의로 오른팔이 기계

속으로 빨려 들어가 반쯤 절단되어 평생 장애자가 되었습니다. 년과 월에서 卯申으로 합하는데 申金이 겁살이고 두 개의 庚金도 겁살이기에 卯木을 강탈하는 힘이 강력합니다. 丙午대운에 申子辰 三合과 子午 沖해서 흉한데 庚辰년 14세에 월지 申金의 地藏干 庚金이 透干하여 재차 卯申 합으로 卯木이 상하자 불행한 일이 발생하였습니다.

坤命				陰平 1942년 7월 7일 22:00								
時	日	月	年	83	73	63	53	43	33	23	13	3
癸	癸	戊	壬	己	庚	辛	壬	癸	甲	乙	丙	丁
亥	卯	申	午	亥	子	丑	寅	卯	辰	巳	午	未

비구니 스님입니다. 묘한 점은 午亥 암합 사이에 卯申 암합이 夾字로 비틀립니다. 또 午年을 기준으로 寅午戌 三合을 벗어난 亥子丑, 壬癸, 겁살과 재살 저승사자가 너무 많습니다. 위에서 살펴본 것처럼 午火가 상하면 순식간에 블랙홀로 빨려 들어가듯 사망할 수 있는데 스님으로 무탈합니다. 午火에 상응하는 물질, 육체를 포기하고 종교에 귀의하기에 탈이 없는 겁니다.

坤命				陰平 1983년 3월 12일 16:00								
時	日	月	年	84	74	64	54	44	34	24	14	4
戊	壬	丙	癸	乙	甲	癸	壬	辛	庚	己	戊	丁
申	午	辰	亥	丑	子	亥	戌	酉	申	未	午	巳

戊午대운 17세 己卯년에 10년 연상의 남자와 동거하고 20세에 이별한 후 화류계에서 활동하였습니다. 地支에서 午亥가 암합하는데 중간에 辰土가 亥水를 묘지에 담습니다. 壬水와 亥水는 동

일한 오행이기에 남자, 남편으로 읽을 수 없지만 그 위에 癸水가 있고 時干 戊土와 합하기에 戊土 남자는 癸水와 합하면서도 壬水를 활용하는 유부남이고 이 여인은 戊土로부터 夾字 丙火를 취할 수 있습니다. 戊午대운에 이르면 사주원국 구조대로 戊癸 합하기에 戊土 유부남이 壬水와 가까워지고 丙火의 맛을 깨달았으며 午火 일지 배우자와 자연스럽게 午亥 암합하여 戊土를 끌어옵니다. 己卯년에 이르자 午火의 地藏干 己土가 透干하여 午亥암합이 이루어지자 연상의 남자와 동거를 시작했습니다.

乾命				陰平 1927년 11월 28일 16:00								
時	日	月	年	84	74	64	54	44	34	24	14	4
壬	己	壬	丁	癸	甲	乙	丙	丁	戊	己	庚	辛
申	丑	子	卯	卯	辰	巳	午	未	申	酉	戌	亥

미국인이며 화학엔지니어로 戊申대운 1968년 42세 戊申년 6월 15일 작업 중에 감전사하였습니다. 독일인 부인과 결혼하였고 1964년과 1966년에 두 아들을 낳았습니다. 년과 시에서 丁壬 합하고 卯申 암합과정에 子丑이 夾字로 끼어서 卯木이 申金에 이르려면 반드시 子水와 丑土를 지나면서 응결되기에 生氣가 상할 수밖에 없습니다. 戊申대운, 戊申년에 卯申이 암합하는 해에 감전으로 사망하였습니다.

坤命				陰平 1946년 2월 8일 08:00								
時	日	月	年	81	71	61	51	41	31	21	11	1
戊	甲	辛	丙	壬	癸	甲	乙	丙	丁	戊	己	庚
辰	申	卯	戌	午	未	申	酉	戌	亥	子	丑	寅

친정 덕은 있으나 욕심이 많고 남편을 무시하고 마음대로 하니 성격이 고약합니다. 자식에게는 조금 양보하지만 아무도 이길 수 없습니다. 부부싸움 할 때 남편이 한 대 때리면 부인은 벽돌로 때리고 도망갑니다. 이혼하지 않고 사는 이유가 궁금할 정도입니다. 월과 일에서 卯申으로 암합하기에 부모 궁에 있는 卯木을 일지 申金이 취해서 친정 덕이 있지만 욕심이 많습니다. 년의 丙戌과 시의 戊辰이 辰戌 沖하는데 卯申이 夾字로 끼어서 호전적이며 기이한 성격을 양산하였습니다. 다투면서도 이혼하지 않는 이유는 卯申 암합의 집착 때문입니다.

乾命				陰平 1953년 1월 25일 08:00								
時	日	月	年	81	71	61	51	41	31	21	11	1
庚	庚	乙	癸	丙	丁	戊	己	庚	辛	壬	癸	甲
辰	申	卯	巳	午	未	申	酉	戌	亥	子	丑	寅

중학교 체육교사로 壬子대운 1980년 28세 庚申년 11월 중학교 1학년이었던 제자 이 윤상을 유괴, 살해하였습니다. 1981년 辛酉년 11월에 범행이 탄로나 구속되고 1983년 31세 癸亥년 7월 9일에 장기를 기증하고 사형이 집행되었습니다. 교사였음에도 잔인한 행위를 저지른 이유는 무엇일까요? 사주원국의 卯申 암합으로 집착과 살기, 애증이 있습니다. 巳年을 기준으로 乙卯는 災煞이기에 일탈욕망이 강한데 사주원국 구조가 乙丙庚 三字로 효율적으로 활용하기에 교사로 근무하였지만 壬子대운에 庚金이 庚壬 조합으로 방탕, 일탈행위를 과감하게 실행하는 과정에 卯木이 응결되고 상할 수밖에 없습니다. 특히 申子辰 三合하고 子卯 刑하기에 申子辰의 조폭, 어둠, 강도, 살인, 성욕과 같은 물상이 개입되는 운이었습니다. 子水는 子巳로 조합하기에 卯申과

함께 지살과 육해로 강력한 성욕, 살기, 집착을 드러냈습니다. 庚申년에 사주원국 구조대로 卯申 합하자 살인을 저질렀습니다.

乾命				陰平 1932년 2월 22일 12:00								
時	日	月	年	82	72	62	52	42	32	22	12	2
戊	戊	癸	壬	壬	辛	庚	己	戊	丁	丙	乙	甲
午	子	卯	申	子	亥	戌	酉	申	未	午	巳	辰

火대운에 염색공장을 운영하여 700억을 축적하였습니다. 하지만 申대운에 세 번째 부인 때문에 파재하고 성 불구자가 되었습니다. 년과 월에서 卯申으로 암합하고 子卯 刑하고 子午 沖하니 복잡합니다. 젊어서 대운이 강력한 火氣 겁살, 재살, 천살로 흐를 때 卯申열매를 乙丙庚 三字로 확장하여 700억 부를 축적하였습니다. 일지 子水는 배우자인데 년과 월에도 壬癸가 있으며 申子로 합하기에 인연이 복잡합니다. 특히 세 번째 부인 子水가 子午 沖하자 육체와 물질을 생산하는 午火가 상하고 파재하고 성적 불구자가 되었습니다. 이 구조의 卯申암합은 젊어서 엄청난 부를 축적할 원동력으로 작용하였지만 子卯 刑으로 문란한 성욕과 파재의 원인이 되었습니다.

乾命				陰平 1977년 1월 27일 12:00								
時	日	月	年	83	73	63	53	43	33	23	13	3
丙	壬	癸	丁	甲	乙	丙	丁	戊	己	庚	辛	壬
午	申	卯	巳	午	未	申	酉	戌	亥	子	丑	寅

수년간 2차에서 낙방했지만 庚子대운 2007년 30세 丁亥年에 사법고시에 합격하였습니다. 월과 일에서 卯申이 암합하는데 丁巳

와 丙午가 열매를 확장하기에 쓰임이 좋습니다. 월주 癸卯의 시기에 경쟁자 癸水가 卯木의 성장을 촉진하기에 계속 경쟁에서 밀리다 30세 丁亥년에 壬水가 시절을 만나서 시험에 합격하였습니다. 특히 癸水가 기른 卯木을 壬水가 申金을 활용하여 日支로 끌어오기에 30대 이후에는 경쟁에서 승리하는 구조입니다. 이 구조에서 卯申 合은 목표에 대한 집념입니다.

坤命				陰平 1948년 7월 18일 18:00								
時	日	月	年	84	74	64	54	44	34	24	14	4
癸	己	庚	戊	辛	壬	癸	甲	乙	丙	丁	戊	己
酉	卯	申	子	亥	子	丑	寅	卯	辰	巳	午	未

乙卯대운 辛巳年에 남편이 간암으로 사망하였습니다. 월과 일에서 卯申이 암합하고 卯酉 沖하니 남편이 生氣를 잃었습니다. 사주원국 구조대로 일지 卯木의 地藏干 乙木이 투간하는 乙卯대운 그리고 酉金이 투간하는 辛巳년에 卯酉 沖하자 남편이 사망하고 말았습니다. 이 구조의 卯申 암합은 배우자 卯木 生氣를 무력하게 만드는 작용인데 酉金의 沖까지 개입되자 남편이 단명하였습니다.

乾命				陰平 1971년 5월 24일 00:00								
時	日	月	年	83	73	63	53	43	33	23	13	3
庚	壬	甲	辛	乙	丙	丁	戊	己	庚	辛	壬	癸
子	申	午	亥	酉	戌	亥	子	丑	寅	卯	辰	巳

소방대원이었는데 辛卯대운 1994년 24세 甲戌년에 교통사고로 사망하였습니다. 년과 월에서 午亥가 암합하고 있습니다. 문제

는 子水까지 가세하여 午火 육해를 沖하고 일간도 壬水이기에 많은 水氣들이 달려들어 중력에너지 午火를 제거합니다. 辛卯대운에 卯申 암합하고 子卯 刑으로 卯木 生氣가 상하는데 甲戌년에 亥의 地藏干 甲木이 透干하여 午亥 암합하자 교통사고로 사망하였습니다. 사주원국 구조대로 午火가 亥水와 子水에 상하는 시기였습니다. 특히 亥年을 기준으로 辛, 庚申은 모두 겁살과 재살에 해당하는데 辛卯대운의 辛金은 재살, 甲戌년의 戌土는 천살이었습니다. 이처럼 사주원국과 운에서 저승사자와 같은 겁살, 재살, 천살이 겹치면 단명 사례가 많습니다.

乾命				陰平 1988년 1월 9일 08:00								
時	日	月	年	83	73	63	53	43	33	23	13	3
壬	辛	甲	戊	癸	壬	辛	庚	己	戊	丁	丙	乙
辰	亥	寅	辰	亥	戌	酉	申	未	午	巳	辰	卯

丁巳대운 丁酉년 31세에 사기 당했고 직장도 그만두었으며 사귀던 여자에게 배신당했으니 생애 최악의 해였습니다. 사주원국에는 특별한 문제가 보이지 않지만 甲寅월에 필요한 水氣가 없으니 甲寅이 戊土를 상하게 만듭니다. 丁巳대운에 甲寅과 寅巳 刑하기에 사회 宮位가 불편해집니다. 丁酉년에 월지 寅木과 寅酉로 조합하자 이상한 현상들이 동시에 발생하였는데 그 원인은 바로 寅酉의 집착과 살기 때문에 관계들이 비틀리고 불편한 일들이 발생하였습니다. 또 酉亥辰 三字로 辰土 속의 乙木이 응결되면서 묘한 집착과 편집증세로 주위와의 관계를 망쳤습니다.

乾命				陰平 1952년 11월 6일 18:00								
時	日	月	年	85	75	65	55	45	35	25	15	5
己酉	壬寅	壬子	壬辰	辛酉	庚申	己未	戊午	丁巳	丙辰	乙卯	甲寅	癸丑

丁巳대운 2005년 乙酉년에 울화통 터지는 일이 있어 체중이 4킬로나 빠졌습니다. 대수롭지 않은 일로 30년 이상 다니던 직장에서 구설수에 올라 좌천당할 상황에 처했는데 너무 억울해서 사표를 쓰고 싶은 심정입니다. 54세는 사주원국 時支 酉金을 지나는데 일과 시에서 寅酉로 조합하기에 불편합니다. 丁巳대운의 막바지로 巳火와 寅巳 刑도 좋지 않은데 乙酉년에 寅酉로 조합하자 억울한 일이 발생하였습니다. 위 사주도 寅酉로 사기, 사퇴, 배신 문제가 발생했고 이 사주도 유사한 상황입니다.

乾命				陰平 1986년 8월 13일 18:00								
時	日	月	年	87	77	67	57	47	37	27	17	7
辛酉	癸亥	丁酉	丙寅	丙午	乙巳	甲辰	癸卯	壬寅	辛丑	庚子	己亥	戊戌

미국인으로 戊戌과 己亥대운 교접기 癸未년 2003년 4월 11일 20시 경 아이스크림 상점에 가려고 친구 차를 타고 약 반마일 주행 후 친구가 운전미숙으로 오크나무 사이로 차를 밀어 넣어 샌드위치가 되었고 병원으로 이송되었으나 사망하고 말았습니다. 寅酉조합이 년과 월에 있기에 그 문제가 어린 나이에 발생할 수 있습니다. 사주원국에서는 일주 癸亥가 火氣를 가득 머금은 酉金을 풀어내기에 寅酉조합의 殺氣가 날카롭지 않은데 癸未년에 未土가 亥水의 흐름을 막으면 丙丁에 자극받은 酉金이

적절하게 풀어지지 못하고 寅木을 막아서기에 丙丁으로 가는 피의 흐름이 막히고 심장마비, 뇌출혈과 같은 문제가 발생하기에 교통사고로 급사하였습니다.

乾命				陰平 1957년 11월 12일 22:00								
時	日	月	年	88	78	68	58	48	38	28	18	8
癸亥	戊寅	壬子	丁酉	癸卯	甲辰	乙巳	丙午	丁未	戊申	己酉	庚戌	辛亥

庚戌대운 1981년 辛酉년 7세 소녀를 유괴하여 강간한 죄로 교도소에 수감되고 1991년에 풀려났습니다. 93년 7월 살인을 저질렀고 7월 31일에 총으로 자살하였습니다. 사주원국에 특별한 문제가 보이지 않지만 년과 일에 酉金과 寅木이 있습니다. 또 酉年을 기준으로 강력한 성욕을 상징하는 육해 子水와 癸水가 월지와 시간에 있고 日干과 합합니다. 庚戌대운에 년지 酉金의 地藏干 庚金이 透干하여 酉子 破하고 寅酉로 반응할 것임을 암시합니다. 辛酉년에 재차 寅酉로 조합하고 씨종자 辛酉를 壬子에 풀어내려는 욕망으로 성욕이 강해지자 7세 소녀를 괴롭히는 만행을 저질렀습니다. 일반인들은 이해하기 어려운 행동을 하는 것은 육해와 寅酉의 살기 때문입니다.

乾命				陰平 1963년 8월 3일 10:00								
時	日	月	年	83	73	63	53	43	33	23	13	3
癸巳	丙寅	辛酉	癸卯	壬子	癸丑	甲寅	乙卯	丙辰	丁巳	戊午	己未	庚申

농민출신으로 채소를 길러 생계를 꾸렸으며 평생 고생해도 빈곤

을 벗어나지 못했습니다. 아들은 뇌막염 후유증으로 바보입니다. 월과 일에서 寅酉로 殺氣가 있으며 寅巳 刑하자 자식에게 문제가 발생하였습니다. 특히 癸卯와 辛酉조합도 殺氣가 강해서 주위 친인척들이 죽어나갑니다. 사주원국에서 木과 金이 다투니 평생을 힘들게 살아갑니다.

乾命				陰平 1972년 4월 23일 08:00							
時	日	月	年	81	71	61	51	41	31	21	11
壬	丙	乙	壬	甲	癸	壬	辛	庚	己	戊	丁	丙
辰	寅	巳	子	寅	丑	子	亥	戌	酉	申	未	午

중국인으로 戊申대운 癸酉년에 강간, 살인죄로 사형 당했습니다. 壬子년과 乙巳조합에 문제가 없어 보이지만 壬, 乙巳조합은 불법, 비리, 한탕, 방탕 물상이라고 했습니다. 壬乙을 간지로 바꾸면 乙亥로 허허바다에 떠있는 겨자씨처럼 방황하기에 해외물상입니다. 子年을 기준으로 乙木은 죽음을 불사한 성욕을 상징하는 六害로 씨종자를 이어가려는 생명체의 본능입니다. 十神으로 살피면, 乙木은 일간 丙火의 正印이기에 학력, 인성, 자격, 문서와 같은 것이라고 이해합니다. 결국 신살 六害와 十神 正印 사이에는 타협하기 없는 차이가 존재합니다. 만약 신살을 학습하지 않으면 印星으로 살인을 저질렀다고 주장할 수 없기에 다른 요인 예로, 偏官을 찾지만 통변에 한계가 있습니다. 특히 子年을 기준으로 申子辰 三合을 벗어난 巳午未는 겁살, 재살, 천살로 저승사자처럼 일탈을 즐기는데 특히 겁살은 타인의 재산과 육체를 빼앗는 강탈행위를 할 수 있습니다. 이런 관찰이 어려운 이유는 일간이 사주팔자 주인공이라는 인식 때문이며 丙火일간을 기준으로 乙木은 正印이요 巳火는 건록이기에 丙巳가 얼마

나 난폭한 행동을 할 수 있는지 상상하지 못합니다. 특히 巳火는 일지 寅木과 寅巳 刑하기에 生氣를 제거하는 잔인한 면이 있습니다. 戊申대운에 巳火의 地藏干 戊土가 透干하였기에 겁살로 寅巳 刑할 것임을 암시합니다. 天干에서는 乙戊가 조합하여 巳月에 마구 뛰어놀고 싶은 욕망이 생기지만 地支에서는 申子辰 三合으로 일탈, 방탕, 방랑, 도둑, 강도 물상이 발현되고 夾字로 끼어있던 寅巳 刑이 더욱 밀착하여 殺氣가 강해졌습니다. 寅巳申 三刑까지 복잡하게 얽히고 대운 10년 동안 세운에서 상응하는 물상을 발현시킵니다.

十神으로 분석하면, 戊土가 壬子를 食神制殺, 혹은 제살태과라고 통변하지만 왜 강간하고 왜 살인하는지 설명할 방법이 없습니다. 癸酉년이 오면 월간에서 乙癸戊 三字가 巳月에 짝짓기로 씨종자를 퍼트리려는 강력한 성욕을 느낍니다. 특히 癸酉년은 사주원국 月干 乙木 육해를 지나는 시기이기에 성욕이 더욱 강해졌습니다. 地支 酉金은 乙癸戊 三字 의지와는 반대로 강한 살기를 드러냅니다. 대운에서 申子辰 三合으로 가두어 놓은 寅巳 刑의 작용에 寅酉가 조합하자 흉악한 범죄를 저질렀습니다. 寅酉 조합은 살인, 암살, 호랑이 닭 가지고 희롱하다, 심장마비, 심장 스텐트 시술 물상이라고 하였습니다. 사주팔자에서 생산하는 하나의 물상은 시공간을 집약한 결정체이기에 단순히 十神의 작용으로 결정되는 것이 아닙니다.

坤命				陰平 1957년 1월 24일 08:00							
時	日	月	年	84	74	64	54	44	34	24	14	4
壬辰	丙寅	壬寅	丁酉	辛亥	庚戌	己酉	戊申	丁未	丙午	乙巳	甲辰	癸卯

고등학교 교사였으며 자식이 없습니다. 丙午대운 1995년 乙亥年 남편이 운전하다 충돌사고로 본인만 사망했습니다. 사주원국에 두 개의 寅酉 조합이 있기에 殺氣가 숨겨져 있습니다. 酉年을 기준으로 巳酉丑 三合을 벗어난 寅卯辰은 저승사자와 같은데 많습니다. 사주원국에 겁살, 재살, 천살이 많으면 단명 사례가 많다고 했습니다. 특히 天干에서 두 번 丁壬 합하고 地支에서 辰酉 합하기에 夾字로 끼어있는 寅木은 반드시 날카로운 酉金에 상할 수밖에 없습니다.

寅酉조합의 살기로 살인, 암살, 심장마비와 같은 물상에 노출됩니다. 사주원국 일지 寅木을 지나는 시기에 丙午대운을 만나면 일간 丙火가 직접 관련된 사건이나 관계가 발생합니다. 강력한 丙午는 丁火와 함께 酉金을 자극하기에 寅酉 조합의 살기가 더욱 강해지고 寅木과 丙午사이에 흐르던 피의 흐름이 일순간 막히면 심장마비, 뇌출혈, 정신질환 문제를 만들어냅니다. 乙亥년에 겁살, 재살, 천살이 모두 모이고 천살 辰土에 있던 乙木이 透干하여 辰酉 합하는 과정에 夾字 寅木이 상합니다. 세운의 亥水는 무슨 역할일까요? 날카로운 酉金을 총알처럼 튀어나가게 자극하고 酉亥辰 三字로 辰土 속의 乙木이 응결되면서 丙火로의 흐름을 막아버립니다.

坤命				陰平 1958년 8월 10일 12:00								
時	日	月	年	84	74	64	54	44	34	24	14	4
丙午	壬寅	辛酉	戊戌	壬子	癸丑	甲寅	乙卯	丙辰	丁巳	戊午	己未	庚申

비구니 스님입니다. 戌年을 기준으로 辛酉는 육해로 씨종자와

같아서 죽음을 상징하기에 염세적입니다. 특히 대운이 초년부터 강력한 화기로 흐르면서 辛酉를 자극하면 寅木을 공격하기에 날카로움을 해소하고자 壬水를 찾을 수밖에 없기에 종교에 입문하였습니다. 주위에 온통 화려한 寅午戌과 丙火가 壬水를 증발시키지만 종교에 귀의하여 정신의 안정을 추구하였습니다.

乾命				陰平 1958년 4월 26일 22:00								
時	日	月	年	89	79	69	59	49	39	29	19	9
己亥	辛酉	戊午	戊戌	丁卯	丙寅	乙丑	甲子	癸亥	壬戌	辛酉	庚申	己未

말을 알아듣지만 말은 못하는 반벙어리였습니다. 庚申, 辛酉대운까지는 서울 변두리 부잣집 지주의 장자로 약간 모자라는 여자를 만나 결혼하여 딸 둘에 아들까지 낳고 부모님을 모시고 어려움 없이 살았는데 壬戌대운 41세 戊寅년 10월 20일 저녁 갑자기 혈압이 올라가 쓰러지고 병원에 입원하였지만 밤 10시 50분경 戊寅년 壬戌월 庚子일 丁亥 時에 사망하였습니다. 이 사주도 戌年을 기준으로 일주 辛酉가 육해로 사망을 상징합니다. 또 년월의 火氣에 자극받으면 날카로워지면서 문제를 해결하고자 亥水에 총알처럼 튀어나가기에 살기가 강해질 수 있습니다. 특히 戌年을 기준으로 亥水는 겁살인데 하필 월지 午火 將星과 암합하여 갑자기 블랙홀로 빠져 들어갑니다. 이 과정에 辛酉 육해가 夾字로 있기에 더욱 문제입니다. 壬戌 대운에 사주원국 구조대로 午亥 암합하여 丁火와 辛金을 亥水 블랙홀로 빨아들입니다. 戊寅년에 사주원국에 없던 寅木이 들어와 날카로워진 辛酉와 寅酉로 조합하고 寅木이 丙火로 흐르는 피가 막히자 갑자기 혈압이 오르고 사망했습니다. 마침 壬戌월 庚子일 丁亥일로

저승사자들이 장성 午火를 강탈하던 시간이었습니다.

乾命				陰平 1974년 1월 22일 08:00								
時	日	月	年	87	77	67	57	47	37	27	17	7
庚辰	乙酉	丙寅	甲寅	乙亥	甲戌	癸酉	壬申	辛未	庚午	己巳	戊辰	丁卯

11세 부모가 사업하다 망하고 중2, 13세 丙寅년부터 신경계 문제가 발생하여 정신병원에 다니기 시작하였습니다. 31세 甲申년에 버스에서 여자를 때려 경찰서에 끌려갔고 32세 乙酉년 7월 8일에 운동장에서 학생을 때려 얼굴을 다치게 하여 파출소에 끌려가 치료비 30만원을 물어주었습니다. 33세 丙戌년 겨울 감기 몸살로 고생하였고 34세 丁亥년 3월에 급성 폐렴으로 8일 입원 치료하였고 癸卯月 말에 퇴원하였지만 이런 저런 질병으로 봄여름 사이에 몸무게 10킬로가 줄었습니다.

이 사례는 寅酉조합의 질병을 관찰할 수 있습니다. 사주원국에서 寅酉가 두 번 조합하는데 하필 丙寅과 연결되어 寅木에서 丙火로 흐르는 피가 막히면 이상한 현상들이 발생합니다. 13세 丙寅년에는 사주원국 구조대로 반응하자 신경계통에 문제가 발생하여 정신병원에 다녔습니다. 甲申년, 乙酉년도 모두 동일한 이유로 신경계통에 문제가 발생하여 폭력적으로 변하였습니다. 丁亥년에 亥水가 들어와 木金 사이를 통관시켜 문제가 완화될 것이라 판단하지만 오히려 부작용이 발생하는데 火氣를 머금었던 酉金이 亥水를 만나 탄성이 생기고 총알처럼 튀어나가는 과정에 寅木 生氣를 자르면 丙火로 가는 피가 막히기 때문입니다.

乾命				陰平 1989년 8월 16일								
時	日	月	年	82	72	62	52	42	32	22	12	2
불명	戊寅	癸酉	己巳	甲子	乙丑	丙寅	丁卯	戊辰	己巳	庚午	辛未	壬申

庚午대운 2015년 27세 乙未년 당시 파리 테러 용의자로 붙잡혔습니다. 사주원국에 寅酉로 살기가 강하고 寅巳 刑하는 과정에 夾字 酉金 때문에 피의 흐름이 막혀 정신질환이 있고 살기가 강합니다. 위 사례처럼 갑자기 폭력적으로 변하는 이유는 모두 寅酉살기와 피의 흐름이 바르지 않기에 발생하는 문제입니다.

庚午대운에 酉金이 투간하여 寅酉 살기의 문제가 발생할 것임을 암시하고 乙未년에 천간에서 乙癸戊 三字로 환상에 빠져들지만 地支에서는 寅酉로 테러를 감행하였습니다. 만약 丙火와 연결되어 있지 않으면 어떨까요? 庚戌년 乙酉월 辛酉일 庚寅시 남자는 허리가 좋지 않고 직장생활하다 장사하였으나 신통치 않아 운전을 합니다. 이 사주는 寅酉는 있지만 丙丁, 巳午가 없기에 피의 흐름에 문제가 발생하지 않아서 정신질환은 없지만 허리가 불편합니다.

乾命				陰平 1945년 4월 26일 04:00								
時	日	月	年	90	80	70	60	50	40	30	20	10
庚寅	丙午	辛巳	乙酉	壬申	癸酉	甲戌	乙亥	丙子	丁丑	戊寅	己卯	庚辰

미국인으로 세 번 결혼했습니다. 12세를 살해하고 소녀도 살해하여 체포되어 교도소에 수감되었다 출옥하여 13명의 매춘부들

을 살해하였습니다. 왜 이토록 잔인한 성정을 가졌을까요? 木金의 다툼이 심각합니다. 년과 월에서 辛乙 沖하고 丙午巳가 辛金과 합하고 庚金을 다투기에 혼탁하며 乙庚 合하는 과정에 辛金이 夾字로 끼어서 乙木이 심각하게 상합니다. 地支에서 寅巳 刑하고 寅酉로 강력한 살기까지 있으며 재살과 겁살 乙木과 寅木이 金氣에 상하고 木火의 흐름이 비틀리자 정신병이 발생한 연쇄 살인자가 분명합니다. 세운에서 水氣를 만나면 木金의 싸움을 해소할 것이라 판단하지만 오히려 탄성이 생기고 木金이 더욱 심각하게 싸우기에 문제가 발생합니다.

2.將星과 六害의 관계

지금까지 지살과 육해가 조합하는 寅酉, 巳子, 申卯, 亥未의 의미와 사주사례를 살펴보았습니다. 조합에 따라 지살이 어떤 작용을 하고 어떤 물형을 결정하는지를 살피는데 유용합니다. 추가하여 子卯午酉가 子卯, 卯午, 午酉, 酉子로 조합하면 刑破라 부르며 과거에 결정된 물형에 변화를 주고 새로운 물형으로 전환하는 작용을 합니다. 특히 두 글자가 將星과 六害로 조합하면 육체와 물질의 풍요로움을 상징하는 將星이 六害에 무기력해지기에 三合의 중심부가 와르르 무너져 고독해지고 심각하면 사망합니다. 역마에서 육해까지 과정에 갑자기 망하는 사례가 많은 이유도 육해가 三合운동의 기틀에 해당하는 지살과 장성을 철저히 파괴하기 때문입니다.

三合	장성	육해	간지
申子辰	子	卯	癸卯
寅午戌	午	酉	丁酉
亥卯未	卯	午	丁卯
巳酉丑	酉	子	癸酉

乾命				陰/윤달 1987년 6월 11일 12:00							
時	日	月	年	89	79	69	59	49	39	29	19	9
甲午	丙戌	丁未	丁卯	戊戌	己亥	庚子	辛丑	壬寅	癸卯	甲辰	乙巳	丙午

년지 卯木은 亥卯未 三合의 장성인데 乙巳대운에 卯木과 未土의 地藏干 乙木이 透干해서 卯午 破하고 卯未, 卯戌로 시들시들 해지자 우울증으로 자살을 시도하고 정신병원에 입원했습니다. 사망을 상징하는 육해 午火, 丁火가 사주원국에 너무 많고 火氣가 탱천하여 정신, 영혼, 뇌수를 상징하는 壬癸가 증발하기에 우울증에 빠졌습니다. 사주팔자에 水氣가 증발하는데 丙午, 丁未를 만나면 사이비 종교에 빠지거나 종교, 명리. 철학에 심취하는 이유도 모두 水氣가 증발하기 때문입니다.

坤命				陰平 1960년 10월 17일 16:00							
時	日	月	年	89	79	69	59	49	39	29	19	9
戊申	丁卯	丁亥	庚子	戊寅	己卯	庚辰	辛巳	壬午	癸未	甲申	乙酉	丙戌

子年은 장성이고 일지 卯木이 육해로 子卯 刑합니다. 癸未대운에 子水 장성의 地藏干 癸水가 透干하여 남편이 발전 했습니다. 丁火는 水氣가 강할수록 남편이 불편하지만 약할수록 발전한다고 강조했습니다. 亥水, 子水가 부담스러운데 天干에 癸水로 透干하고 戊癸 合하여 가벼워지고 亥卯未 三合으로 水氣가 줄어들자 남편이 발전했습니다. 하지만 이 여인은 火氣가 강해지면서 자극받은 申金이 卯木을 암합으로 답답하게 묶어버리자 일간 丁火로 가는 피가 막히면서 신경쇠약으로 정신병원에 입원하였

습니다. 남편은 발전하였지만 본인은 질병으로 시달리는 상반된 현상이 발생하였습니다.

乾命				陰平 1957년 10월 27일 18:00								
時	日	月	年	84	74	64	54	44	34	24	14	4
癸酉	甲子	壬子	丁酉	癸卯	甲辰	乙巳	丙午	丁未	戊申	己酉	庚戌	辛亥

고등학교 때 큰집에서 산소 좌판을 놓자 정신질환이 생겼습니다. 酉年은 將星이고 子水와 癸水 六害가 將星을 破하자 정신병이 생겼습니다. 조상신은 이 남자의 영혼을 자극하여 산소에 문제가 있음을 알리고 개선해 줄 것을 요구하지만 그 이치를 모르면 정신병을 적절하게 치료하기 어렵습니다. 퇴마사나 무당이 귀신을 쫓아내거나 위로하는 것처럼 조상신을 위로하는 행위를 통하여 문제를 해결해야 합니다.

乾命				陰平 1967년 12월 26일 06:00								
時	日	月	年	86	76	66	56	46	36	26	16	6
丁卯	甲午	癸丑	丁未	甲辰	乙巳	丙午	丁未	戊申	己酉	庚戌	辛亥	壬子

지방대 법대를 중퇴하고 주식투자로 망한 후 참선 수련합니다. 未年을 기준으로 丁火, 午火가 육해인데 癸水와 沖하고 午丑 귀문과 장성 卯木과 卯午 破하기에 사망을 상징하는 육해의 작용에 휘둘려 참선합니다.

3.天煞과 地煞의 관계

천살이 지살의 터전역할을 하는 이유는 천살의 地藏干에 있는 육해 씨종자를 이어받기 때문입니다. 예로, 辰土가 천살이면 육해 子水와 合하고 화개 丑土를 破시켜서 地藏干 육해 癸水를 끌어와 巳火 지살과 戊癸 合하는 방식으로 巳酉丑 三合운동을 출발하도록 돕습니다. 이처럼 巳火 지살이 탄생하고 三合운동을 출발하려면 반드시 육해 子水의 地藏干 癸水, 화개 丑土의 地藏干 癸水 그리고 천살 辰土의 地藏干 癸水가 필요합니다. 巳午未 지살, 년살 월살이 辰土 천살 주위에 몰려드는 이유는 모두 癸水가 필요하기 때문입니다. 또 巳午未월에는 辰土에 담긴 癸水가 필요하므로 辰中 癸水를 달라고 몰려듭니다. 예로, 사주 원국에 水氣가 부족한데 辰土가 있다면 돈이 모이지 않아서 힘들고 구두쇠처럼 변하는 이유는 癸水가 증발하면 여름에 견디기 힘들다는 것을 알기에 절대로 돈을 쓰지 않기 때문입니다. 申酉戌이 지살, 년살, 월살이라면 未土 주위에 몰려드는 이유는 열매의 원천 未土에 담긴 육해 乙木이 간절히 필요하기 때문입니다.

지살, 년살, 월살이 亥子丑이라면 戌土 주위를 서성거리면서 戌中 丁火를 강탈하려는 욕망이 강해집니다. 겨울을 지날 때 丁火 불씨가 반드시 필요하기 때문입니다. 이런 이유로 戌土 주위에 亥子丑이 많으면 화로가 꺼지기에 망할 수밖에 없습니다. 결국 어느 각도에서 관찰하느냐에 따라 서로의 입장이 달라집니다. 천살입장에서 지살은 천살의 겁살에 해당하며 천살이 저장한 육해를 강탈해서 새 출발합니다. 이처럼 <u>육해는 모든 이들이 탐닉하는 대상</u>으로 씨종자, 조상신이라고 부르는 이유입니다.

乾命				陰平 1964년 6월 20일 00:00							
時	日	月	年	83	73	63	53	43	33	23	13	3
壬子	戊寅	辛未	甲辰	庚辰	己卯	戊寅	丁丑	丙子	乙亥	甲戌	癸酉	壬申

辰土가 年支에 있는데 甲午와 乙未년에 辰土 주위로 사람들이 몰려들어 癸水를 달라고 요구하기에 甲午년부터 근본터전에 변화가 발생하고 사주명리 강의를 시작하였습니다. 강력한 火氣들은 癸水가 있어야 여름을 지나기에 반드시 辰土 주위로 몰려들어서 癸水를 내놓으라고 요구하는 물상이 바로 사주명리 강의입니다.

4. 華蓋와 地煞의 관계

지살이 화개를 탐하는 이유도 地藏干에 육해가 있기 때문입니다. 辰申으로 辰土 속 乙木을 地煞 申金이 암합으로 끌어와 활용합니다. 戌寅은 戌土 속 辛金을 寅中 甲木이 끌어와 활용합니다. 未亥는 未土 속 육해 丁火를 亥中 壬水가 암합하여 활용합니다. 丑巳는 丑土 속 六害 子水를 巳中 丙火가 끌어와 활용합니다. 만약 화개와 지살 사이에 있는 겁살, 재살, 천살 3년 동안 육해를 미리 써버리면 지살에서 힘들어지기에 주의해야 하는데 특히 재살에서 함부로 투자하면 힘든 상황에 처합니다. 겁살, 재살, 천살은 화개에 담긴 육해를 반드시 끌어와야만 하므로 지키기 어렵기에 현명하게 판단하고 행동해야 합니다. 마치 도굴꾼들이 문화유적지를 파헤치고 내부에 있던 보물들을 훔치려는 상황과 다를 바 없습니다. 辰戌丑未 화개는 반드시 육해를 지켜야 하고 겁살과 재살, 천살은 화개에 담긴 육해를 반드시 강탈해야만 합니다. 지살에 성욕, 쾌락을 추구하는 본능이 강한 이유도 육해를 암합으로 끌어오기 때문이고 지살이 화개에 담긴 과거의 문을 열었기에 회귀본능이 있습니다. 화개의 작용처럼 과거로 돌아가려는 욕망이 강하고 과거의 인연, 일, 사건이 재회, 재발합니다. 지살이 화개로 돌아가려는 이유는 전생에 경험했기에 익숙하기 때문입니다. 육해에서 사망하여 화개에 들어가 미련, 원망, 증오, 아쉬움과 같은 감정들이 남아 있다가 지살과 연결되면 전생이 부활하는 것처럼 과거로 회귀하려는 욕망이 동합니다. 화개를 꺼내는 행위는 직업, 공간, 인연, 물건 등을 재활용하려는 것입니다. 그렇게 하는 이유는 겁살, 재살, 천살 과정의 인연, 직업, 공간, 물건을 포기하고 화개 이전의 직업이나 인연으로 돌아가려는 이유로 화개와 지살이 암합으로 연결되어 있기에 가능합니다.

이처럼 지살의 특징은 독단적으로 결정될 수 없으며 반드시 과거와 연결되어서 반응합니다. 사주팔자에 지살은 있지만 화개가 없다면 출발은 가능하지만 활용할 인연, 직업, 공간, 물건이 없는 것과 같습니다. 또 화개는 있는데 지살이 없으면 화개를 활용할 방법이 없습니다. 예로, 년의 辰土가 화개이고 일지 申金은 지살이면 국가, 조상이 제공하는 辰土의 地藏干 乙木을 암합으로 끌어와 취하는데 丙火, 巳火도 있으면 乙丙庚 三字로 쉽게 재물을 축적하지만 辰土가 없다면 申金 열매를 완성하기 어렵고 丙火나 巳火가 있어도 결실이 크지 않습니다. 대운이나 세운에서 辰土나 乙木이 들어오면 일시적으로 활용하지만 辰年 申日처럼 마르지 않는 샘물로 부를 축적할 수 없습니다. 참고로 화개와 지살, 천살과 지살 조합의 의미와 가치는 상이합니다. 화개는 三合을 마감한 것이고 天煞은 三合에서 벗어나 있습니다. 三合과정에 수확한 물질을 정리하여 화개에 품었기에 과거의 인연, 물질, 공간을 지살에서 복구할 수 있습니다. 또 화개에 담긴 육해도 함께 활용하기에 조상음덕은 물론이고 과거에 경험했던 것들을 회복시킬 수 있습니다. 이런 이유로 지살에서는 부모, 형제, 과거인연들과 재회할 수 있습니다. 굳게 닫혀있던 화개의 문을 활짝 여는 겁니다. 하지만 천살은 화개를 刑하여 망가뜨리기에 그 작용이 상이합니다. 또 천살은 물질과 육체가 없기에 타인의 재물을 활용하므로 부정적인 의미가 많습니다만 화개는 내부에 저장했던 육해를 꺼내서 재활용합니다. 밀렸던 조상의 과업을 발전시키거나 전생 업보를 이어받습니다. 지살이 좋은 점은 화개와 천살에 담긴 地藏干을 활용하는 방식으로 새 출발하는 겁니다.

정리하면, 겁살, 재살, 천살은 화개를 훔치지만 지살은 화개와 함께 三合 내부에 있기에 과거의 정보를 이어받아 발전시키는 것입니다. 이런 이유로 중단했거나 포기했던 것들을 원상복귀, 회복해야할 의무가 있는 것이 바로 지살입니다. 지살은 육해, 화개, 겁살, 재살, 천살과 연결되는데 화개에서 지살까지의 과정에서 가장 주의할 내용은 무엇일까요? 재살, 천살에서 함부로 행동하면 지살에서 힘든 여정을 시작하므로 경거망동 하지 않아야 합니다.

5. 三合과 12神煞을 조합하는 방법

三合과 12신살을 종합하여 통변하는 방식을 살펴보겠습니다. 己亥년의 경우는 己亥년, 癸卯년, 丁未년까지 亥卯未 三合운동이 이어지는데 申子辰년에 태어났다면 己亥년의 亥水는 망신이고 戊土일간이라면 己土와 함께 亥水를 망신으로 활용합니다. 따라서 아랫사람 己土와 협조하는 방식으로 망신 亥水에서 戊土의 존재감을 드러냅니다. 만약 丁亥년, 辛卯년, 乙未년 三合을 이루면 亥卯未 三合은 동일해도 활용하는 천간이 다릅니다. 丁亥

년의 丁火는 전문성이 강한 기운을 활용해서 亥水에서 존재감을 드러냅니다. 戊土에게 丁火는 물질을 생산하는 에너지이기에 계약을 통해서 혹은 전문가의 자질을 발휘해서 존재감을 드러냅니다. 실례로 己亥년에는 주위사람들과 협력하는 방식으로 사업규모를 확장했지만 丁亥년에는 부동산을 매각하는 방식으로 수익을 올렸습니다.

亥水 망신에서 큰 재물유입이 발생하는데 어떤 종류, 어떤 방식으로 이루어지는가는 天干을 살펴야 합니다. 만약 亥水가 지살이면 자신의 존재를 알려야 하는데 己亥년으로 오면 己土의 도움으로 존재를 드러내고 지살의 의미대로 새 출발합니다. 여기에 己亥와 조합하는 癸卯와 丁未 삼합운동의 움직임도 함께 살펴야 합니다. 己亥에서 출발하면 반드시 癸卯, 丁未간지와 연결되고 三合의 진행과정을 방해하는 인연, 공간, 직업에서 멀어집니다. 예로, 亥卯未 三合 밖에 있는 申酉戌은 성장을 방해하는 인자들입니다. 丙申, 丁酉, 戊戌년을 지날 때 일시적으로 관계를 맺었던 인연들은 己亥년부터 亥卯未 三合을 출발하므로 멀리할 수밖에 없습니다. 이런 상황이 겁살, 재살, 천살 과정에 활용했던 인연, 직업, 공간을 버리고 과거에 활용했던 亥卯未 三合으로 돌아간다는 의미입니다. 물론 재살의 효과가 좋아서 지살에서 계속 활용하는 경우도 많기에 무조건 겁살, 재살, 천살 3년 과정에 만났던 인연, 직장을 포기한다는 의미는 아닙니다. 상황에 따라 철저히 포기하거나 필요하면 지살에서 새로운 직업으로 활용합니다. 己亥년의 시간을 더욱 앞으로 돌리면 庚寅년, 甲午년, 戊戌년까지 이루어졌던 寅午戌 三合이 있습니다. 따라서 亥水 지살은 戊土에 담긴 將星 丁火와 六害 辛金을 활용하고자 지나왔던 甲午년을 암합하는 방식으로 끌어옵니다. 이처럼 己亥년은 갑자기 뚝 떨어진 시간이 아니라 甲午년에 행했던 행

위를 이어받아서 출발합니다. 표면적으로는 戊戌년에서 己亥년으로 이어진 것이지만 寅午戌 三合의 장성 丁火를 이어받아야 가능합니다. 甲午년을 지날 때에는 己亥년에 어떤 행동을 할 것인지 예측하지 못했지만 반드시 甲午년의 행위, 물질, 인연, 사건을 이어받는 방식으로 새 출발합니다. 이것이 바로 시공간의 因果이자 업보입니다. 예로, 甲午년에 학원사업 하다가 정리했다면 己亥년에 그 사업을 활용하는 방식으로 亥卯未 三合운동을 출발합니다. 물론 사주팔자에 따라 亥水가 <u>지살, 망신, 역마, 겁살</u>로 다르기에 그 의미를 참조한 후 天干 글자로 신살 행위를 진행합니다.

甲午의 시간을 더욱 과거로 돌리면 庚寅년에 寅午戌 三合운동을 출발하고자 己丑년에 巳酉丑 三合을 마감하여 공간을 이동하고 庚寅년에 출발하여 甲午년에 이르고 戊戌년에 三合을 마감한 후 己亥년에 甲午년의 정보를 이어받아 출발하였던 겁니다. 결국 己丑년과 庚寅년에 변화를 주었기에 戊戌년과 己亥년에 새 출발이 가능합니다. 더욱 확장하면, 己丑년에 공간을 이동하는 방식으로 변화를 주었기에 己亥년에 발전된 상황에서 출발합니다. 이것이 바로 <u>영혼과 물질이</u> 단계적으로 발전하는 방식입니다. 시공간은 절대로 끊어지지 않으며 과거, 현재, 미래로 이어집니다. 지금까지 살핀 내용의 핵심은 시공간의 순환방식도 <u>丁-壬-癸의 원리이며 壬水를 축으로 丁火와 癸水가 계속 순환합니다.</u> 己丑년(丁)이 己亥년(癸)으로 이동하면서 발전할 수 있는 이유는 甲午(壬)의 중심축이 있기 때문입니다. 만약 甲午년(丁)에서 甲辰년(癸)으로 순환하는 과정이라면 己亥(壬)가 축 역할을 합니다. 정리하면, 己丑년에서 己亥년까지는 甲午년이 중심축이고 甲午년이 甲辰년으로 흐르는 과정에는 己亥년이 중심축인데 반드시 甲午년의 육해를 끌어와 己亥년에 출발하여 甲

辰년을 향해 출발합니다. 의미를 파고들면, 甲午년에 甲木을 丙丁으로 펼쳤던 이유는 甲辰년 辰土의 地藏干 乙木을 키우기 위해서입니다. 乙巳년에 이르면 辰土의 地藏干에 있던 乙木들이 天干으로 드러나고 巳火에서 꽃을 활짝 피우기에 시공명리를 학습했던 후대들이 세상에 존재가치를 드러내기 시작합니다. 이런 결과를 얻고자 甲午년에 강의를 시작하고 己亥에서 유튜브를 시작하여 성장 동력을 삼았고 甲辰년에는 甲午년에서 한 단계 더 발전하였고 乙巳년에는 乙木 후대가 존재감을 드러냅니다. 이처럼 甲午년에 무슨 행위를 했는지를 알려면 己丑년에서 원인을 찾아야하고 己亥년에 새 출발하는 이유를 알고 싶으면 甲午년에서 인과를 찾아야 합니다. 辰年생이라면 甲辰년에 申子辰 三合 운동을 마감하고 乙巳년에 辰土의 地藏干들을 戊癸 合, 乙庚 合으로 꺼내서 乙巳년, 己酉년, 癸丑년으로 이어지는 巳酉丑 三合과정에 물질을 추구합니다. 2019년 己亥년에는 亥卯未로 성장운동을 하였지만 甲辰년에 丙申, 庚子, 甲辰년으로 이어진 申子辰 三合운동의 전송, 전달과정을 끝내고 乙巳년부터 9년의 과정을 출발하였습니다.

"정말 정확하게 그렇게 움직였어요. 己丑년, 庚寅년에 시작해서 지금까지 10년을 이어 왔는데 己亥년 다시 흔들리고 있습니다."

시공간 순환원리를 살피면 실타래처럼 이어진 인과와 업보를 깨우칩니다. 己丑년 당시에는 자신의 행위가 미래에 어떤 결과로 이어질지 상상하지 못하지만 甲午년을 지나 己亥년에 이르면 비로소 그 상황을 이해하고 모든 것이 己丑년에 시작되었던 자신의 업보였음을 이해합니다. 만약 과거로 돌아가 己丑년에 시공간 순환원리를 이해했다면 현재보다 훨씬 현명한 행동을 하였을 것이고 甲午년과 戊戌년의 결과가 좋아서 己亥년에는 더욱 발전된 亥卯未 성장운동을 출발했을 겁니다. 己亥년을 기준으로 살피면 甲辰년을 축으로 己酉년까지 발전하는 과정에 壬寅, 丙午, 庚戌 三合운동으로 확장하고 乙巳년에는 乙巳, 己酉, 癸丑으로 巳酉丑 물질을 추구합니다. 己亥에서 己酉로 흐르는 과정에 다양한 三合운동이 얽히고설키면서 이어지는 겁니다.

6. 地煞과 驛馬의 차이

지살과 역마를 해외를 넘나드는 신살로 동일시하지만 시공간 흐름으로 살피면 그 차이를 명확하게 이해합니다. 지살은 三合운동 9년의 출발점이지만 역마는 三合운동의 하반기에 반대편 시공간으로 떠나기에 기간, 의미, 물상이 상이합니다. 주택에 비유하면, 지살은 새 아파트에 입주한 것이고 역마는 5년 지난 아파트에 살다가 이사 가려는 상황입니다. 따라서 주택의 대문이 지살방위에 있으면 오래 머물 수 있지만 역마방위에 있으면 단기 거주에 적합합니다. 인간관계로 살피면, 지살에서는 오래도록 이어지는 인연이지만 역마에서는 三合의 반대편으로 이동하는 과정에 일시적으로 만나는 인연입니다. 역마 운에 집을 팔거나, 직장을 바꾸거나, 업종을 바꾸는 이유는 현재의 상황에서는 발전이 어렵다는 판단으로 새로운 길을 모색하기 때문입니다. 응용하면, 회사 사장의 生年을 기준으로 역마방향에 회사의 문이 있으면 오래도록 경영하기 어려울 것임을 암시합니다. 역마가 三合운동 반대편 공간으로 이동해야만 하는 이유는 지살에서 반 안까지 수확한 것을 반드시 후대에 전달해야하기 때문입니다. 따라서 역마는 운송, 택배, 배송처럼 이동이 잦아서 현재의 공간을 오래도록 지키기 어렵습니다. 직업을 선택하는 과정에 신살에 따라 장기와 단기를 구분할 수 있는데 장기적인 직장을 원하면 지살방위를 활용하고 단기적, 알바를 원하면 역마방위를 활용합니다. 지살은 본사, 역마는 지점으로 이해하면 기억하기 쉽습니다. 시간으로 살피면, 지살은 회사에 출근하고자 대문을 열고 나가는 과정이기에 아무것도 이룬 것이 없으며 시간이 흘러야 결과를 얻지만 역마는 퇴근시간에 하루 일과를 마감하고 집으로 돌아오는 출발점이기에 가장 큰 차이점은 일의 성과입니다. 지살은 실천이 없지만 역마는 결과물을 얻었습니다. 따라서 지살은 기획을 위주로 하고 역마는 행동을 위주로 합니다. 지살운을 만났는데 활동에 어려움이 많으면 어떻게 해결할까요? 타향, 해외처럼 공간을 크게 이동하는 것이 좋습니다. 일의 추진 과정에 비유하면, 지살에서는 장기계획을 세워야하지만 역마에서는 기운이 쇠하여 과거를 정리하고 새 길을 모색하기에 무리하게 확장하면 힘들어집니다. 역마에서는 직업, 인연, 사업, 공간, 환경이 크게 바뀌기 시작합니다. 또 지살은 공적, 역마는 사적이기에 지살에서 함부로 움직이기 어렵지만 역마는 자유롭게 이동합니다. 이런 이유로 지살의 움직임을 촉진하려면 역마로 沖하여 자극해야 합니다. 역마도 지살의 접촉을 통해서 활동반경을 확장합니다. 三合으로 살피면, 巳酉丑의 巳火는 지살이고 亥水는 역마이기에 火水가 충하면 木金을 활용할 기회가 생깁니다. 특히 巳火를 이어받은 亥水는 亥卯未 삼합운동으로 巳火의 의지를 후대에 전달합니다. 즉, 巳午未申酉에서 완성한 것들을 亥水 역마를 활용해서 전송하기에 亥水에 金을 풀어서 木을 생산하려는 것입니다. 사주팔자에 申金 지살이 홀로 있거나 寅木 역마가 홀로 있으면 작용이 명확하지 않지만 寅申 沖하면 쌍방이 자극을 받아서 활발해집니다.

乾命			陰 平 1946년 8월 6일 08:00								
時	日	月	年	82	72	62	52	42	32	22	12	2
丙	戊	丙	丙	乙	甲	癸	壬	辛	庚	己	戊	丁
辰	寅	申	戌	巳	辰	卯	寅	丑	子	亥	戌	酉

노무현 전 대통령 사주로 사주원국에 水氣가 전혀 없어 申中 壬水를 활용하려면 반드시 寅申 沖을 통해서만 가능합니다. 다만 충으로 발전하는 과정에 반드시 잡음이 발생하는 것은 피하기 어렵습니다. 寅木이 상하면서 인간관계에 문제가 발생하는 겁니다.

乾命 1980			
時	日	月	年
불명	丙寅	甲申	庚申

寅申 沖으로 지살과 역마가 沖하기에 바로 행동합니다. 먼저 일을 저지르고 나중에 조절합니다. 지살과 역마가 沖하면 충돌행위로 발전을 도모하기에 즉시 실행합니다. 지살에 沖이 없다면 반응이 느리고 천천히 생각하고 실행에 시간이 필요합니다. 지살이 六害와 암합하고 辰戌丑未 墓地에 갇히면 가장 좋은 해결방법은 刑沖破害를 활용해서 풀어내는 것이지만 <u>충돌과정에 불안정해지는 것은 피하지 못합니다</u>. 예로, 사주원국에서 寅申 沖으로 발전하는데 운에서 亥水를 만나 沖의 작용이 활발하지 못하면 오히려 불편합니다. 亥水가 寅亥 합하여 寅申 沖을 방해하면 바쁘게 활동하다 갑자기 멈춰섭니다. 墓地에 대해 부연설명하면, 亥水가 辰土 墓地에 들어가 답답하면 巳火 沖을 활용하여 해결합니다. 巳火 물상, 방위를 활용하거나 광고, 홍보 물상을 활용합니다. 寅木이 역마인데 未土 墓地에 들면 申金 지살을 활용하여 역마를 沖하는 방식으로 답답함을 해소합니다. 역마가 巳火인데 戌土에 묶이면 亥水를 활용해서 문제를 해결합니다. 문제는 沖하는 과정에 육체손상, 질병, 사건, 사고가 발생하는

것은 피하기 어렵습니다.

坤命			陰平 1975년 4월 22일 08:00							
時	日	月	年	82	72	62	52	42	32	22	12	2
불명	戊寅	辛巳	乙卯	庚寅	己丑	戊子	丁亥	丙戌	乙酉	甲申	癸未	壬午

丙戌대운에 巳火가 戌土에 묶였고 戊戌년에는 더욱 답답했지만 己亥년에는 巳亥 沖으로 지살과 역마가 활발하게 움직입니다. 사주원국 卯木도 丙戌대운에 卯戌로 묶여 답답한데 亥水가 오자 己亥, 癸卯, 丁未 三合운동을 출발할 수 있습니다. 己亥년에 월지를 沖하여 변화를 원하는데 年支 卯木도 반응하기에 근본 터전을 바꾸거나 해외로 떠나서 직업변화를 주는 겁니다.

지살만 있으면 출발을 고민하지만 역마와 沖하면 직업을 바꾸고, 집을 팔고, 인연을 바꿀까 고민합니다. 지살은 어리고 역마는 후대에 정보를 전달하기에 늙은이와 젊은이가 섞입니다. 역마의 책임이 막중한데 후대에 가치 높은 정보를 전송하려면 스스로 학습해야 하므로 역마방위에는 학교가 있고 학생들이 떠드는 소리가 들립니다. 광고행위에 비유하면 지살에서는 존재를 드러내는데 목적을 두지만 역마는 홍보에 역점을 둡니다. 특히 역마는 시끄러운 홍보효과를 노려야 합니다. 예로, 트럭에 제품을 싣고 다니면서 마이크로 홍보하는 방식입니다. 집을 기준으로 역마방위에 제품을 홍보하는 소리가 들리면 적절한 집에서 사는 겁니다. 역마 방위에 전화기를 두어야 상점의 홍보효과가 좋은 이유입니다. 신장개업은 지살이고 장사하다 가게를 확장하거나 이전하면 역마입니다. 지살은 전달행위가 필요 없기에 조용한 방위입니다. 지살은 서울에서 존재를 인정받지만 역마는 지방에서 유명합니다. 이처럼 寅巳申亥 지살은 어디로 가야할지, 뭘 해야 할지 고민하지만 목표를 설정하지 못했기에 방향감각이 없습니다. 만약 三合으로 연결되고 寅巳申亥가 동하면 子卯午酉 장성과 함께 목적지를 향합니다. 예로, 亥卯未에 未土가 없다면 三合의 결과물이 없습니다. 만약 己亥가 움직였는데 癸卯는 없고 丁未만 있다면 癸卯를 끌어와야 三合운동을 완성할 수 있습니다. 장성이 있어야 三合 중심축을 잡을 수 있기 때문입니다. 예로, 회사 상황이 어려워지면 외부에서 능력이 뛰어난 사장을 고용하여 문제를 해결하는 경우입니다. 己亥년에는 癸卯년, 丁未 년생들에게 연락하여 <u>三合 인연법</u>을 활용하거나 그런 干支가 사주팔자에 있는 사람들과 인연됩니다. 己亥년에 丁未만 있으면 시작하자마자 끝나기에 문제를 해결하고자 癸卯를 끌어와 조화를 이루는 겁니다. 癸卯물상을 활용하면 교육, 건설, 택배 등이고 그 행위가 반드시 필요하기에 그런 직업에 종사할 수 있습니다. 개념을 확장하면, 亥卯未 三合을 깨트리는 申金, 酉金이 있으면 오히려 三合을 방해합니다. 인연에 활용하면 己亥, 癸卯, 丁未 三合운동 과정에 申酉戌 인연들이 발전을 저해할 수 있기에 적절하게 관계를 조절해야 합니다.

7. 將星과 驛馬의 관계
지살, 장성, 화개는 三合의 중심으로 핵심 키워드는 "지키다"입니다. 지살은 육해를 이어받아서 문을 열고 지키고 장성은 三合의 중심에 있는 육체와 물질을 지키고 화개는 화려한 三合의 결과물을 저장하고 지켜야 합니다. 이런 특징을 가진 지살, 장성이 역마와 조합하면 시공간을 넓게 활용해서 지살, 장성의 존재를 타향, 해외에 전달합니다. 문제는 역마를 나쁘게 활용하면 지살과 장성의 내부정보, 기밀을 해외에 팔아먹는 행위를 할 수 있습니다. 넓은 시공간에 지살과 장성의 존재를 홍보하는 것이 역마이지만 배신행위를 할 수 있기에 역마 운에는 인간의 배신에 주의해야 합니다.

8. 地煞의 다양한 의미들
지금까지 살펴보았던 지살의 의미와 특징들을 간략하게 정리해 보겠습니다.

●탄생
지살은 色界의 출발점으로 육체, 물질, 환경, 공간이 처음으로 생겨났기에 존재를 알리는 모든 행위를 지칭합니다. 예로, 탄생하여 호적에 이름을 올리는 행위, 회사에 취직하여 처음으로 만든 명함, 커피숍을 개업하고자 간판을 거는 행위, 성인이 되어서 주민등록증을 만드는 행위 등입니다.

●빅뱅
지살은 해외를 넘나드는 개념이 아닙니다. 천지개벽, 빅뱅으로 우주탄생, 모친의 배속에서 탈출해서 삶의 여정을 출발하는 것이기에 중대한 의미를 품었습니다. 빅뱅 이전에는 無의 상태였지만 빅뱅 이후에 時空間이 열리고 有를 창조하는 과정이며 存在유무를 결정합니다. 한국에서 영국으로 이민가면 지살과 같은 작용을 할까요? 당연히 유사하며 시공간이 크게 바뀌기에 내가 받아들이는 에너지파동도 크게 달라져 탄생이라고 판단할 수 있습니다. 시공간에 변화를 준다는 의미는 바로 시공간에서 따라 활용할 수 있는 에너지 값이 다르기에 내 운명도 변하는 겁니다. 한국에서는 한국의 시공간에 영향을 받지만 영국으로 건너가면 영국의 시공간에 영향을 받습니다. 바로 지살을 공간이동으로 활용하는 것입니다. 寅巳申亥 신살은 지살, 망신, 역마, 겁살인데 지살은 존재 유무를 결정하고 망신은 존재를 화려하게 드러내지만 역마는 존재감이 줄어들고 겁살은 존재가 사라집니다. 지살은 없음에서 있음으로 바뀌고 겁살은 있음에서 없음으로 바뀝니다. 망신은 존재가치를 높이고 역마는 존재가치가 낮아집니다. 또 지살을 정반대편 시공간으로 이동하면 역마입니다.

●극적변화
지살은 無에서 有를 창조하기에 세상에 둘도 없는 극적 변화를 상징합니다. 만약 지살과 역마가 沖하여 자극하면 머물던 공간에서 버티지 못하고 새로운 공간으로 이동하여 지살행위를 다시 시작합니다. 따라서 운이 막혀 답답할 때에는 지살을 沖하는 시기에 이동해서 변화를 꾀하는 것이 좋습니다.

●근본터전 변화
지살은 년지에서 지살, 장성, 화개로 구성되기에 사주팔자 년지에 지살이 있고 운에서 다시 들어오면 조상, 근본터전, 철저히 다른 직업전환. 조상 묘를 이전하거나 토지, 주택의 변화, 해외이민, 유학 등으로 시공간을 크게 이동합니다. 年支는 三合의 중심으로 지살, 장성, 화개만 올 수 있기에 출발하고 지키고 저장하는 행위들을 공적으로 해야 합니다. 지살, 장성, 화개를 沖하는 역마, 재살, 월살은 私的이며 겁살, 재살, 천살은 三合운동에서 이탈했기에 철저히 아웃사이더로 지내다가 지살에서 공적으로 활동을 재개합니다. 응용하면, 乙卯년에 태어나면 己亥년 지살 세운을 만나 亥卯로 合하는 방식으로 공적 행위를 출발합니다. 지살에서 공적행위를 하지 못하면 어떤 결과가 나올까요? 장성에 이르러서 얻을 것이 없습니다. 즉, 己亥년을 만난 년주 乙卯와 亥卯로 반응하여 근본터전에 변화를 주고 공적인 행위를 실천해야 장성에서 결과물을 얻는 겁니다.

●寅巳申亥가 동한다.
三合의 출발은 寅巳申亥로 시작되기에 사주팔자에 巳火가 있으면 丁酉年에는 巳火가 巳酉丑 三合물상을 만들기 시작합니다. 시간흐름으로 살피면, 癸巳년에 출발했던 행위들이 丁酉년에 결과물을 드러냅니다. 癸巳년에 사업을 시작했다면 丁酉년에 사업이 절정에 이르고 辛丑년에 마감되고 壬寅년에 寅午戌 三合운동으로 새롭게 출발합니다. 사주팔자에 따라서 寅巳申亥가 지살, 역마, 망신, 겁살로 다르기에 출발 이유를 분석해야 합니다. 다른 사례로, 己亥년을 만나면 사주팔자에 癸卯와 丁未간지가 있으면 지살과 함께 반응하여 亥卯未 三合운동을 추진합니다. 다만, 寅巳申亥 지살이 출발해도 子卯午酉가 없으면 방향이 명확하지 않습니다. 宮位를 감안하면, 丁卯년이 亥일에 상담하면 卯木과 亥水가 三合을 이루기에 지살에 영향을 받아서 근본터전, 조상묘지, 해외로 이동하려는 것입니다. 만약 사주원국에 未가 없으면 중간에서 멈추기에 결과를 예측할 수 없습니다. 또 子午卯酉가 없으면 三合의 결실이 없으니 출발해도 오래지 않아서 마감됩니다. 亥未, 申辰처럼 중간의 旺地가 빠진 조합은 子午卯酉를 만나야 三合의 결과물을 얻습니다.

●지살 - 인수인계
지살은 육해, 화개, 천살에 담긴 地藏干 육해를 이어받기에 과거의 업보, 미련, 숙제를 인수하여 새로운 기틀을 마련하기에 공적자금과 공적행위의 여건이 마련됩니다. 지살에서는 사적으로 자본을 활용하면 오히려 부채가 많아지고 년살과 월살에서 힘들어지기에 주의해야 합니다. 지살에 힘든 상황에 처하면 재살, 천살에서 씨종자를 날려버린 것이 분명합니다.

●년지 지살.

각 宮位를 세분하여 지살의 의미를 살펴보겠습니다. 년지 지살은 조상 묘, 근본터전 변화, 국가관련 일, 사건, 해외로 이동하는 일이 발생합니다.

乾命				陰平 1959년 10월 19일 14:00							
時	日	月	年	84	74	64	54	44	34	24	14	4
癸未	乙巳	乙亥	己亥	丙寅	丁卯	戊辰	己巳	庚午	辛未	壬申	癸酉	甲戌

2007년 丁亥년 49세 1월 15일 상담한 내용입니다. 바른생활 선생님의 외모인데 30대 초부터 종합건설회사 사장으로 외국에서 큰 공사를 많이 하는데 매출액이 수백억대입니다. 乙酉년에 시작된 해외공사 부분에서 손해만 발생하여 정리해야 하는지 어렵더라도 밀고 나가는지를 문의하였습니다. 바쁘게 살아 왔으며 자신처럼 바쁜 인생도 없을 것이라고 합니다. 丁丑년 1997년, 39세에 낭패를 보았고 戊寅년 1998년 40세에 재물이 상하고 가정에 문제가 많았다고 합니다. 亥亥가 지살이고 복음이기에 근본터전을 밀어내 해외 인연이 강합니다. 년과 월에서 乙己조합은 건설업에 적합하고 乙亥 간지도 해외이며 癸未간지도 해외건설 물상입니다. 일지 巳火의 시기에 이르러 亥水와 沖하자 불편한 일들이 많았습니다. 사주원국에서 亥水 지살 위에 己土가 있고 두 개의 乙木이 己土를 다투는데 하필 日干이 月干 뒤에 있기에 계속 손해를 보고 있습니다. 丁亥년의 상황은 사주원국 未土의 地藏干 丁火가 透干하여 육해를 만났고 未土가 亥水의 흐름을 막아버리기에 답답함을 느끼는 세운이 분명합니다.

乾命				陰平 1947년 10월 21일 20:00								
時	日	月	年	86	76	66	56	46	36	26	16	6
戊	丙	辛	丁	壬	癸	甲	乙	丙	丁	戊	己	庚
戌	辰	亥	亥	寅	卯	辰	巳	午	未	申	酉	戌

수백억대 부자로 초년에는 고생하였습니다. 20대 말부터 고물상, 택시사업 등으로 재산을 늘렸으며 부동산 투기로 재벌이 되었습니다. 52세 戊寅년에 30억 원의 세무추징을 받았으나 적은 비용으로 해결하였습니다. 년과 월에서 亥亥로 복음이고 밀어내기에 조상의 음덕을 기대하기 어렵습니다. 丁辛亥로 丁火가 씨종자 辛金을 자극하고 亥水에 풀어지기에 매우 총명하고 하늘에서 돈벼락을 맞을 수 있습니다. 특히 일지 辰土가 년과 월의 亥水를 墓地에 담아서 취하기에 부자가 분명합니다. 52세 戊寅년에는 辰戌 沖이 동하여 辰土에 담긴 亥水가 튕겨나가자 세무추징을 당했습니다. 이 사례의 지살은 복음이기에 근본터전 역할을 적절하게 활용하지 못하였습니다.

● 월지지살
부모와 형제가 그 시공간에 머물지 못하기에 일간은 고독해지고 자수성가할 가능성이 있습니다. 월지에 寅巳申亥가 있으면 직업궁에서 새 출발하기에 직업, 인연의 변화와 이동이 잦아서 직업을 자주 바꾸거나 자주 이사합니다.

坤命				陰平 1963년 10월 15일 04:00								
時	日	月	年	82	72	62	52	42	32	22	12	2
壬	丁	癸	癸	壬	辛	庚	己	戊	丁	丙	乙	甲
寅	丑	亥	卯	申	未	午	巳	辰	卯	寅	丑	子

공부를 잘하였고 외교관이 꿈이었으나 가족의 권유로 한의학을 공부하여 한의사입니다. 월지 亥水가 지살이고 시간 壬水도 지살입니다. 또 水氣가 강하기에 한곳에 머물지 못하고 자유롭게 이동하는 것을 좋아하는데 대운이 木火로 흐르기에 안정을 취하고 사주원국의 亥子丑 활동공간이 좁기에 한의사가 되었습니다. 물론 사주원국에 있는 많은 水氣를 활용하여 해외유학 하였다면 외교관도 가능했을 것입니다.

●일지 지살
동분서주하여 이동이 잦거나 배우자가 해외, 타향에서 활동할 수 있습니다. 활동공간에 큰 변화가 오거나 직업이 자주 바뀔 수 있습니다.

乾命				陰平 1944년 6월 12일 00:00								
時	日	月	年	83	73	63	53	43	33	23	13	3
戊	丙	辛	甲	庚	己	戊	丁	丙	乙	甲	癸	壬
子	申	未	申	辰	卯	寅	丑	子	亥	戌	酉	申

년지가 지살이고 일지도 지살로 복음이기에 해외와 인연이 강합니다. 외국에 넘나들며 외국여자와 결혼하였습니다. 亥子丑대운에 부자가 되었지만 고도의 협상력과 영업자질이 요구되기에 스트레스를 많이 받습니다.

●시지 지살.
자식들이 해외에 유학할 수 있습니다. 개인적으로 돌아다닐 일이 많거나 월주와 연결되어서 직업적으로 유통업, 무역업 직종에 종사할 수 있습니다.

9. 地煞과 해외인연

년지 지살은 근본터전을 상징하는데 사주원국에서 복음이면 일찍 해외로 떠나 살면서 국제결혼 할 수 있습니다. 해외에서 살아가는 구조들의 특징은 매우 다양한데 사례들을 살펴보겠습니다.

坤命				陰平 1963년 7월 17일 10:00								
時	日	月	年	81	71	61	51	41	31	21	11	1
辛巳	庚戌	庚申	癸卯	己巳	戊辰	丁卯	丙寅	乙丑	甲子	癸亥	壬戌	辛酉

2002년(40세) 9월 상황입니다. 두 번 결혼으로 많은 부채가 생겼고 세 번째는 캐나다 남자와 2000년 즈음에 만나서 결혼하고 2002년 9월 11일에 딸을 출산하였습니다. 亥卯未 三合을 기준으로 亥水 지살이 없지만 외국인과 결혼하였습니다. 그 이유는 亥卯未 三合을 벗어난 申酉戌 겁살, 재살, 천살이 가득하여 자신과 전혀 다른 인연이 연결되기에 이민 가서 살거나 한국에서 외국인과 결혼하여 살아갑니다. 지살은 무조건 해외라는 인식에서 벗어나야 합니다.

乾命				陰平 1959년 5월 16일 07:30								
時	日	月	年	84	74	64	54	44	34	24	14	4
戊辰	甲戌	庚午	己亥	辛酉	壬戌	癸亥	甲子	乙丑	丙寅	丁卯	戊辰	己巳

2002년 44세 9월 상황으로 위 여인의 남편입니다. 한국에서 대

기업에서 근무하면서 영어강사 하다가 2000년에 한국인 여자를 만나 결혼하고 캐나다로 이주하였습니다. 년지 亥水 지살이 있고 월간 庚金은 겁살, 일지 戌土는 천살로 모두 三合에서 벗어나 있습니다. 또 甲木이 午月에 태어나 시절을 잃었기에 타향, 해외를 선호합니다. 특히 년간 己土와 甲己 합하는데 夾字 庚金이 沖해버리기에 己土의 터전을 활용할 방법이 없습니다. 이런 이유로 캐나다에서 살지 않고 한국에서 활동하다 일지 戌土 천살의 시기에 캐나다로 이주하였습니다.

坤命				陰平 1966년 11월 2일 12:00							
時	日	月	年	81	71	61	51	41	31	21	11	1
甲午	丙午	庚子	丙午	辛卯	壬辰	癸巳	甲午	乙未	丙申	丁酉	戊戌	己亥

2009년 43세 1월 상황입니다. 학업성적은 뛰어났지만 金대운에는 좋지 않았고 사랑도 실패해서 외국을 떠돌다 스위스 사람과 결혼하고 침술 업을 합니다. 년과 월에서 子午 沖하므로 매우 총명하고 丙庚子 三字조합으로 검경, 교육에도 어울립니다. 문제는 丙午로 복음이고 많은 火氣가 庚金을 직접 접촉하여 충돌하기에 불안정합니다. 해외로 떠난 이유는 지살 때문이 아니라 年支와 日支가 복음이기 때문입니다. 고향을 떠나 해외에서 살아가게 만드는 원인 중 하나입니다.

坤命				陰平 1959년 4월 4일 06:00							
時	日	月	年	88	78	68	58	48	38	28	18	8
乙卯	癸巳	己巳	己亥	戊寅	丁丑	丙子	乙亥	甲戌	癸酉	壬申	辛未	庚午

2003년 상황으로 남편은 자동차 회사에 근무하는 미국인입니다. 년지에 지살이 있고 일지는 역마이며 沖하지만 남편이 외국인이라고 단정하기에는 부족합니다. 물론 지살 위의 己土가 남편인데 나이가 많거나 지살의 영향을 받는다고 통변할 수 있습니다. 다른 원인을 분석하면, 대운이 계속 亥卯未 三合을 벗어난 庚辛, 申酉戌로 흐르기에 겁살, 재살, 천살의 영향을 받아서 자신과 전혀 다른 특징을 가진 외국인과 결혼했습니다.

坤命			陰平 1958년 2월 10일 14:00								
時	日	月	年	87	77	67	57	47	37	27	17	7
癸未	乙巳	乙卯	戊戌	丙午	丁未	戊申	己酉	庚戌	辛亥	壬子	癸丑	甲寅

2003년 상황으로 남편은 미국인으로 주한미군이었지만 현재는 항공사에 근무합니다. 년지 戌土를 기준으로 寅木 지살이 사주원국에 없습니다. 대운도 초년에 甲寅이 지났기에 미국인과 결혼한다는 힌트를 얻기 어렵습니다. 戌年을 기준으로 亥子丑은 겁살, 재살, 천살이며 어려서부터 계속 癸丑, 壬子, 辛亥로 자신의 환경과 상이한 배우자를 맞이할 수 있는 환경에서 살았습니다.

乾命			陰平 1960년 11월 17일 10:00								
時	日	月	年	81	71	61	51	41	31	21	11	1
癸巳	丙申	戊子	庚子	丁酉	丙申	乙未	甲午	癸巳	壬辰	辛卯	庚寅	己丑

辛대운에 유학하고 29세 戊辰년에 국제결혼 했습니다. 현재는

서울에 거주합니다. 일지에 지살 申金이 있고 년간 庚金과 申子로 연결되며 庚金이 편재로 배우자를 상징하기에 국제결혼 하였습니다. 즉, 일지에 지살이 있다고 국제결혼을 단정할 수 없으며 나머지 구조를 살펴서 종합적으로 판단해야 합니다. 특히 일간 丙火와 巳火는 겁살이기에 국제결혼에 반감이 없습니다. 또 사주팔자에 水氣와 申子辰이 많으면 물처럼 흘러 다니기에 외국 혹은 외국인과의 인연이 강합니다.

坤命				陰平 1965년 1월 4일 10:00								
時	日	月	年	89	79	69	59	49	39	29	19	9
辛巳	庚寅	戊寅	乙巳	丁亥	丙戌	乙酉	甲申	癸未	壬午	辛巳	庚辰	己卯

2000년 이전의 상황으로 스튜어디스였으며 辛丑생 외국인과 연애 중이었습니다. 年支가 巳火로 지살이며 時支와 복음입니다. 巳年을 기준으로 乙木과 寅寅은 겁살과 재살이기에 해외와의 인연이 강하고 외국인과 인연되었습니다.

坤命				陰平 1974년 2월 3일 11:00								
時	日	月	年	86	76	66	56	46	36	26	16	6
癸巳	丙申	丙寅	甲寅	丁巳	戊午	己未	庚申	辛酉	壬戌	癸亥	甲子	乙丑

2011년 상황으로 미국 군인과 결혼하였습니다. 년지가 지살이고 일지가 역마입니다. 하지만 외국인과 결혼한다고 확정하기 어려운데 寅年을 기준으로 三合을 벗어난 亥子丑 대운이 초년부터 이어져 해외 혹은 외국인과의 결혼가능성이 높습니다.

坤命				陰平 1967년 8월 18일 14:00								
時	日	月	年	85	75	65	55	45	35	25	15	5
己	戊	己	丁	戊	丁	丙	乙	甲	癸	壬	辛	庚
未	子	酉	未	午	巳	辰	卯	寅	丑	子	亥	戌

2006년 丙戌년 상황으로 미국에서 거주하며 국내 여대를 졸업하고 壬대운에 유학하여 癸대운에 독일계 외국인과 결혼하였습니다. 큰 규모의 호텔 매니저이며 회계사 자격증(미국) 소지자입니다. 사주원국에 지살이 없는데 壬대운에 지살을 만나 유학을 떠났고 癸대운에 배우자 궁위 일지 子水가 透干하고 일간과 합하자 외국인과 결혼하였습니다.

乾命				陰平 1972년 12월 26일 05:00								
時	日	月	年	81	71	61	51	41	31	21	11	1
庚	丙	癸	壬	壬	辛	庚	己	戊	丁	丙	乙	甲
寅	寅	丑	子	戌	酉	申	未	午	巳	辰	卯	寅

2004년 33세 상황으로 영국인인데 한국 여자와 호주에서 만나 2001년 辛巳년에 결혼하여 영국에서 살고 있습니다. 직업은 꽃 담당 가드너입니다. 지살 申金이 지시에는 없고 時干에 庚金이 드러나 있지만 배우자를 외국인으로 맞이한다고 확정할 수 없습니다. 丙辰대운에 子年을 기준으로 丙火가 해외를 상징하는 겁살이고 계속 겁살, 재살, 천살로 흐르기에 외국인과 결혼하였습니다.

坤命				陰平 1975년 2월 18일 14:00								
時	日	月	年	82	72	62	52	42	32	22	12	2
癸	乙	己	乙	戊	丁	丙	乙	甲	癸	壬	辛	庚
未	未	卯	卯	子	亥	戌	酉	申	未	午	巳	辰

2004년 30세 상황입니다. 제주 출신으로 남편은 영국인이며 호주에서 만나 2001년 辛巳년에 결혼하여 영국에서 살고 있습니다. 위 영국인의 부인이며 결혼 전에는 무역회사에서 근무하였습니다. 일지 亥水가 지살이지만 외국인과 결혼한다고 확정하지 못합니다. 다만 乙亥와 癸未 干支가 해외물상이기에 무역회사에서 근무하였고 외국인과 결혼하였습니다. 사주원국에 남편을 상징하는 官殺이 없지만 辛巳년에 偏官이자 災煞을 만나자 영국인과 결혼하였습니다.

坤命				陰平 1947년 10월 4일 22:00							
時	日	月	年	87	77	67	57	47	37	27	17	7
乙	己	辛	丁	庚	己	戊	丁	丙	乙	甲	癸	壬
亥	亥	亥	亥	申	未	午	巳	辰	卯	寅	丑	子

운동선수인데 甲대운에 외국인과 결혼하였으며 남편은 무역업에 종사했습니다. 지금까지 살펴본 사례들과 달리 이 사주는 지살 亥水가 4개나 있습니다. 甲대운에 지살 亥水에서 투간한 甲木과 일간 己土가 합하자 외국인과 결혼하였습니다.

坤命				陰平 1969년 9월 20일 22:50								
時	日	月	年	82	72	62	52	42	32	22	12	2
癸	戊	甲	己	癸	壬	辛	庚	己	戊	丁	丙	乙
亥	寅	戌	酉	未	午	巳	辰	卯	寅	丑	子	亥

2010년 42세 상황으로, 어릴 때 부모가 이혼하여 가난이 싫어서 21세에 부자가 될 수 있다는 말을 믿고 국제결혼 했지만 알코올 중독자에게 3년 동안 구타당하며 살다가 도망치다시피 아기와 함께 한국에 돌아왔고 무병을 앓아서 무당의 길을 갈까 고민 중입니다. 육해 운에 국제결혼 하는 경우도 있습니다. 이 사주도 子水 육해대운에 국제 결혼하였습니다. 또 酉年을 기준으로 남편을 상징하는 甲木과 寅木은 겁살로 해외물상이 강하기에 국제 결혼하였지만 癸甲戊로 남편의 성정이 거칠기에 구타당하며 살다가 도망 나왔습니다.

하기는 30세 이하에 해외유학. 해외 연수한 사례들입니다. 공통점은 여러 외국어를 유창하게 구사합니다.

乾命			
時	日	月	年
불명	甲申	甲寅	癸酉

酉年을 기준으로 겁살 甲寅이 매우 많습니다.

乾命			
時	日	月	年
불명	癸未	甲寅	癸酉

이 사례도 겁살 甲寅이 강렬합니다.

坤命			
時	日	月	年
불명	己卯	甲寅	癸酉

이 사례는 겁살과 재살이 많고 년지와 卯酉 沖합니다.

坤命			
時	日	月	年
불명	乙亥	戊子	乙亥

년과 일이 복음이자 지살이며 乙亥는 해외간지입니다. 년지와 복음일 경우에는 고향과의 인연이 박한 사례가 많습니다.

坤命			
時	日	月	年
불명	癸亥	己卯	乙亥

년지와 일지가 복음, 지살이며 乙亥는 해외간지입니다.

坤命			
時	日	月	年
불명	甲戌	甲申	乙亥

년주가 乙亥로 해외와 인연이며 亥水를 기준으로 申戌 겁살과 천살이 있기에 해외인연이 강합니다.

乾命			
時	日	月	年
불명	甲申	癸卯	壬申

년지와 일지가 복음입니다. 대운이 乙巳, 丙午, 丁未로 三合을 벗어나자 해외 인연이 강해졌습니다.

乾命			
時	日	月	年
불명	庚子	辛亥	壬申

이 구조는 년지와 일간이 지살이지만 딱히 해외물상을 찾아내기 어렵습니다. 하지만 월간 辛金이 강력한 수기에 이리저리 떠돌기에 한 자리에 머물지 못하고 해외로 유학을 떠났습니다. 신살

로 지살, 겁살, 재살, 천살, 육해가 없어도 辛金이 수많은 水氣에 미네랄을 공급하기에 총명하고 申子辰 三合의 속성대로 구속을 받지 않고 돌아다니는 특징을 해외유학 물상으로 활용하였습니다.

乾命			
時	日	月	年
불명	甲寅	庚子	辛未

未年을 기준으로 庚辛이 겁살과 재살에 해당합니다. 특히 辛未는 해외에서 살다가 한국에 태어난 영혼이 많아서 해외, 외국어와 인연이 매우 강합니다.

乾命			
時	日	月	年
불명	辛巳	丁丑	己巳

년지가 지살이고 일지와 복음입니다. 이런 경우에도 일찍 해외로 떠나는 사례가 많습니다. 근본터전을 밀어내는 복음의 에너지 때문이라 보입니다.

乾命			
時	日	月	年
불명	壬辰	辛丑	辛未

미년을 기준으로 년월이 辛金 재살이며 년주가 신미로 해외와의 인연이 강합니다.

乾命			
時	日	月	年
불명	丁酉	丙戌	乙亥

년주가 乙亥로 해외물상이며 亥年을 기준으로 酉戌은 재살과 천살이기에 해외인연이 강합니다.

乾命			
時	日	月	年
불명	戊申	乙巳	壬申

년지가 지살이고 일지와 복음이며 월지가 겁살이기에 해외 인연이 강합니다. 壬申 干支도 壬水와 申子辰 속성이 강해서 윤회과정과 같기에 해외에서 살아가는 사례들이 많습니다. 월간 乙木은 육해로 해외로 유학하는 사례가 많습니다.

乾命			
時	日	月	年
불명	壬戌	壬子	壬申

이 사례도 강력한 水氣에 영향을 받아서 해외에서 살아갑니다.

坤命			
時	日	月	年
불명	丁巳	癸未	乙亥

乙亥가 해외, 癸未는 해외건설 물상이기에 일찍 해외로 떠났습니다.

乾命			
時	日	月	年
불명	戊戌	乙巳	壬申

壬申간지의 특징과 乙木 육해, 巳火 겁살로 일찍 해외로 떠났습니다.

乾命			
時	日	月	年
불명	甲子	戊午	癸酉

酉年을 기준으로 癸水와 子水는 사망을 상징하는 육해이기에 마치 이승에서 저승으로 건너가는 것처럼 시공간을 넓게 활용합니다. 甲木은 겁살이기에 외국에서 살아갑니다.

坤命			
時	日	月	年
불명	戊午	丙申	辛未

辛未년이기에 해외인연이 강하고 辛金 재살, 申金 겁살로 해외인연이 강합니다.

坤命			
時	日	月	年
불명	丙辰	己巳	甲戌

이 사례는 해외물상이 전혀 보이지 않습니다. 특징 하나는 水氣가 매우 약하고 화기가 강렬하기에 빛처럼 돌아다닐 수 있으며 辰戌 沖하기에 근본터전에 변화를 주어야 합니다.

乾命			
時	日	月	年
불명	丙辰	丁巳	癸酉

이 사례도 년간 癸水가 육해이지만 조기 유학하여 장기체류하는 이유가 모호합니다. 위 사주처럼 火氣가 강렬해서 정반대편 공간으로 이동을 원합니다. 水氣가 많으면 흘러 다녀야하기에 유학하고 火氣가 강렬하면 쓰임이 없기에 활동공간을 이동하는 것

입니다. 대운은 계속 寅卯辰으로 흐르기에 巳酉丑 삼합을 벗어난 겁살, 재살, 천살의 공간에서 벗어나고자 해외로 떠났습니다.

10. 地煞간지 - 丙寅, 己巳, 壬申, 戊寅, 丁巳, 癸亥

60干支 중에서 지살을 품은 干支는 모두 6개입니다. 丙火는 寅午戌 三合하므로 寅木이 지살, 己土는 巳酉丑 三合하므로 巳火가 지살, 壬水는 申子辰 三合하므로 申金이 지살, 戊土는 寅午戌 三合하므로 寅木이 지살, 丁火는 巳酉丑 삼합하므로 巳火가 지살, 癸水는 亥卯未 三合하므로 亥水가 지살입니다. 공통적으로 지살 의미를 품었지만 다양한 변수들이 있기에 함께 고려해야 합니다. 예로, 丙寅과 壬申은 모두 지살간지이지만 丙寅은 화려한 色界로의 출발을 표현하지만 壬申은 영혼의 세계로 돌아가려는 지살입니다. 출발 움직임은 동일해도 그 방향이 상이한 것입니다. 또 丁巳는 열과 빛으로 巳酉丑 三合을 완성하고자 출발하기에 재물에 목적을 두지만 癸亥는 생명수로 亥卯未 三合 성장을 촉진하고자 출발합니다. 이런 이유로 三合과 지살을 종합하여 干支를 활용해야 적중률이 높아집니다. 丙寅일과 壬申일에 상담하러 왔다면 干支의 뜻이 상이하기에 직업물상, 방위도 함께 고려해야 합니다. 아래 두 사례는 壬申과 丙寅이 있기에 타향에서 살아갑니다. 년지를 기준으로 지살이기에 해외나 타향에서 살아갈 수도 있지만 丙寅, 壬申처럼 지살干支의 작용으로 타향이나 해외에서 살아가는 사례도 많습니다.

乾命			
時	日	月	年
戊申	壬申	甲子	庚申

乾命			
時	日	月	年
辛丑	壬申	丙寅	甲子

12신살 ; 재살, 천살, 지살
- 영혼에서 탄생까지

- 끝 -

12신살 ; 災煞, 天煞, 地煞
- 영혼에서 탄생까지

저자 : 紫雲 김 광용
youtube : 시공명리학
http://cafe.daum.net/sajuforbetterlife
http://blog.naver.com/fluorsparr
Tel : 010 8234 7519

펴낸이 ■時空명리학
펴낸곳 ■時空명리학 출판사
표   지 ■時空學

초판 발행 ■ 2025. 7. 29.
출판등록 제 406~2020~00006호

경기도 파주시 탄현로 144~63, 102호
Tel   ■ (010) 8234~7519
ISBN 979-11-986898-5-6

정   가 ■ 45,000원

잘못 만들어진 책은 구입하신 서점에서 교환해 드립니다.
저자의 동의하에 인지는 붙이지 않았습니다.

본서의 무단전제 또는 복제행위는 저작권법 제98조에 의거 민·형사상의 처벌을 받을 수 있습니다.